U0680501

多语言社会化标签
质量评估及其聚类研究

章成志 等/著

科学出版社

北京

内 容 简 介

互联网上不同语种用户对 Web 资源进行标注，促使互联网上的多语言社会化标签资源不断丰富。多语言社会化标签的组织优化研究，不仅可以丰富信息组织理论，还可以优化社会关系网络发现、协同推荐、企业产品信息的全方位监测领域及社会舆情监测领域等应用的效果。本书围绕多语言社会化标签的质量评估与标签聚类问题，进行深入研究。本书研究内容主要包括用户标注行为研究、多语言社会化标签质量研究、多语言社会化标签生成研究及多语言社会化标签聚类研究等四个方面。

本书可为图书馆学、情报学、计算机科学与技术、信息管理与信息系统等专业的研究生和高年级本科生，以及从事知识组织、信息资源管理与共享、数字图书馆等方向的科研人员，提供教学参考和技术指导。

图书在版编目（CIP）数据

多语言社会化标签质量评估及其聚类研究 / 章成志等著. —北京：科学出版社，2019.3

ISBN 978-7-03-060063-9

Ⅰ. ①多⋯　Ⅱ. ①章⋯　Ⅲ. ①网络信息资源－研究　Ⅳ. ①G255.76

中国版本图书馆 CIP 数据核字（2018）第 282992 号

责任编辑：魏如萍 / 责任校对：王晓茜
责任印制：张　伟 / 封面设计：无极书装

科 学 出 版 社 出版

北京东黄城根北街 16 号
邮政编码：100717
http://www.sciencep.com

北京盛通商印快线网络科技有限公司 印刷
科学出版社发行　各地新华书店经销

*

2019 年 3 月第 一 版　　开本：720 × 1000　1/16
2019 年 3 月第一次印刷　　印张：13 3/4
字数：280 000

定价：110.00 元

（如有印装质量问题，我社负责调换）

作 者 简 介

章成志，南京理工大学教授、博士生导师。目前为中国中文信息学会社会媒体处理专业委员会常委、中国科学技术情报学会知识组织专业委员会委员、中国中文信息学会信息检索专业委员会委员、中国索引学会理事，担任 *The Electronic Library*、*Journal of Natural Language Engineering*、*Frontiers in Research Metrics and Analytics*、*Information Discovery and Delivery*、*Data Intelligence*、《情报工程》、《文献与数据学报》等期刊编委或客座编辑，已出版专著 4 部、发表论文 100 余篇，曾获 Emerald "高度赞扬论文奖"，主持省部级以上科研项目 6 项，曾获中国科学技术情报学会 "青年情报科学家奖"。曾获江苏省哲学社会科学优秀成果奖 2 项、江苏省高等学校哲学社会科学研究优秀成果奖 1 项，指导学生获得江苏省优秀硕士学位论文奖 3 次。

前　言

近年来，不断繁荣的 Web 2.0 网站为互联网用户的信息生成、信息共享及信息获取提供了便利的平台。传统的以系统为中心的互联网正逐渐转变为以用户为中心的互联网。互联网用户在加工、传播、浏览网络信息的同时，产生了大量的用户生成内容。广大互联网用户既是内容的消费者，也是内容的生产者。社会化标签作为用户生成内容的重要信息资源之一，融入了互联网用户的集体智慧，为网络信息资源的组织、浏览、推荐等提供了极大的便利。与基于受控词汇的传统资源组织方式不同，基于社会化标签的资源标注和组织方式成本较小，且比较容易扩展。因此，社会化标签已被广泛用于优化 Web 2.0 网站的信息组织与检索。此外，当前的社会化标签还以多种语言形式呈现给互联网用户。因此，有效地组织、挖掘和利用多语言社会化标签，对进一步提升 Web 2.0 网站的信息服务效果具有重要的意义。

与此同时，当前 Web 2.0 网站的社会化标签质量参差不齐，存在部分标签噪声问题，影响了社会化标签的深度挖掘与应用服务。如何有效地评估社会化标签的质量，提高其应用效果是一个亟待解决的问题。另外，探索高质量社会化标签的生成，论证高质量社会化标签在标签聚类等应用问题上的有效性，是另一个需要进一步解决的问题。本书希望通过提高社会化标签的质量并验证其在标签聚类中的应用效果，为提升社会化标签的组织与应用质量提供支持。

本书是作者主持的教育部人文社会科学研究规划基金项目（13YJA870020)"多语言高质量社会化标签生成及聚类研究"的研究成果。本书首先对用户标注行为进行探索，接着在对社会化标签进行质量评估的基础上，进行高质量社会化标签的自动生成与聚类研究。目前，学术界尚缺乏社会化标签质量评估的体系化研究与高质量标签聚类研究，高质量标签聚类的研究成果可以用于社会关系网络发现、协同推荐、企业产品信息的全方位监测领域及社会舆情监测等应用领域。本书在拓展 Web 2.0 环境下网络信息资源管理与共享的研究内容的同时，也为以社会化标签为重要基础的信息服务研究提供理论参考。

本书共 6 章。第 1 章阐述多语言社会化标签质量评估及其聚类的研究背景及意义，然后对用户标注行为、社会化标签质量评估、社会化标签生成和多语言社会化标签聚类的相关研究工作进行概述。第 2 章为用户标注行为研究，主要包括社会化标注系统中用户标注行为分析和科研用户博文关键词标注行为差异研究。

第 3 章为多语言社会化标签质量研究，主要包括两个对标签质量情况的实证分析，即区分标签类型的标签质量研究和区分标注资源类型的社会化标签质量研究，以及实现了社会化标签质量自动评估，并对多语言图片和图书标签质量情况进行研究。第 4 章为多语言社会化标签生成研究，主要包括中文博客标签及标签云图的自动生成研究、多语言微博 Hashtag 推荐研究。第 5 章为多语言社会化标签聚类研究，包括中文博客标签的聚类及可视化研究、标注内容与用户属性结合的标签聚类研究、高质量社会化标签聚类研究及多语言微博 Hashtag 聚类研究。第 6 章在总结分析各个研究结论的基础上，提出需进一步探索的研究问题。

本书的顺利完成和出版，首先要感谢教育部人文社会科学研究基金、江苏省 2011 协同创新中心平台"社会公共安全科技"项目的支持；还要感谢项目组成员，他们是李蕾（参与第 2 章、第 3 章相关小节的撰写）、赵华（参与第 3 章相关小节的撰写）、卢超（参与第 3 章相关小节的撰写）、吴小兰（参与第 4 章相关小节的撰写）、顾晓雪（参与第 4 章、第 5 章相关小节的撰写）、邵健（参与第 5 章相关小节的撰写）等；最后衷心感谢科学出版社的大力支持与辛勤付出。

受能力与水平的限制，本书难免有疏漏之处，因此恳请各位专家、学者和广大读者批评指正，共同推动社会化标签信息组织研究的不断深入。

章成志

2018 年 11 月 1 日

目　　录

第1章 绪　　论

1.1　研究背景及意义

随着 Web 2.0 网站的不断兴起，Web 2.0 网站为互联网用户的信息生成、信息共享及信息获取提供了便利的平台。传统的以系统为中心的互联网正逐渐转变为以用户为中心的互联网。互联网用户在加工、传播、浏览网络信息的同时，产生了大量的用户生成内容（user generated content，UGC），即广大互联网用户既是内容的消费者，也是内容的生产者。社会化标签作为 UGC 的典型代表之一，也被广泛利用。同时，不同语种的社会化标签日益增多。社会化标签是互联网用户对网络上的 Web 资源进行协同标注的结果，是广大用户从自身角度对文本信息内容的揭示。互联网上不同语种用户对 Web 资源进行标注，促使了互联网上的社会化标签资源的不断丰富。社会化标签融入了互联网用户的集体智慧。对 Web 页面浏览、组织与索引非常有效[1]。不少学者依据社会化标签特性进行 Web 资源的自动分类、信息检索、信息推荐等不同应用，取得一定效果[2-4]。与基于受控词汇的传统资源组织方式不同，基于社会化标签的资源标注和组织方式成本较小，且比较容易扩展。

关于社会化标签研究的关键问题之一就是用户的内在标注机制。已有研究表明，如果能够清楚地明确用户的标注行为，对社会化标注系统的设计有着重要的指导作用，就能使其更好地满足用户的需求[5]。因此，对用户标注行为进行深入研究是十分必要的。另外，目前的社会化标签质量参差不齐，存在部分标签噪声问题，对标签的挖掘与应用产生干扰，如何有效地评估社会化标签的质量，提高其应用效果是一个亟待解决的问题。另外，探索高质量社会化标签的生成，以及论证高质量社会化标签在标签聚类等应用问题上的有效性，是另一个需要进一步解决的问题。本书希望通过提高社会化标签的质量并验证其在标签聚类中的应用效果，为提升社会化标签的组织与应用质量提供支持。针对以上问题，本书首先对用户标注行为进行探索，接着在对社会化标签进行质量评估的基础上，进行高质量社会化标签的自动生成与聚类研究。

本书有一定的理论意义和实际应用价值，具体如下。

（1）理论意义：对用户标注的内在机制问题尚没有形成一个统一的认知，因此，本书通过对用户标注行为的探索，针对不同标注资源对象分析用户标注行为的差异，为完善并丰富用户标注行为内在机制的理论框架提供参考。另外，目前学术界尚缺乏社会化标签质量评估的体系化研究与高质量标签聚类研究，本书的研究可以拓展 Web 2.0 环境下网络信息资源管理与共享的研究内容，并为基于标签的信息推荐服务研究提供理论参考。

（2）实际应用价值：首先，对标签进行质量评估，得到高质量标签，可以提高标签的实际应用效果。其次，高质量标签聚类的研究成果可以用于社会关系网络发现（如发现兴趣度相同的用户）、协同推荐（通过兴趣相近的用户对资源的评价向用户推荐）、企业产品信息的全方位监测（如跨国公司通过标签聚类结果全面考察客户的需求和评论信息）领域及社会舆情监测等应用领域。

1.2 用户标注行为研究概述

标注行为是一种用户自发的群体性行为。每个用户对资源的标注是从自身的理解角度出发进行归类，通过对资源的标注形成自己对资源的分类。每个用户可以对一个资源赋予多个标签，也可以对多个资源赋予一个标签，所有这一切都是以用户的理解为基础[6]。用户的标注行为，是思维内容外化的一种表达方式。每一个资源可以从多种角度解读，每一种解读方式外化成相同或不同形式的标签[7]。具体来说，用户的标注行为分为用户标注动机、用户标注过程、用户标注结果三个方面的内容，现将这三个方面的内容综述如下。

1.2.1 用户标注动机

社会化标签已被用户普遍应用到博文、图书、图片、音乐、视频等标注对象上，是广大用户从自身的角度对资源内容的揭示。随着互联网用户数量的增长，社会化标签资源不断丰富，学术界从社会化标签的分布与特点、社会化标签的自动生成、基于社会化标签的个性化推荐等方面进行了比较深入的研究，但对于社会化标签产生的根源性问题，即用户使用标签进行标注的动机还没有形成统一的认识，阻碍了后续对标签应用的研究，鉴于此，需要对标注动机进行探索。探讨用户标注动机就是为了确定用户进行社会化标注的目的，从而根据用户不同的动机提供标签推荐等服务，帮助社会化标注系统更好地服务用户。

2006 年，Sen 等通过用户调查的方式研究了电影标注网 MovieLens 的 365 个用户的标注动机，得出标注动机按用户同意度排名由高到低依次为自我表达、组织、学习、发现、决策支持[8]。2007 年 Ames 和 Naaman 对图片标注网站的 15 个用户利用开放式访谈方式定性研究用户的标注动机，并将用户的标注动机进行归类，用户的标注动机可以分为用户自身组织需求、用户自身交际需求、用户社会组织需求、用户社会交流需求四个方面[9]。2007 年，Nov 和 Ye 将用户的标注动机分为六种，分别为自我组织需要、自我交流需要、为家人朋友组织需要、为家人朋友交流需要、为大众组织需要、为大众交流需要，通过发放邮件的方式对社会化图片分享网站 Flickr（http://www.flickr.com）用户的标注动机进行调查，并结合 Flickr 的系统数据得出用户出于为自我和为大众的标注动机强于为家人朋友[10]。2009 年，Mirzaee 和 Iverson 利用问卷调查的方式，得出 Opntag 平台的 50 个用户的标注动机主要为组织性和社会性，并提出了标注动机与标注行为的关系模型[11]。2009 年，Bartley 通过问卷调查的方式研究图书标注网站 LibraryThing 上用户的标注动机，发现用户打标签的目的大部分是为了个人，特别是为了管理自己的资源，同时也有少部分原因是帮助别人找到想要的书籍[12]。2010 年，Körner 等基于用户分类动机和描述动机的差异，提出定量研究用户标注动机的指标，可以用来自动区分该用户进行标注的目的是分类还是描述[13]。2010 年，Strohmaier 等将定义的衡量用户分类和描述动机指标应用在 7 个标记系统中，得出不同的标记系统用户的标注动机是不同的[14]。2013 年，Sa 和 Yuan 利用问卷对 5 个标记系统用户进行调查，并分别对创造标签用户和使用标签用户的标注动机进行区分，结果表明：创造标签用户的标注动机主要为未来的检索、引起注意、自我表达；使用标签用户的标注动机主要为检索、导航，他们还利用问卷比较 Flickr 和 Last.fm 用户的标注动机的差别，得出 Flickr 用户的标注动机多为检索，Last.fm 用户多为组织[5]。

从上述研究可以看出，对于用户的标注动机学术界还没有形成统一的标准，研究方法集中在问卷调查和系统数据研究方面，没有对不同类型社会化标注系统中不同背景用户的标注动机的异同进行研究。因此应该充分调研不同标注系统用户的标注动机，比较不同类型的标注对象对用户标注动机的影响，为以后基于标签的各项研究打好基础。

1.2.2　用户标注过程

用户在进行社会化标注时首先产生标注动机，然后进行具体的标注，在标注过程中会受到各种因素的影响，导致用户标注结果各异。下面对用户标注过程影响因素相关研究进行概述。

2006 年，Golder 和 Huberman 研究发现，随着时间的推移，各个标签的相对比例呈现一个相对稳定的趋势，由此认为，这是用户受到其他先前标注者的标记行为的影响[15]。2006 年，Binkowski 通过网络调研对 139 名在校大学生的标注过程进行了分析，得出社会认同原则与标签推荐影响用户标注[16]。2006 年，Sen 等利用自行开发的用户标注系统研究用户标注过程，得出用户的标注受到用户过去的标注行为的影响，并且随着用户标签数量的增多，影响增大；用户的标注还受到系统其他用户的标注影响，并且用户看见其他用户标签数量越多，对用户的影响越大[8]。2007 年，Ames 和 Naaman 利用开放式访谈方式定性研究标签推荐如何影响用户对资源的标注，得出标签推荐对用户的标注有很大的影响，优良的标签推荐可以增大用户的标注积极性，提高标注系统的使用满意度[9]。2007 年，Cattuto 等探讨了记忆效应对用户标注过程的影响，在一定程度上较为合理地解释了标签分布的演化规律[17]。2008 年，Rader 和 Wash 对社会化标注网站 Delicious 上 30 个页面的标注历史进行用户标注过程影响因素分析，得出用户在标注过程中受到自己过去标注标签的影响大于受到系统其他用户和系统推荐标签的影响[18]。2009 年，Bartley 通过问卷调查的方式研究 LibraryThing 上用户标注过程的影响因素，发现用户打标签时会受到自己已有知识和记忆的影响，且会受到系统提供的图书信息和标签云的影响，并且对图书的不同熟悉程度会对用户标注过程产生显著影响[12]。

从上述的总结可以看出，用户进行社会化标注过程中会受到很多因素的影响，因此探究不同种类用户在不同标注网站上进行标注时受到影响因素的异同，在进行社会化标注系统设计开发时就可以突出有利的影响因素，回避不利的影响因素，进行有针对性的社会化标注系统设计开发。

1.2.3　用户标注结果

用户最初产生标注动机，然后进行实际的标注，最后就是产生标注结果。以下总结现有研究中对用户标注结果的一些规律，希望从中发现标注过程和标注结果的一些相关关系。

2005 年，Lund 等通过研究 Connotea 标记系统发现，用户的标签集容量分布服从幂律分布[19]。2006 年，Marlow 等利用 Flickr 用户标注数据与用户关系数据，分析得出随机的两个用户标签的重合率低，而如果两个用户是朋友，他们的标签的重合率就高[20]。2006 年，Millen 和 Feinberg 通过对 Dogear（IBM 的内部标签系统）中用户的标签使用情况的统计分析发现，系统中 71%的书签有 3 个或者更少的标签，进一步得出用户在标注书签时具有一定的标签选择倾向性[21]。2006 年，Golder 和 Huberman 对 Delicious 从以下角度研究了用户标注结果：通过观察用户标签集容量的变化得出，有的用户标签集容量增长迅速，有的则保持稳定；通过考察用户的标签集，探查用户标签的使用情况，发现有的标签的使用次数稳步增长，有的标签却是在缓慢增长；通过对标签的研究发现，随着用户标注次数的增加，一些标签所占比例逐渐趋于稳定[15]。2007 年，Farooq 等学者从 6 个维度（标签增长、标签重用、标签的显隐性、标签歧视、标签频率和标注方式）分析社会化标注网站 CiteULike 上的标签[22]。2009 年，Bartley 通过问卷调查的方式为 LibraryThing 上用户提供三本书，让用户进行标签标注，并对标签进行分类，作

者通过 t 检验得出用户标注的描述事实类型的标签重复率高于用户表达意见的标签和用户自我组织的标签，并且对用户熟悉程度不同的书，用户标注的标签类型也存在显著性差异[12]。2010 年，Strohmaier 等将区分用户分类和描述动机指标应用在 Delicious 标注系统中，对区分出的分类用户和描述用户进行标签同意度的计算，得出分类用户中的标签同意度低于描述用户中的标签同意度[14]。2013 年，Sa 和 Yuan 利用调查问卷的方式比较 Flickr 和 Last.fm 网站用户进行标注的差别，得出 Flickr 用户常使用新词汇，但不常使用系统推荐的词汇，Last.fm 用户则相反[5]。2013 年，Santos-Neto 等基于三个标记系统研究发现，用户标注新内容的频次远高于用户标注系统中的老内容，并且发现用户打标签使用的词汇增长是缓慢的，标签的重用次数很高[23]。

对于用户标注结果的分析都是基于标签本身进行的统计学意义上的实证研究，通过分析标签的标注结果同样可以从中发现用户标注行为的一些特点，指导社会化标注系统的发展。

综上所述，对用户标注行为的研究主要有三个方面，即用户标注动机、用户标注过程、用户标注结果，每个方面都有学者进行了一定程度的探索，但是没有将这三个方面的内容进行结合，发现三者之间的联系。通过分析用户的标注动机和用户的标注过程可以探究出用户标注结果的一些规律，并且现有研究没有对在不同类型社会化标注系统中不同背景用户的标注行为的异同进行研究。因此，本书从用户标注动机、用户标注过程、用户标注结果三个方面探索不同社会化标注系统中用户标注行为的差异，从而促进社会化标注系统的发展。

1.3 社会化标签质量评估研究概述

社会化标注系统为互联网用户提供了一个便捷的资源描述方式。社会化标签融合了大众智慧，已有研究表明，社会化标签对 Web 页面的浏览、组织与索引非常有效[1]。目前有不少学者利用社会化标签特性，将其用于 Web 资源的自动分类、信息检索、信息推荐等不同应用场合，取得了很好的效果[2-4]。与使用受控词汇来组织资源的方式不同，基于社会化标签的数字资源标注和组织资源的方式的成本小且易扩展。互联网用户使用的社会化标签多采取自由标引方式，部分标签并不能有效地揭示资源的内容或主题，同时在不同的应用场合用户需要不同的标签类型，因此对标签质量的定义也有所差别。社会化标签的质量问题已成为影响其应用效果的重要因素之一，常见的低质量标签包括：过于个性化的标签、泛滥的垃圾标签和缺乏语义控制的冗余标签等。低质量的标签干扰了社会化标注系统中资源组织的秩序，降低了标签在应用场合中的质量和用户满意度，例如，在利用社会化标签辅助 Web 页面自动标引时，标签质量会对标引质量产生影响[24]。

1.3.1 社会化标签质量问题的产生背景

社会化标签通常由用户自由标引产生，采用的是非受控词汇，由于用户可以从各个不同的角度对资源进行标注，生成了各种类型的标签，而在实际的应用中用户需要不同类型的标签，并且在不同标签类型中存在许多标签质量问题，其中有很多低质量标签存在，因此，需要通过标签进行资源的组织和检索，与资源相关的主题性标签才是需要的高质量社会化标签。低质量标签是指"一些用户生成的标签是正常用户不愿意分享的或者是引起用户检索出错误结果的标签"[25]。具体来说，社会化标注中存在如下问题[26]。

1. 标注用户本身的标注行为导致的质量问题

1）标注过于主观

某些标签与被标记的网络资源可能没有语义上的关系，只是用户随意标注的结果。标签过于主观或者个性化，不利于标注资源的共享。例如，"read in 2012"和"unread"等标签被用户用于记录某本书的阅读时间或者是阅读状态。

2）拼写错误

通常为用户粗心导致的单词书写错误。例如，"official"误写为"offical"。

3）垃圾标签现象

通常为用户标注的资源和所给标签是用户人为标注的一些无意义的词语，如新浪微博上的"电话1860054****""qq84608****"。

2. 标注系统缺乏语义规范导致的质量问题

1）多义词标注问题

由于非受控词汇的歧义性和多义性，同一个标签可能会有许多截然不同的意思，这导致了标签含义的不确定性。例如，标签"tiger"被用户用于标注网络上有关老虎的资源，又被另外一些用户用于标记高尔夫球员"老虎"伍兹。

2）同义词标注问题

由于同一个意思可以用不同形式的词语表示，加之词语时态和语态上的变化，以及一些上下位关系词的存在，会产生许多冗余标签，如"blog"和"weblog"、"interested"和"interesting"，都属于同义词。

为了解决上述标签质量问题，就需要有效的标签质量评估方法，在实际应用中，尽量使用质量较好的标签，以提高其实际应用效果。

1.3.2　标签质量评估方法分类总结及比较

　　鉴于标签存在上述的问题，近年来，标签质量评估研究逐步引起学术界的重视。本书对这些研究工作进行系统梳理，将标签质量评估方法进行了划分。标签质量评估方法总体上可以分为人工评价和自动评价两类方法。其中，人工评价方法是在用户参与下通过人工评估系统进行；自动评价方法可以从无参照评估和有参照评估两个方面进行，自动评价方法既可以只通过标签自身进行无参照评价，也可以将标签和其他的资源结合进行评估。表 1-1 给出了不同标签质量评估方法的优点与缺点的比较情况。本小节首先对各种代表性方法进行概述，然后对其进行比较分析。

表 1-1　标签质量评估方法比较

方法名称	优点	缺点
利用人工评价来评估标签的质量	用户手工评估准确性高	需要较多用户参与，难以实施，不能进行大规模的应用
基于标签自身统计属性来评估标签的质量	实现起来简单方便，可以在大规模数据上得到快速实施和验证	仅通过标签自身属性不能全面评判标签质量，没有考虑用户标注动机、标注对象类型等因素
依据规范词语进行隐含的质量评估	可以对用户标注进行实时控制	无法处理用户生成的主观标签和垃圾标签
依据标签和主题词的比较进行评估	由于主题词表的权威性，评估结果比较客观	主题词表更新速度慢且覆盖范围有限，不能有效地对新标签进行质量评估
依据用户标签与专家标注结果的比较结果进行评估	专家和商业机构提供的标签可以根据实际情况变化，进行及时的更新	代价高，需要专家的参与，不能进行大规模的使用
依据标签与文本内容关键词的比较进行评估	不依赖于主题词表和专家标注等资源，成本低	基于资源内容，评估效果依赖于文本的关键词抽取质量，只能用于可以抽取出关键词的文本信息或已经存在关键词的科技文献等
基于信息检索的方式来评估标签质量	成本低	受制于搜索引擎本身的搜索质量和资源覆盖面
基于用户、资源、标签三者关系来评估标签质量	充分考虑用户、资源、标签三者之间的联系，准确性高	对这三种资源有较强的依赖性

1. 不同的标签质量评估方法概述

　　（1）利用人工评价来评估标签的质量。代表性工作为：Lee 和 Han、Sen 等依据用户在线评价结果，对标签质量进行评估。2007 年，Lee 和 Han 通过对标注资源已有标签添加支持或反对的标记，得到标签的质量评估结果[27]；同年，Sen 等对不同的标签质量人工评估系统进行人工比较，从而提出标签系统的界面改进意见，达到提高标签质量的目的[28]。此方法准确性高，可以基于用户的需求来评判出高质量标签，但该方法需要较多用户参与，难以实施，不能进行大规模的应用，因此该方法只适用一些测试数据的收集。

（2）基于标签自身统计属性来评估标签的质量。代表性工作包括：2009 年，Zhang 等提出标签的三个统计属性可以用来衡量标签质量，即中心性（被高频率地应用于标记资源的标签）、频率（为某一个资源的高频率标签）与熵（选择中等信息熵的标签，既不会太普遍也不会太专指）[29]；2010 年，Belém 等利用标签共现（两个标签同时出现的频率）、标签稳定性（确保标签既不太普遍也不太专指，保持稳定的状态）、标签描述力（衡量标签是否同时出现在标题和描述中）等三个指标提高标签质量[30]；2011 年，孙柯将明晰度、词语频率*逆文档频率（term frequency*inverse document frequency，TF*IDF）度量及信息增益等三种指标用于评估标签质量[31]。相对于人工评价方法，基于标签自身统计属性的评价方法可以在大规模数据上得到快速实施和验证，此外该方法还可解决一部分主观性标签和垃圾标签的问题。然而，该方法没有考虑用户标注动机、标注对象类型等因素。

（3）依据规范词语进行隐含的质量评估。通过输入提示、拼写检查、标签推荐等方式，对用户输入的标签进行在线实时评估，从而减少拼写错误或垃圾标签，或通过词汇控制手段提高标签质量。代表性工作包括：2006 年，Guy 和 Tonkin 建议给用户进行一些打标签的指导，如通过提供详细的说明文档，来提高标签的质量[32]；2011 年，徐静和卢章平利用叙词表作为用户打标签的参考资源，对标签进行了质量的划分[33]；2012 年，黄如花和任其翔从大小写限制、标签拼写提示及帮助信息等七个方面对标签质量控制方式进行比较，并给出单词拼写提示、规范标签提示等提高标签质量的方法[34]；同年，吴方枝指出，需要采取对标签的控制和管理，因此总结出提高标签质量的方法，包括词汇控制、检错机制、对用户标注标签进行指导等[35]。此方法主要利用与规范词的比对来进行标签质量的评估，通过对标签的自动检错来杜绝低质量标签的产生，此方法可以对用户标注进行实时控制，但无法有效处理主观标签和垃圾标签。

（4）依据标签和主题词的比较进行评估。如果标签与主题词表中的主题词重合率高，则认为标签的质量高，反之标签的质量低。代表性工作包括：2009 年，Lawson 从 OCLC WorldCat 提供的各个学科类别的角度，将美国国会图书馆标题表中的主题词和 Amazon、LibraryThing 的标签进行比较，从而提出了整合不同来源的标签对图书馆员、读者和研究者的重要意义[36]；同年，Thomas 等依据七种不同的相似度比较方法，对书目数据的标签和美国国会图书馆标题表中的主题词进行比较[37]；2010 年，Lu 等比较 LibraryThing 的标签和美国国会图书馆标题表中的主题词，发现两者的重合度只有 2.2%[38]；2009 年，Bartley 将标签和图书机读目录（machine readable catalog，MARC）数据进行比较，发现匹配率高的两部分是 MARC 数据的 600 字段（主题字段）和 245 字段（题名说明）[12]；2010 年，Yi 依据 TF*IDF、余弦相似性、Jaccard 指数、互信息、信息半径等五种相似度量方法，对社会化标签和美国国会图书馆标题表中的主题词进行比较，发现余弦相似性度量方法最有效[39]；2012 年，吴丹等以图书情报领域为例，依据 Jaccard 指数，对社会化标签、中文 MARC、英文 MARC、《中国分类主题词表》和《美国国会图书馆主题词表》等进行比对，结果表明，社会化标签和元数据、主题词表的重合率不高，在详细分析实验结果后，提出了基于元数据和主题词表改进标签质量的方法，包括规范并指导用户标注图书，连接社会标签与主题词表，合并图书编目生成的元数据与图书标注生成的标签，建立个性化半自动标引[40]；2013 年，Wu 等分别从中英文的角度将标签与主题词进行比较，结果显示，两者之间有较高的重合率[41]。同年，Lee 和 Schleyer 利用 231 388 篇论文对标签与美国国会图书馆标题表中的主题词进行比较，结果显示，每一个文章标签的平均数量远小于主题词，两者重合率很低[42]。该方法依据权威的主题词表进行评价，结果比较客观，但由于主题词表更新速度慢且覆盖范围有限，不能有效地对新标签进行质量评估。

（5）依据用户标签与专家标注结果的比较结果进行评估。此评估方法的代表性工作包括：2011 年，Hall 和 Zarro 提出利用专业人士标注结果（依据受控词汇对标注资源进行标引的结果）与社会标签进行比较，发现两者异同，进而将两者结合提高标签质量[43]；同年，Chen 将标签和档案机构提供的专业关键词进行比较，结果表明，两者重合率只为 40%[44]。相对于主题词表的稳定性，专家和商业机构提供的标签可以根据实际情况变化，进行及时的更新，因此相对于主题词表，该方法具有更高的可靠性，但是也会耗费大量的人力和财力，并不能大规模自动进行质量评估。

（6）依据标签与文本内容关键词的比较进行评估。利用关键词抽取技术抽取出文本的关键词，如果标签和关键词相似性高，则认为标签的质量高。代表性工作包括：2006 年，Al-Khalifa 和 Davis 将机器抽取出的关键词与社会化标签进行重合度计算[45]；2015 年，Syn 和 Spring 依据余弦相似度、分类和聚类等方法，对学术论文的作者标注的关键词和用户标注的标签进行了比较研究，发现论文的标题是用户标注的标签的主要来源，对论文同时应用关键词和用户提供的标签，相较于只是应用关键词或者标签可以更有效地描述论文，并且相对于概括性的概念标签更能代表具体的概念[46]；2009 年，丁婉莹等依据用户打分方式或使用搜索引擎，来度量机器抽取的关键词与社会化标签的相似度，并进一步提出了利用关键词提示来优化搜索引擎的方法[47]；2011 年，Lai 等从社会媒体的用户评论中提取关键词，将其与产品的社会化标签进行比较，从而衡量标签与大众评论意见是否一致，由此评估标签的质量[48]。该方法不依赖于主题词表和专家标注等资源，成本低，但评估效果依赖于文本的关键词抽取质量。

（7）基于信息检索的方式来评估标签质量。代表性工作包括：2008 年，Koutrika 等将标签作为查询式提交到搜索引擎，依据返回结果的网页排名来评估标签质量，并且对比了多种查询方案来应对低质量的标签。同时，作者提出了现有的标签系统是利用标签在文档中出现的频率作为对标签查询式的反馈结果，这种标签查询系统不能有效地回避恶意攻击用户标注的垃圾标签[49]。2008 年，van Damme 等依据标签频率、标签同意度（某个资源的某个标签的频率除以这个资源打标签的人数）、TF*IRF（TF*IDF 的延伸，利用标签的频率和资源数计算）等三个指标来综合评估标签质量，并对 Delicious 上的标签数据用上述三个指标获取到高质量的标签，接着雇佣被调查者对评估出的高质量标签的真实性进行验证，结果证明，提出的这三个指标可以有效地识别高质量的标签[50]。2010 年，Noh 等将检索系统每天总访问数、某一查询式作为查询的概率、资源被这个查询式查询出来的概率等三个因素，作为标签的质量评估依据[51]。2012 年，Yi 和 Yoo 计算搜索引擎中用户查询式与社会化标签之间的相似性和重合度，结果显示，标签和 Web 查询式关系紧密，可以将质量高的社会化标签应用到信息检索中[52]。利用信息检索的方式来评估标签的质量，成本低，然而效果受制于搜索引擎本身的搜索质量和资源覆盖面，但是可以自动地对大规模的标签数据进行质量评估。

（8）基于用户、资源、标签三者关系来评估标签质量。代表性工作包括：2006 年，Xu 等向用户分配权重值，每一个标签的质量就是使用这个标签的用户权重值总和[53]；2008 年，Krestel 和 Chen 利用资源、标签、用户三者之间的关系，依据 PageRank 算法的变种方法——TRP-Rank 算法迭代计算出每个标签-资源对的质量得分[54]；2010 年，覃希等将隐藏在正常用户群体中的垃圾投放人检测出来，以此减少垃圾标签数量，利用向量空间模型（vector space model，VSM）来表述用户特征，从而进行用户的分类，通过识别出垃圾标注者，就可以识别出低质量的标签，结果表明，基于支持向量机（support vector machine，SVM）的垃圾标签检测模型具有较高的分类精度[55]；2011 年，Gu 等通过打标签者的可信度、网页之间的语义相似性、标签之间的语义相似性等三个因素度量标签的可信度[26]；2012 年，李劲等提出通过分析文档之间的语义相似度及标签之间的语义相似度，对标注质量进行量化评估的算法[56]。相对于其他方法，该方法充分考虑用户、资源、标签三者之间的联系，但该方法对这三种资源有较强的依赖性。

2. 不同的标签质量评估方法比较

通过上述总结可以看出，不同的评估方法依赖于不同资源或评估参数。在实际使用中，可以根据现有资源选择适合的评估方法。从表 1-1 中可以看出，人工评价准确性高，并且可以结合用户自身的喜好选择质量高的标签，但是实施起来费时费力。自动进行标签质量评估的方法中，基于标签本身的评估，实施起来方便，但是评估过程过于片面；将标签和其他资源结合进行质量评估，由于结合的其他资源本身的限制，对标签质量评估都不能进行全面准确的评估，每种方法各有利弊。应根据实际情况选择合适的方法进行标签质量评估。

1.4 社会化标签生成研究概述

关键词抽取是自然语言处理中的基础与核心技术，对非结构化文本的自动处理，如自动文摘、文本聚类、自动问答等均需要先进行关键词抽取。传统的关键词抽取方法是依据文档中词汇的统计信息，计算各词汇的权重，从而抽取关键词。标签抽取与关键词抽取的不同之处在于，标签抽取不拘泥于文本内容，还可以通过用户、资源、标签这个社会化网络对用户进行标签推荐。

1.4.1 关键词自动抽取研究概述

一个关键词是一个简短的词组（通常包含 1～3 个单词）。它提供了一个文档的关键思想。一个关键词列表指一个短的关键字清单（一般为 10 个词组），它反映了一篇文档的内容，通过这样的方式能获取主要讨论的议题，并提供其内容的概要。关键词抽取，是从文档内容中寻找并推荐关键词。一般关键词抽取分为以下两个步骤。

1. 选取候选关键词

从文档中选取候选关键词的难点在于如何正确判定候选关键词的边界。寻找正确的短语在多种任务中都涉及，目前在英文关键词抽取中，一般选取 N 元（N-gram，N 一般为 1～3）词串，然后通过计算 N 元词串内部联系的紧密程度来判断它是否是一个有独立语义的短语。该任务与搭配抽取（collocation extraction）和多词表达（multi-word expression）抽取任务类似，都需要准确地判断边界[57]。

搭配抽取一般利用多种方式测试内部紧密程度[58]，如均值（mean）与方差（variance）[59]、t 测试（t-test）[60]、卡方测试（χ^2 test）、点互信息（point-wise mutual information）[61]和二项似然比测试（binomial likelihood ratio test，BLRT）[62]等。Tomokiyo 和 Hurst 提出利用语言模型计算词串内部联系的紧密程度[63]。Silva 和 Lopes 提出使用多词表达抽取技术提取候选关键词[64]。Hulth 则发现大部分关键词是名词性词组，符合一定的词性模式，如"形容词＋名词"是最常见的模式[65]。因此可以选取符合某种词性模式的词组作为候选关键词。

2. 抽取关键词

现有的关键词抽取方法可分为有监督学习方法和无监督学习方法。

1）有监督学习方法

该方法将关键词抽取问题作为一个分类任务。在这种方法中，通过训练文档来构造一个模型。这些文档已经被人为标记了分配给它们的关键词[66]。Turney[67]首次系统阐述关键词抽取转换为有监督学习的问题。根据 Turney 的理论，文档中所有的词组都是潜在的关键词，但只有那些与人们分配的词组相匹配的词，才被认为是"正确的"关键词。Turney 使用了一套参数启发式规则和遗传算法来完成关键词抽取过程[67]。

另一个值得注意的关键词抽取系统是关键词提取算法（keyphrase extraction algorithm，KEA）[68]：它根据贝叶斯定理建立了一个分类器来训练文档。它采用分类来从新的文档中抽取关键词。在训练和提取阶段，KEA 根据字形的边界（如标点符号、换行等）分析输入文件，并利用两个文档特征：TF*IDF 和首次出现的词语进行关键词抽取[67]。

Chen 等提出从网页中提取关键词的实际的关键词提取系统[69]。Pudota 利用回归模型来训练专家标记的文件，从新文件中提取关键词句[67]。

Hulth 在确定设置的候选词中引进了语言知识，即词性（part-of-speech，POS）标签，她用 56 个潜在的 POS 模式在文本中确定候选词。她的实验表明，使用具有选择功能的 POS 标签，可以显著改善关键词提取结果[65]。另一个基于语言功能的系统是关键词提取的学习算法（learning algorithm for keyphrase extraction，LAKE）[70]：它利用语言知识识别候选词的身份，并在最终的关键词选择中运用朴素贝叶斯分类。功能选择和学习模式是任何的关键词提取过程中的两个关键点，这个过程被当作一个分类任务处理[67]。

有监督的学习方法可以通过训练学习调节多种信息对于判断关键词的影响程度，因此效果更优，但在信息爆炸的网络时代，标注训练集合非常耗时耗力；更何况文档主题往往随着时间变化剧烈，随时进行训练集合标注更不现实[57]。

2）无监督学习方法

无监督学习方法不需要训练数据。这种方法一般从给定的文档中选择一个候选词组，它使用一些计算排名的策略从文档中选择最重要的候选词作为关键词[67]。

（1）TF*IDF。

最简单的无监督的关键词抽取方法是 1988 年 Salton 和 Buckley[71]使用的 TF*IDF 方法，通过此方法排名候选关键词并选择排名靠前的候选词作为关键词。

TF*IDF 仅根据候选词的统计频率来排名，可能会遗漏一些低频率的关键词[72]。

（2）TextRank。

2004 年，Mihalcea 和 Tarau[73]提出一种基于图的排序算法 TextRank，用以进行关键词抽取和文档摘要。该方法的基本思想是，将文档看作一个词的网络，该网络中的链接表示词与词之间的语义关系。基于与 PageRank 相似的思想，TextRank 认为一个词的重要性由链向它的其他词的重要性来决定，利用 PageRank 计算网络中词的重要性，然后根据候选关键词的 PageRank 值进行排序，从而选择排名最高的若干个词作为关键词[57]。

在 TextRank 算法中，低频率出现的词将会受益于邻近的高频率出现的词，从而比用 TF*IDF 算法中的排名更靠前。这从某种程度上削减了词汇差距的问题。但是，在 TextRank 算法中，关键词抽取中仍然趋向于选择高频率的候选词，因为这些词可以与别的词有更多的链接机会并且获得更高的 PageRank 值。此外，TextRank 算法通常仅通过词的共现次数作为词与词之间的大概的语义关系，来构造一个词表图。这将会因为语义有关联但没有联系的单词而引入很多噪声且高度影响抽取结果[72]。

1.4.2　标签自动抽取研究概述

标签由用户选择，从而不可避免地使社会化标签系统中产生了大量冗余的、主观的、模糊的、语义不明确的垃圾标签，使得用户在检索主题和组织内容时产生了不必要的噪声，阻碍了有效的信息传播。因此如何从海量的用户标签中抽取出有意义的标签并且推荐给用户成为学者探索和研究的问题，对于标签的自动抽取研究可以总结为以下两种类型。

1. 标签抽取

研究者通过标签的文本特征（如标签出现的频率、比例等）实现标签抽取，如 Sen 等[74]通过对标签的打分及标签的文本特征发现高质量的标签并选择表现最好的标签抽取算法得到了高质量的标签，然后将其发布在网络上。Chen 和 Shin[75]针对向 Flickr 用户推荐标签的问题，结合标签文本特征（如标签频率）及社会特征（标签在用户中的共现频率），用贝叶斯分类法为用户推荐与其兴趣相关的标签，文本特征可以提高标签的质量，社会特征可以发现用户与社会活动的相关信息。另外一部分研究者对产品评论进行标签抽取，如李丕绩等[76]提出了一种能够为每个实体抽取特征标签的方法，并且进行语义去重，保证标签在语义空间内相互独立。还有利用被标记的网页之间的联系实现标签抽取，如 Suchanek 等[77]分析标签之间的语义属性及标签与被标记网页之间的关系来发现标签，他们基于网页语料的关键词、内容、标签间语义建立了一个标签推荐影响力的评估模型。

2. 标签推荐

标签推荐把用户从人工为资源定义标签的费时工作中解放出来，使自由分类得到广泛应用。标签推荐向用户推荐一些潜在的、与资源内容和用户使用习惯相符的标签。它主要是利用标签-对象-用户之间的网络关系进行标签抽取进而实现标签推荐[78]。目前标签推荐算法主要有基于协同过滤的标签推荐、基于图论及基于文本的标签推荐[79]。例如，Xu 等[53]根据对象以往被标注的标签情况及用户的标注行为对相关统一资源定位符（uniform resource locator，URL）进行标签抽取并实现标签推荐；Rae 等[80]利用 Flickr 上的用户社会关系网络来抽取标签网络，再进行标签推荐；Lee 和 Chun[81]等利用用户的协同标注行为为博客用户自动推荐相关标签。钟青燕等[78]提出了基于层次聚类（HC）和语义的标签推荐，提高了标签推荐的预测精度。清华大学刘知远[57]提出利用词对齐技术的社会标签推荐，给定一个标签标注集合，需要训练一个标签推荐模型，可以对给定新的文档推荐相关标签。

1.5　多语言社会化标签聚类研究概述

聚类分析是将数据划分成有意义或有用的组（簇）。它是常用的探索性数据挖掘和统计数据分析方法，应用于许多领域，包括机器学习、模式识别、图像分析、信息检索和生物信息学等。聚类的思想是计算并找出最小距离的聚类成员，间隔或特定的统计分布密集区域。合适的算法和参数设置（包括使用的距离函数、密度阈值或预期的聚类个数）取决于个人的数据集和预期的结果用途。聚类分析不是一个自动的任务，它是一个包含判断和失败的知识发现或交互式多目标优化的迭代过程，往往需要修改数据的预处理和模型参数直到结果达到预定期望。

1.5.1　标签聚类研究概述

标签聚类模型方面，研究者主要将现有的聚类模型或方法用于标签聚类。一般来说，标签聚类算法可以描述如下。

（1）定义一个标签相似性度量，并构建一个标记相似矩阵；Begelman 等[79]将标签共现用作相似性度量，并构建一个无向加权图，对图形分区然后获得集群。Cui 等[82]基于链接图对标签进行分类，提出一种名为 TagClus 的聚类方法。

（2）执行传统的如 KM（K-means，K 均值）聚类算法或凝聚式层次聚类算法这种相似矩阵生成聚类结果。例如，Ester[83]等利用 K 均值聚类算法对社会化标签进行聚类、曹高辉等[84]利用层次凝聚聚类算法进行标签聚类。Shepitsen 等[85]提出了一个在社会化标注系统中利用层次聚类进行个性化推荐的方法。

（3）抽象每个群集的有意义的信息，并做推荐。曹高辉等[84]利用自组织映射（self-organizing maps，SOM）模型对 Delicious 网站上的标签进行聚类。Sbodio 和 Simpson[86]使用近似骨架标签聚类结果，找出更好的标记集群，提出了一个近似骨架为基础的聚类算法标签（approximate backbone-based clustering algorithm for tags，APPECT）。

标签聚类可以找出学科的主要研究内容和研究热点及学科研究趋势，同时通过标签聚类可以找出交叉学科，把握学科发展的趋势。对情感词进行聚类，对用户舆情观点的掌握和动态观测有一定的作用，能够用于辅助舆情监测和对网民进行舆情引导。同时标签可视化可以使标签的聚类结果更加清晰化，有助于互联网的信息组织与信息管理。

1.5.2 标签之间的相似度

从内容的角度来看，结合外部语义词典的标签内容相似度计算可以帮助找到标签之间的关系。然而，当新标签或新单词未收录于词典中时，这种方法并不适用。从用户标注的角度来看，标签的共现次数可以用于度量标签之间的相关度。

计算标签相似度的工作包括以下三个方面。

（1）标签与外部资源的相似度，通过它们的内容和信息从词汇或术语资源相似度评价的角度，评估两个标签之间的相似度。例如，Leo 词典和 WordNet 可以用来测量两个标签之间的语义关系，Agirre 和 De Lacalle[87]提出了对 WordNet 词义的不同聚类方法的比较结果。一些网上的语义资源如 Google 和 Wikipedia 能够提供不包含在传统词典中的新生词汇的信息，如 Fokker 等[88]介绍了一个应用于维基百科多媒体内容的个性化基于标签的导航系统原型。

（2）从标注资源的相似度来测量标签的相似度。Simpson[89]提出基于资源的向量空间相似度来计算标签相似度，每个标签都构建一个向量，每个向量中的元素代表这个标签在这篇文档中被使用的次数，然后通过余弦值相似度来衡量标签的相似度。Begelman 等[79]提出标签共现的概念，表示两个标签同时标注同一个资源。他们使用标签之间共现的次数来衡量标签之间的相似度。Brooks 和 Montanez[90]通过比较他们所注释的文档的相似度来衡量标签之间的相似度，文档的相似度可以基于 TF*IDF 的向量空间模型来计算。周津等[91]提出了基于特征向量表示法的标签聚类算法，将标签用一个 N 维的特征向量建模表示，并给出了 3 种不同的特征向量表示方法，通过计算两个特征向量在欧几里得空间（Euclidean space）的余弦夹角得到标签两两之间的相似度。

（3）根据标签和资源构成的关系图，一些研究者构建标签之间的二分图，图中的节点之间的关联性表示标签之间的关联性。Jeh 和 Widom[92]提出了 SimRank，它定义了一个链接图中节点之间的相似度为两个随机冲浪者从两个节点出发到第一次遇见的所有不同步骤的可能性之和。Cui 等[82]引入了一种基于随机游走的方法通过构建标签和资源之间的链接图测量标签之间的相似度。王萍和张际平[93]构建基于相似度的标签共现网络，并赋予标签节点相应的信息值来衡量节点的核心程度。

1.5.3　标签聚类算法

聚类分析是将一些对象进行分组，使得同一组中的对象之间的相似度比在其他组中的相似度更高。目前在数据挖掘中存在大量的聚类方法，聚类方法的选择取决于数据的类型、聚类的目的和应用。现有的数据挖掘中常用的聚类方法可以大致分为以下几种：基于原型的聚类方法、基于图的聚类方法、基于密度的聚类方法。

1. 基于原型的聚类方法

簇是对象的集合，其中每个对象到定义该簇的原型的距离比到其他簇的原型的距离更近（或者更加相似）[94]。对于具有连续属性的数据，簇的原型通常是质心，即簇中所有点的平均值。当质心没有意义时（如当数据具有分类属性时），原型通常是中心点，即簇中最有代表性的点。对于许多数据类型，原型可以视为最靠近中心的点；在这种情况下，通常把基于原型的簇看作基于中心的簇。这种簇在直观上趋向呈球状。基于原型的聚类技术创建数据对象的单层划分，最突出的是 K 均值法[95]和 K 中心点（K-medoids）法[96]。

Kaufman 和 Rousseeuw[96]于 1967 年提出了 K 均值法，K 均值法在数据挖掘领域中得到了广泛的应用。K 均值法用于 n 维连续空间中的对象，用一组值点的均值作为其质心。它的主要优点是算法简单快速，但是该方法不能发现非球状或大小差别很大的类簇，且其对噪声点及孤立点很敏感[96]。在 K 中心点法中，每个类使用中心点定义原型，其中心点为一组点中最有代表性的点。它不像 K 均值法中的平均值点那么容易被极端数据所影响，所以当存在噪声和孤立点数据时，K 中心点法比 K 均值法更加稳健[97]。

2. 基于图的聚类方法

如果数据用图表示，其中的节点是对象，而边代表对象之间的联系，则簇可以定义为连通分支，即互相连通但不与组外对象连通的对象组。基于图的簇的一个重要例子是基于邻近的簇，其中两个对象是相连的，仅当它们的距离在指定的范围之内。也就是说，在基于邻近的簇中，每个对象到该簇某个对象的距离比到不同簇中任意点的距离更近。当簇不规则或缠绕时，这种定义的簇是有意义的。但是，当数据具有噪声时就可能出现问题[95]。

基于图的聚类方法中经典的聚类算法是层次聚类方法。层次聚类方法分为凝聚层次聚类法和分裂层次聚类法[96]。前者是从点作为个体簇开始，每一步合并两个最接近的簇，所以需要定义簇的邻近性的概念。后者是从包含所有点的某个簇开始，每一步分裂一个簇，直到仅剩下单点簇。在这种情况下，需要确定每一步分裂哪个簇及如何分裂。层次聚类中通常用一种称作树状图的类似于树的图示。该图显示簇与子簇的联系和簇凝聚或分裂的次序[95]。层次聚类方法虽然简单，但是单纯的层次聚类算法的终止条件含糊，执行合并或分裂类簇的操作不可修正，且计算量与存储需求过大，这些都可能使聚类结果质量低下和可扩展性较差[97]。

3. 基于密度的聚类方法

当簇为对象的稠密区域，被低密度的区域环绕，即簇不规则或互相盘绕或为非球状的数据集，并且有噪声和离群点时，只用距离来描述是有限制的。针对这种情况，常常使用密度（对象或数据点的数目）来取代相似性，也是基于密度的聚类算法的基本思想。基于密度的算法从数据对象的分布密度出发，把密度足够大的区域连接起来，从而可以发现任意形状的类簇[97]。

Ester 提出了具有噪声的基于密度的聚类（density-based spatial clustering of applications with noise，DBSCAN），其基本思想是检查一个对象的领域密度是否足够高，即一定距离内数据点的个数是否超过临界值 MinPts，从而确定是否建立一个以该对象为核心对象的新类簇，再合并密度相似的类[96, 97]。因为 DBSCAN 使用簇的基于密度的定义，所以它是相对抗噪声的，并且能够处理任意形状和大小的簇。但是当簇的密度变化太大时和面对高维数据时，定义密度更加困难。

1.6　本书研究内容

如图 1-1 所示，本书包括用户标注行为研究、多语言社会化标签质量研究、多语言社会化标签生成研究，以及多语言社会化标签聚类研究等四个方面的内容。

第一部分为对用户标注行为的探索，此研究内容作为对社会化标签研究的基础性研究，处在研究的首要地位。具体来说，此部分包括两个研究，即社会化标注系统中用户标注行为分析研究和科研用户博文关键词标注行为差异研究，其中第一个研究利用问卷调查方式获取不同类型社会化标注系统中用户的标注行为，第二个研究聚焦在用户对博文标签的标注行为上，通过直接分析标签特征的方式获取用户的标注行为。另外，需要指出的是，在对用户标注行为的探索上，会着重分析不同人群标注行为的差异。

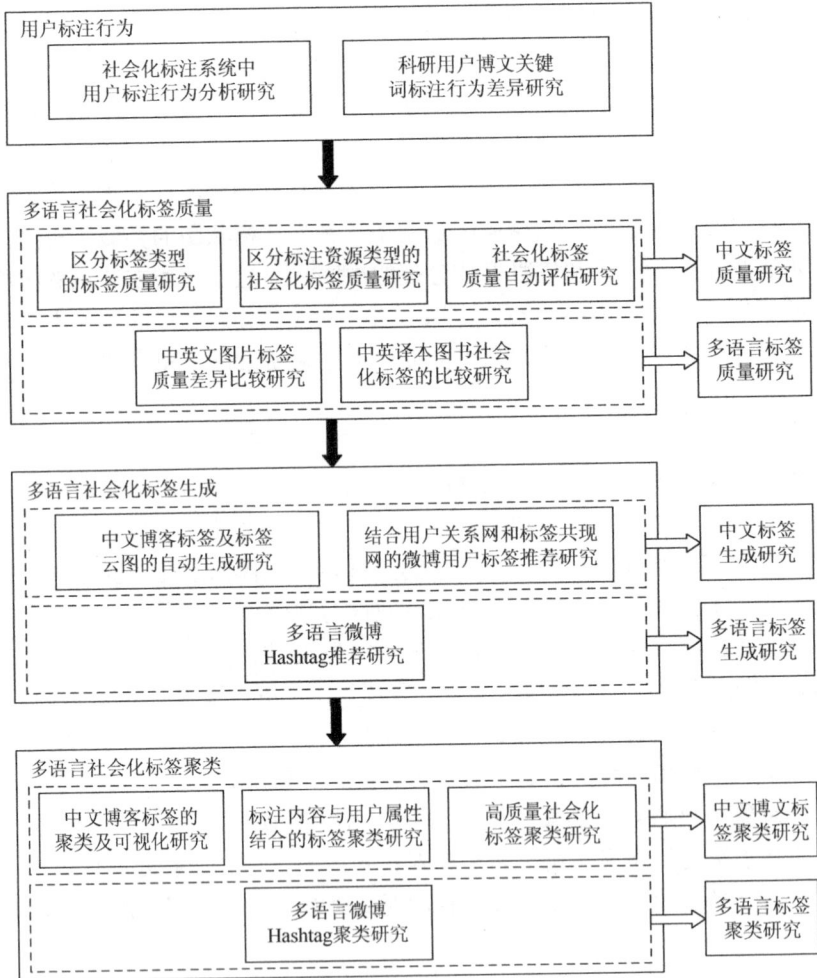

图 1-1　本书研究内容

第二部分为多语言社会化标签质量研究，包括五个子研究。前三个研究集中在对中文标签的质量探索上，其中第一个和第二个研究分别从实证的角度探索标签类型和不同标注资源类型对标签质量的影响，从而进一步证实现有的各种社会化标注系统上的标签中普遍存在低质量的标签，需要进行标签质量的评估研究。第三个子研究以博文标签为研究对象，实现了对社会化标签质量自动评估。后两个研究分别是中英文图片标签质量差异比较研究和中英译本图书社会化标签的比较研究，集中在对多语言标签质量的探索，分别对图片和图书的中英文标签质量进行对比研究。

第三部分为多语言社会化标签生成研究，包括三个子研究，分别进行博文、微博用户、微博 Hashtag 的推荐研究。其中前两个研究集中在中文标签推荐，分别利用各种关键词抽取技术实现了对博文标签的推荐，利用用户关系网和标签共现实现了对微博用户标签的推荐，第三个研究为多语言标签推荐研究，利用 K 近邻算法实现了对多语言微博短文本的 Hashtag 推荐。

第四部分为多语言社会化标签聚类研究，包括四个子研究。其中前三个子研究是针对中文博文标签的聚类效果研究，分别对不同的聚类对象，利用不同的标签属性进行聚类，以及利用提取出的高质量标签进行聚类，对聚类的效果进行分析研究。最后一个子研究针对多语言微博 Hashtag 聚类研究，并对比了不同的聚类算法和不同的文本表示方法对聚类效果的影响。

第2章　用户标注行为研究

社会化标注系统研究的关键问题之一就是用户的内在标注机制问题。已有研究表明，如果能够清楚地明确用户的标注行为，将对社会化标注系统的设计有着重要的指导作用，就能使其更好地满足用户的需求[5]。另外，研究用户的标签标注行为对提高标签质量，优化基于标签的信息系统的组织与检索效率有一定的指导作用。特别是研究不同用户的标签标注行为差异，对于理解不同用户标签标注动机，提高标签标注质量有重要的意义[11]。因此，对用户标注行为的研究具有十分重要的价值。

本章包括两个用户标注行为的研究。第一个研究是利用用户报告的方式来获取用户标注行为。采用自行研制的用户标注行为量表，从用户标注动机、用户标注过程影响因素、用户标注结果三个方面调查分析社会化标注系统用户的标注行为，并进一步分析不同背景用户在不同标注网站上标注行为的差异。

第二个研究是直接分析用户标注结果，即分析不同用户标注的标签特征，来获取用户的标注行为。此研究以科学网博客为调研平台，利用四个专业的博文关键词和用户信息，分别从标注系统使用方式、关键词结构及标注动机等三个角度选取用户关键词标注行为量化指标，分析科研用户在职业、性别、专业、学历、注册时间、发博文频率及职称等七个方面存在的关键词标注行为差异。

2.1　社会化标注系统中用户标注行为分析①

2.1.1　研究对象与方法

本书从 2013 年 9 月 14 日开始，通过在科学网博客上给发文量排名前 5000 名的用户进行留言，在豆瓣读书、豆瓣音乐、豆瓣电影上给发表了热门评论的 1000 个用户发送站内信，在又拍网上给传过照片的 500 个用户发站内信，在好网角网上给活跃的 500 个用户发送站内信的方式发放问卷②，发放问卷网站具体信息如表 2-1 所示。

---

① 本节主要内容发表于：李蕾，章志成. 社会化标注系统中用户标注动机差异分析. 情报学报, 2014, 33（6）：633-643。

② 调查问卷地址：http://www.sojump.com/jq/2709468.aspx。

表 2-1　发放问卷网站信息

序号	名称	网址	功能
1	科学网	http://blog.sciencenet.cn/	科技博文发表交流网站
2	豆瓣读书	http://book.douban.com/	图书收藏评论分享网站
3	豆瓣音乐	http://music.douban.com/	音乐收藏评论分享网站
4	豆瓣电影	http://movie.douban.com/	电影收藏评论分享网站
5	又拍网	http://www.yupoo.com/	图片上传评论分享网站
6	好网角	http://www.wang1314.com/	网址收藏网站

　　到 2013 年 11 月 26 日，共收到问卷 686 份，有效问卷 672 份，样本的有效率为 98%。调查对象基本情况见表 2-2。

表 2-2　调查对象基本情况

分类		人数	百分比	分类		人数	百分比
性别	男	508	75.6%	接触网络时间	2 年以下	—	—
	女	164	24.4%		2~3 年	7	1.0%
年龄	21 岁以下	17	2.5%		3~4 年	17	2.5%
	21~30 岁	347	51.6%		4 年以上	648	96.4%
	31~40 岁	203	30.2%	使用社会化标注系统时间	3 个月以下	148	22.0%
	41~50 岁	78	11.6%		3~6 个月	28	4.2%
	50 岁以上	27	4.0%		6 个月~1 年	37	5.5%
学历	本科以下	14	2.1%		1~2 年	99	14.7%
	本科在读	38	5.7%		2 年以上	360	53.6%
	本科	77	11.5%	每周登录社会化标注系统的次数	每周 1 次或者更少	292	43.5%
	硕士在读	85	12.6%		每周 2~3 次	138	20.5%
	硕士	117	17.4%		每周 4~5 次	59	8.8%
	博士在读	114	17.0%		每周 5 次以上	183	27.2%
	博士	227	33.8%	标注资源类型	博客	563	37.8%
职业	学生	214	31.8%		图书	275	18.5%
	教师	233	34.7%		图片	106	7.1%
	企业工作人员	104	15.5%		视频	222	14.9%
	政府工作人员	26	3.9%		音乐	170	11.4%
	自由职业者	17	2.5%		URL 链接	75	5.0%
	退休人员	7	1.0%		其他	79	5.3%
	其他	71	10.6%				

2.1.2 研究工具

本章根据国外用户标注行为研究成果，并结合前期对部分用户进行标注行为的询问，自行研制了用户标注行为量表，该量表包括用户标注动机、用户标注过程影响因素、用户标注结果三部分，其中用户标注动机分为自我组织需要、自我交流需要、自我表达需要、其他用户组织需要、与其他用户交流需要 5 个维度共14 个条目；用户标注过程影响因素由 8 个条目构成，具体情况见表 2-3。对用户标注结果的研究主要从用户使用的标签类型角度，分别对不同标注资源类型用户使用的标签类型进行调查，具体条目见表 2-4。

表 2-3　调查问卷条目——标注动机和标注过程

测度变量		测量问题项	理论参考文献
用户标注动机	自我组织需要	方便再次找到该资源	Sa 和 Yuan[5], Sen 等[8], Ames 和 Naaman[9], Nov 和 Ye[10], Mirzaee 和 Iverson[11], Bartley[12]
		更好地整理收藏的资源	
		可以帮助我检索到自己需要的资源	
	自我交流需要	向外界传达我对该资源的所有权	Sa 和 Yuan[5], Ames 和 Naaman[9], Nov 和 Ye[10]
		引起别人关注到该资源	
		找到兴趣相投的朋友	
		方便其他用户了解我的兴趣	
	自我表达需要	表达自己对该资源的看法	Sa 和 Yuan[5], Sen 等[8], Bartley[12]
	其他用户组织需要	方便其他用户检索到该资源	Ames 和 Naaman[9], Nov 和 Ye[10], Mirzaee 和 Iverson[11], Bartley[12]
		方便其他用户根据您已打的标签对该博文进行标注	
	与其他用户交流需要	帮助其他用户了解与该博文相关的更多信息	Sen 等[8], Ames 和 Naaman[9], Nov 和 Ye[10], Mirzaee 和 Iverson[11], Bartley[12]
		帮助其他用户决策是否浏览该资源	
		和其他用户保持联系	
		和其他用户分享资源	
用户标注过程影响因素		资源中的词汇	Al-Khalifa 和 Davis[45]
		自己的知识背景	Bartley[12]
		自己以前经常使用的标签	Bartley[12], Sen 等[8], Rader 和 Wash[18], Cattuto 等[17]
		系统推荐的标签	Bartley[12], Sen 等[8], Ames 和 Naaman[9], Rader 和 Wash[18], Binkowski[16]

续表

测度变量	测量问题项	理论参考文献
用户标注过程影响因素	先前标注者所打的标签	Sen 等[8]，Rader 和 Wash[18]，Golder 和 Huberman[15]，Binkowski[16]
	好友使用的标签	Marlow 等[20]
	当前的热门话题或事件	Weick 等[98]
	当前的情绪状态	Bartley[12]

表 2-4　调查问卷条目——标注结果

标注资源	标签类型	标注资源	标签类型
博文	描述博文内容且在正文中出现的词汇	音乐	描述音乐内容的词语
	博文题名中的出现词汇		音乐题名中的词汇
	描述博文类别的词汇		用于自我组织的词汇
	用于自我组织的词汇		自己听了音乐后的感受
	博文来源（如原创、转载等）		音乐的语言
	自己看了博文后的感受		音乐的发布时间
	描述博文内容但正文中没有出现的词汇		音乐的得知途径（了解到该音乐的途径，如朋友推荐等）
	博文的发布者	图书	描述图书内容的词语
	博文的发布时间		描述图书类别的词语
	博文发布地点		用于自我组织的词汇
图片	描述图片内容的词语		图书题名中的词汇
	用于自我组织的词汇		自己看了本书后的感受
	描述图片类别的词语		本书的作者
	图片题名中的词汇		本书中使用的语言
	自己看了图片后的感受		本书的出版时间
	图片来源（如原创、转载等）		本书的出版社
	图片的发布地点		本书的得知途径（了解或得到本书的途径，如购买、赠送等）
	图片的发布时间	视频	描述视频内容的词语
	图片的发布者		视频题名中的词汇
	图片的拍摄设备（如佳能、尼康等）		描述视频类别的词语
			用于自我组织的词汇
音乐	音乐的演唱者		自己看了视频后的感受
	描述音乐类别流派的词语		视频中的主角

续表

标注资源	标签类型	标注资源	标签类型
视频	视频的导演	URL	URL 链接题名中的词汇
	视频来源（如原创、转载等）		描述 URL 链接到网页的内容，但网页中没有出现的词汇
	视频的发布者		描述 URL 链接到网页的类别词汇
	视频的发布地点		自己看了该链接内容后的感受
	视频的发布时间		URL 链接的创建者
URL	描述 URL 链接到网页的内容，且在网页中出现的词汇		URL 链接的创建时间
	用于自我组织的词汇		

本书采用 Likert 五分制量表进行测量。在后期的数据处理中，对非常同意、有点同意、不确定、不同意、非常不同意选项分别赋予分值 5、4、3、2、1。本章中量表的信度检验采用克龙巴赫（Cronbach）α 系数，α 值越大，表示该因子内部各题项之间的关系越大，即内部一致性越高。由表 2-5 可知，用户标注行为总量表 8 个部分的 Cronbach α 系数均在 0.79 以上，表明总量表的内在一致性很好。因此，该量表信度较好，适合进行问卷调查。

表 2-5　不同标注资源类型的信度检验和效度检验结果

量表及各维度	Cronbach α 系数	KMO	Bartlett 球形检验
用户标注动机	0.912	0.910	12 887.215
用户标注过程	0.800	0.805	1 599.241
用户标注结果-博文	0.790	0.787	2 268.903
用户标注结果-图书	0.802	0.776	1 167.392
用户标注结果-图片	0.802	0.720	453.697
用户标注结果-视频	0.865	0.804	1 403.636
用户标注结果-音乐	0.793	0.712	523.676
用户标注结果-URL 链接	0.838	0.690	300.039

结构效度采用因子分析进行评价，数据越是可以进行因子分析，说明量表结构效度越好。本书根据凯泽-迈耶-奥尔金（Kaiser-Meyer-Olkin，KMO）值和 Bartlett 球形检验进行判断。经 SPSS（statistical product and service solutions，统计产品与服务解决方案）分析，用户标注行为量表各部分的 KMO 值和 Bartlett 球形检验值均符合要求，有统计学意义，表明本量表具有良好的结构效度。不同标注资源类型的信度检验和效度检验结果见表 2-5。

本书采用 Microsoft Office Excel 对问卷数据进行录入，对经过评分转换后的数据采用统计软件 SPSS 17.0 进行管理与统计，如应用描述性分析、t 检验、F 检验、方差分析等处理。

2.1.3　用户标注动机差异结果分析与讨论

1. 不同性别用户标注动机差异分析比较

首先对不同性别用户在社会化标注系统中标注动机进行差异分析，结果如表 2-6 所示。

表 2-6　不同性别用户标注动机的描述性分析和 t 检验

用户标注动机		自我组织需要	自我交流需要	自我表达需要	其他用户组织需要	与其他用户交流需要	用户标注动机总体情况
$M\pm SD$	男	3.77±1.14	3.14±0.98	3.55±1.22	3.15±1.11	3.02±0.93	3.61±0.50
	女	3.89±1.07	3.05±1.06	3.68±1.18	3.08±1.06	2.97±1.05	3.50±0.50
t		−1.082	0.876	−1.033	0.568	0.507	0.167
显著性		0.280	0.381	0.302	0.570	0.612	0.867

注：M 表示均值；SD 表示标准差。

由表 2-6 可知，男性用户的标注动机稍强于女性，但不同性别用户的各维度标注动机没有显著性差异（$p>0.05$）。不同性别用户均为表现自我组织需要和自我表达需要动机最强，与其他用户交流需要动机最弱。同时，女性的自我组织需要和自我表达需要动机强于男性，男性的其他动机维度强于女性。用户标注动机各个维度在 $\alpha=0.05$ 检验水准下，均不存在差异，说明不同性别用户标注动机不存在显著性差异。

2. 不同年龄用户标注动机差异分析比较

对 5 个年龄层次用户的标注动机进行差异分析，结果如表 2-7 所示。

表 2-7　不同年龄用户标注动机的方差分析

用户标注动机		自我组织需要	自我交流需要	自我表达需要	其他用户组织需要	与其他用户交流需要	用户标注动机总体情况
$M\pm SD$	21 岁以下	4.26±0.88	3.90±0.95	4.31±1.03	3.69±1.18	3.79±1.06	3.95±0.92
	21~30 岁	3.86±1.01	3.10±0.92	3.70±1.11	3.06±1.01	2.97±0.89	3.26±0.65
	31~40 岁	3.62±1.31	2.95±1.12	3.35±1.36	3.05±1.16	2.88±1.13	3.11±0.96
	41~50 岁	3.96±1.02	3.27±1.11	3.68±1.19	3.45±1.15	3.17±0.95	3.44±0.88

续表

用户标注动机		自我组织需要	自我交流需要	自我表达需要	其他用户组织需要	与其他用户交流需要	用户标注动机总体情况
$M \pm SD$	50岁以上	3.44±1.44	3.11±0.71	2.92±1.21	2.81±1.17	2.99±0.88	3.09±0.71
F		2.352	3.255	4.810	3.370	3.232	4.644
显著性		0.053	0.012	0.001	0.010	0.012	0.001

由表2-7可知，21岁以下年龄最小的用户标注动机最强（$M = 3.95$），50岁以上年龄最大的用户标注动机较弱（$M = 3.09$），并且在 $\alpha = 0.05$ 检验水准下，不同年龄用户标注动机存在差异（$p < 0.05$），说明不同年龄段用户标注动机存在差异，除了自我组织需要动机在不同年龄段没有显著性差异外，其余维度动机在不同年龄用户中均存在显著性差异。不同年龄用户除了21岁以下最年轻用户的自我表达需要动机最强外，其余年龄段用户的自我组织需要动机均最强。

从信息查询行为各维度来看，自我组织需要、自我交流需要、自我表达需要、其他用户组织需要和与其他用户交流需要，均为21岁以下年龄最小的用户得分最高；得分最低维度集中在31~40岁和50岁以上的用户，50岁以上用户自我组织需要、自我表达需要、其他用户组织需要动机最弱，31~40岁自我交流需要和与其他用户交流需要最弱。

3. 不同学历用户标注动机差异分析比较

对7种学历用户的标注动机进行差异分析，结果如表2-8所示。

表 2-8　不同学历用户标注动机方差分析

用户标注动机		自我组织需要	自我交流需要	自我表达需要	其他用户组织需要	与其他用户交流需要	用户标注动机总体情况
$M \pm SD$	本科以下	3.85±1.43	3.84±1.34	4.36±0.81	3.55±1.62	3.93±1.20	3.86±1.26
	本科在读	4.07±0.80	3.12±0.72	4.14±0.88	3.24±0.80	3.00±0.76	3.38±0.42
	本科	3.78±0.95	3.16±1.00	3.69±1.00	3.20±0.99	3.03±0.92	3.30±0.68
	硕士在读	3.87±1.07	3.00±0.99	3.51±1.26	2.76±1.01	2.93±0.92	3.17±0.68
	硕士	3.59±1.14	3.22±0.91	3.75±1.19	3.15±1.09	2.94±1.05	3.25±0.81
	博士在读	3.88±1.18	3.23±0.96	3.65±1.15	3.42±1.02	3.23±0.90	3.43±0.82
	博士	3.81±1.23	3.02±1.06	3.34±1.32	3.10±1.19	2.92±1.00	3.20±0.89
F		1.820	0.699	1.532	3.324	2.143	2.403
显著性		0.094	0.650	0.166	0.003	0.048	0.027

　　由表 2-8 可知，本科以下用户标注动机得分高于其他学历用户，在 $\alpha = 0.05$ 检验水准下，不同学历用户标注动机不存在显著性差异（$p > 0.05$）。本科以下、本科在读、硕士的自我表达需要强于其他动机，本科、硕士在读、博士在读、博士用户的自我组织需要强于其他动机。除了本科以下学历人员外，其余各学历用户排名前两位的标注动机均为自我组织需要和自我表达需要，本科以下用户自我表达需要和与其他用户交流需要标注动机排名前两位。可以看出，学历低的用户标注动机最强烈，尤其是表达与交流的需要更为强烈。

　　在用户标注动机各个维度中，本科在读自我组织需要标注动机最为强烈，自我交流需要、自我表达需要、其他用户组织需要、与其他用户交流需要均是本科以下用户的标注动机最为强烈，并且其他用户组织需要、与其他用户交流需要两个维度存在显著性差异（$p < 0.05$）。可以看出，对于社会化标签这种新兴的大众分类方式，年轻用户及学历比较低的用户的使用动机强烈，他们对这种新事物的接受力强于年龄大的用户和学历高的用户。

　　4. 不同职业用户标注动机差异分析比较

　　对 7 种职业类型用户的标注动机进行差异分析，结果如表 2-9 所示。

表 2-9　不同职业用户标注动机方差分析

用户标注动机		自我组织需要	自我交流需要	自我表达需要	其他用户组织需要	与其他用户交流需要	用户标注动机总体情况
$M \pm SD$	学生	3.93±1.05	3.14±0.94	3.72±1.20	3.01±1.05	3.02±0.96	3.30±0.72
	教师	3.96±1.12	3.16±1.05	3.62±1.20	3.30±1.08	3.09±0.93	3.36±0.83
	企业工作人员	3.75±1.10	2.96±0.98	3.52±1.21	2.94±1.20	2.80±1.02	3.12±0.73
	政府工作人员	3.95±1.04	3.45±1.36	3.86±1.10	3.50±1.22	3.38±1.21	3.57±1.15
	自由职业者	3.25±1.16	3.01±1.06	3.59±1.28	2.91±0.92	2.81±0.76	3.03±0.73
	退休人员	3.90±1.37	2.79±0.77	2.71±0.95	3.14±0.90	2.82±0.77	3.08±0.63
	其他	3.08±1.06	3.29±0.94	3.26±1.22	3.26±1.05	3.12±1.07	3.19±0.91
F		4.419	1.007	1.539	1.849	1.464	1.631
显著性		0.000	0.420	0.164	0.088	0.189	0.137

　　由表 2-9 可知，政府工作人员标注动机得分高于其他职业用户，在 $\alpha = 0.05$ 检验水准下，不同职业用户标注动机不存在显著性差异（$p > 0.05$）。学生、教师、企业工作人员、政府工作人员、自由职业者排名前两位的标注动机均为自我组织需要和自我表达需要。

在用户标注动机各个维度中，政府工作人员的标注动机在自我交流需要、自我表达需要、其他用户组织需要、与其他用户交流需要方面均最为强烈，并且自我组织需要维度存在显著性差异。可以看出，不同职业用户标注动机差异不大，主要集中在自我组织需要和自我表达需要上。

5. 使用社会化标注系统时间不同的用户的标注动机差异分析比较

对 5 种不同的使用社会化标注系统时间进行用户标注动机差异分析，结果如表 2-10 所示。

表 2-10　不同使用社会化标注系统时间用户标注动机的方差分析

用户标注动机		自我组织需要	自我交流需要	自我表达需要	其他用户组织需要	与其他用户交流需要	用户标注动机总体情况
$M\pm SD$	3 个月以下	3.52±1.15	3.06±1.05	3.36±1.26	3.10±1.09	3.03±1.01	3.17±0.89
	3~6 个月	3.59±1.04	2.88±0.82	3.54±1.33	3.38±0.55	3.00±0.53	3.19±0.49
	6 个月~1 年	4.22±1.09	2.82±0.84	3.94±1.15	2.92±0.86	2.82±0.81	3.21±0.69
	1~2 年	3.79±1.30	3.14±0.93	3.67±1.11	2.95±1.13	2.78±1.16	3.19±0.80
	2 年以上	3.86±1.08	3.18±1.02	3.61±1.20	3.17±1.13	3.06±0.96	3.32±0.79
F		2.598	1.180	1.394	0.859	1.052	0.722
显著性		0.036	0.319	0.235	0.489	0.380	0.578

由表 2-10 可知，使用社会化标注系统 2 年以上用户标注动机得分高于其他少于 2 年用户的标注动机，使用社会化标注系统越久的用户标注动机越强烈，并且交流的需要（自我交流需要、与其他用户交流需要）是 5 个动机维度中相对于其他少于 2 年使用社会化标注系统用户中最高的。在 $\alpha = 0.05$ 检验水准下，不同使用社会化标注系统时间用户标注动机不存在显著性差异（$p > 0.05$）。5 种不同的使用社会化标注系统时间用户，排名前两位的标注动机均为自我组织需要和自我表达需要。

在用户标注动机各个维度中，在自我组织需要和自我表达需要方面使用社会化标注系统 6 个月~1 年的用户标注动机最为强烈，在自我交流需要和与其他用户交流需要方面使用社会化标注系统 2 年以上用户标注动机最为强烈，在其他用户组织需要方面使用社会化标注系统 3~6 个月用户标注动机最为强烈，并且在自我组织需要维度存在显著性差异（$p < 0.05$）。可以看出，不同使用社会化标注系统时间用户标注动机差异不大，主要集中在自我组织需要和自我表达需要上。

6. 每周登录社会化标注系统次数不同的用户的标注动机差异分析比较

对 4 种不同的每周登录社会化标注系统次数进行用户标注动机差异分析，结果如表 2-11 所示。

表 2-11　不同每周登录社会化标注系统次数用户标注动机的方差分析

用户标注动机		自我组织需要	自我交流需要	自我表达需要	其他用户组织需要	与其他用户交流需要	用户标注动机总体情况
$M \pm SD$	每周 1 次或者更少	3.85±1.09	2.99±1.12	3.48±1.28	3.06±1.19	2.93±1.03	3.20±0.84
	每周 2～3 次	3.72±1.12	3.01±1.04	3.57±1.13	3.15±1.10	3.02±0.98	3.22±0.82
	每周 4～5 次	3.86±1.19	3.21±0.79	3.80±1.14	3.14±1.06	3.21±0.86	3.38±0.74
	每周 5 次以上	3.80±1.14	3.28±0.89	3.66±1.18	3.18±1.01	3.03±0.93	3.33±0.76
F		0.249	2.818	1.020	0.381	0.980	1.098
显著性		0.862	0.039	0.384	0.767	0.402	0.350

由表 2-11 可知，每周登录社会化标注系统 4～5 次用户标注动机得分高于其他次数用户的标注动机，在 $\alpha = 0.05$ 检验水准下，不同每周登录社会化标注系统次数用户标注动机不存在显著性差异（$p > 0.05$）。4 种不同的每周登录社会化标注系统次数的用户，排名前两位的标注动机均为自我组织需要和自我表达需要。

在用户标注动机各个维度中，在自我组织需要、自我表达需要和与其他用户交流需要方面每周登录 4～5 次社会化标注系统用户标注动机最为强烈，在自我交流需要和其他用户组织需要方面每周登录社会化标注系统 5 次以上用户标注动机最为强烈，并且在自我交流需要维度存在显著性差异（$p < 0.05$）。可以看出，每周登录社会化标注系统次数多的用户标注动机强于每周登录社会化标注系统次数少的用户。

7. 标注不同资源类型的用户的标注动机差异分析比较

通过表 2-12 看出，不同用户标注动机的平均得分为 3.27，稍高于 3，说明用户标注动机强度处于中等偏上水平。在标注动机各个维度中，自我组织需要动机最强，用户进行社会化标注的目的很大一部分是出于对资源的组织需要；再是自我表达需要，用户打标签的目的还有表达对资源的态度；其他用户组织需要和自我交流需要平均得分排在第三、四位，显示用户的标注动机中有部分目的是出于自我交流和为了其他用户组织需要的目的；相比较而言，与其他用户交流需要最弱，大部分用户没有将与其他用户的交流作为打标签的目的。

表 2-12　不同标注资源类型用户标注动机的方差分析

用户标注动机		自我组织需要	自我交流需要	自我表达需要	其他用户组织需要	与其他用户交流需要	用户标注动机总体情况
$M \pm SD$	总分	3.81±1.12	3.12±1.01	3.59±1.20	3.13±1.10	3.01±0.97	3.27±0.80
	博客	3.72±1.18	3.24±1.00	3.63±1.22	3.31±1.07	3.09±0.96	3.34±0.85
	图书	3.90±1.09	2.86±0.89	3.79±1.10	3.01±1.03	2.88±0.90	3.18±0.69
	图片	3.88±1.04	3.28±0.97	3.80±0.99	3.11±0.92	3.15±0.97	3.38±0.69
	视频	3.80±1.13	3.05±1.06	3.34±1.29	2.93±1.24	2.92±1.05	3.18±0.85
	音乐	3.90±1.03	3.24±1.02	3.62±1.21	3.07±1.07	3.02±0.89	3.32±0.70
	URL 链接	3.84±1.06	2.95±1.13	3.00±1.22	2.88±1.22	2.86±1.24	3.10±0.92
F		0.421	2.285	2.644	2.006	0.934	1.091
显著性		0.834	0.045	0.023	0.077	0.459	0.365

从各个资源类型来看，图片的标注动机最强（$M = 3.38$），URL 链接最弱（$M = 3.10$），但用户对不同资源类型的标注动机不存在显著性差异（$p > 0.05$）。每种资源类型标注动机最强的均是自我组织需要和自我表达需要。

从用户标注动机各维度来看，自我组织需要最强的是图书类与音乐类，自我交流需要、自我表达需要、与其他用户交流需要最高的是图片，其他用户组织需要最高的是博客。

对不同资源类型的自我交流、自我表达动机采用最小显著性差异（least significant difference，LSD）法进行多重比较，结果见表 2-13。由表 2-12 与表 2-13 可知，不同资源类型用户标注动机不存在显著性差异（$p > 0.05$），但是在自我交流和自我表达上存在差异（$p < 0.05$）。

表 2-13　不同资源类型用户自我交流、自我表达动机的 LSD 法多重比较

标注资源类型		自我交流			自我表达		
		均值差（I–J）	标准误	显著性	均值差（I–J）	标准误	显著性
博客	图书	0.383 54[*]	0.129 36	0.003	−0.169 98	0.154 72	0.273
	图片	−0.038 29	0.184 42	0.836	−0.172 22	0.220 57	0.435
	视频	0.188 91	0.138 52	0.173	0.285 31	0.165 68	0.086
	音乐	0.000 92	0.163 53	0.996	0.010 76	0.195 58	0.956
	URL 链接	0.290 28	0.213 07	0.174	0.627 78[*]	0.254 85	0.014
图书	图片	−0.421 83[*]	0.199 18	0.035	−0.002 25	0.238 23	0.992
	视频	−0.194 63	0.157 64	0.218	0.455 29[*]	0.188 54	0.016
	音乐	−0.382 62[*]	0.180 01	0.034	0.180 73	0.215 29	0.402

续表

标注资源类型		自我交流			自我表达		
		均值差（I–J）	标准误	显著性	均值差（I–J）	标准误	显著性
图书	URL 链接	−0.093 26	0.225 97	0.680	0.797 75*	0.270 27	0.003
图片	视频	0.227 20	0.205 25	0.269	0.457 53	0.245 48	0.063
	音乐	0.039 21	0.222 89	0.860	0.182 98	0.266 58	0.493
	URL 链接	0.328 57	0.261 42	0.209	0.800 00*	0.312 66	0.011
视频	音乐	−0.187 99	0.186 70	0.315	−0.274 56	0.223 30	0.220
	URL 链接	0.101 37	0.231 34	0.661	0.342 47	0.276 69	0.216
音乐	URL 链接	0.289 36	0.247 12	0.242	0.617 02*	0.295 57	0.037

*在 0.05 水平（双侧）上显著相关

通过表 2-13 中的均值差可以看出，在自我交流维度，图书与博客、图片、音乐资源类型标注动机存在差异，且对图书的自我交流标注动机显著弱于对博客、图片、音乐，结合表 2-12 可以看出，用户对图书的标注多以自我组织和自我表达为主要动机，对于通过打标签进行交流的动机比较弱，而对于其他资源类型，如博客、图片、音乐等类型，用户中通过交流让系统中其他用户了解自己标注的资源的标注动机比较强烈。

通过表 2-13 中的均值差可以看出，在自我表达维度上，图书与视频、URL 链接资源类型标注动机存在差异，且对图书的自我表达动机强于对视频、URL 链接的标注动机；博客、图片与 URL 链接类型标注动机存在差异，且博客和图片资源类型的用户自我表达动机强于对 URL 链接的自我表达动机。可以看出，用户对不同资源类型的标注动机存在差异。

2.1.4　用户标注过程影响因素结果分析与讨论

1. 用户标注过程影响因素描述性分析

首先对用户标注过程影响因素从八个方面进行描述性统计分析，如表 2-14 所示。可以看到，用户在标注过程中较多受到自己的知识背景和自己以前经常使用的标签的影响，这说明社会化标签具有个性化的特点，用户会根据自己的实际情况对资源进行标注，使得标签能够从各个方面对标注对象进行描述；还可以看到，用户在标注的过程中较少受到当前的情绪状态的影响，说明用户在进行标签标注时具有一定的客观性。不同的用户可以对某一个资源从各个角度进行描述，并且具有一定的客观性，使得标签具有丰富的信息，通过标签进行资源的检索，有利于用户检索到更加丰富的相关信息。

表 2-14　　用户标注过程影响因素描述性分析

用户标注过程影响因素	M 值	SD 值
自己的知识背景	3.62	1.195
自己以前经常使用的标签	3.25	1.200
资源中的词汇	3.19	1.291
系统推荐的标签	2.88	1.135
当前的热门话题或事件	2.73	1.198
先前标注者所打的标签	2.69	1.134
好友使用的标签	2.54	1.089
当前的情绪状态	2.41	1.170

2. 用户标注过程影响因素相关分析

相关分析用来检测变量间的关系密切程度，使用皮尔逊积差相关方法可求出两个连续变量间的相关性。对用户标注过程中的影响因素与用户标注行为之间的相关性进行度量，结果如表 2-15 所示。

表 2-15　　用户标注过程影响因素相关分析结果

影响因素		资源中的词汇	自己的知识背景	自己以前经常使用的标签	系统推荐的标签
用户标注行为	皮尔逊相关性	0.212^{**}	0.172^{**}	0.211^{**}	0.077^{*}
	显著性（双侧）	0.000	0.000	0.000	0.047
	N	672	672	672	672

影响因素		先前标注者所打的标签	好友使用的标签	当前的热门话题或事件	当前的情绪状态
用户标注行为	皮尔逊相关性	0.157^{**}	0.074	0.059	0.056
	显著性（双侧）	0.000	0.054	0.129	0.146
	N	672	672	672	672

*在 0.05 水平（双侧）上显著相关；**在 0.01 水平（双侧）上显著相关

由表 2-15 可知，资源中的词汇、自己的知识背景、自己以前经常使用的标签、系统推荐的标签、先前标注者所打的标签都与用户标注行为显著相关，检验结果都以"*"或"**"标注。好友使用的标签、当前的热门话题或事件、当前的情绪状态与用户标注行为不显著相关。

3. 用户标注过程影响因素差异分析

下面对影响用户标注过程的显著相关因素进行不同用户群体的差异化分析，首先对不同性别用户标注标签时受到的影响因素进行差异分析，结果如表 2-16 所示。

表 2-16　不同性别用户标注过程影响因素的描述性分析和 t 检验

影响因素		资源中的词汇	自己的知识背景	自己以前经常使用的标签	系统推荐的标签	先前标注者所打的标签
$M\pm SD$	男	3.16±1.31	3.60±1.22	3.15±1.22	2.81±1.12	2.64±1.12
	女	3.29±1.22	3.68±1.11	3.57±1.07	3.10±1.15	2.85±1.17
t		−1.097	−0.805	−3.956	−2.807	−2.086
显著性		0.273	0.421	0.000	0.005	0.037

由表 2-16 可知，在自己以前经常使用的标签、系统推荐的标签和先前标注者所打的标签这三个影响因素上男性、女性存在显著性差异（$p<0.05$）。不同性别用户均表现为最易受到自己知识背景的影响，最不易受到先前标注者所打标签的影响。同时，女性各维度数值均大于男性，说明女性相对于男性在打标签时更容易受到各种因素的影响。

对不同年龄用户的标注过程影响因素进行差异化分析，结果如表 2-17 所示。

表 2-17　不同年龄用户标注过程影响因素的描述性分析和 F 检验

影响因素		资源中的词汇	自己的知识背景	自己以前经常使用的标签	系统推荐的标签	先前标注者所打的标签
$M\pm SD$	21 岁以下	2.88±1.22	2.94±1.14	3.71±1.26	2.71±1.40	2.88±1.36
	21～30 岁	3.22±1.22	3.65±1.07	3.34±1.12	2.95±1.08	2.75±1.12
	31～40 岁	3.23±1.37	3.68±1.26	3.23±1.25	2.90±1.15	2.68±1.14
	41～50 岁	3.08±1.35	3.59±1.37	3.04±1.26	2.72±1.16	2.65±1.10
	50 岁以上	2.85±1.49	3.22±1.50	2.70±1.35	2.52±1.37	2.04±1.06
F		1.005	2.335	3.167	1.492	2.642
显著性		0.404	0.014	0.014	0.203	0.033

由表 2-17 可知，不同年龄用户在自己的知识背景、自己以前经常使用的标签、先前标注者所打的标签这三个影响因素上存在显著性差异（$p<0.05$），不同年龄用户除了 21 岁以下最年轻的用户最容易受到自己以前经常使用的标签影响外，其余年龄段用户在打标签时最容易受到自己知识背景的影响。

从各个影响因素看，自己以前经常使用的标签和先前标注者所打的标签这两个影响因素均为 21 岁以下用户得分最高，使用资源中的词汇和受到自己的知识背景影响这两个维度为 31～40 岁用户最易受到影响，使用系统推荐的标签维度则是 21～30 岁用户最易受到影响；除了自己的知识背景这个影响因素的最低得分为 21 岁以下用户，最不易受其余因素影响的均为 50 岁以上用户。

对不同学历用户标注过程影响因素进行差异化分析，结果如表 2-18 所示。

表 2-18　不同学历用户标注过程影响因素的描述性分析和 F 检验

影响因素		资源中的词汇	自己的知识背景	自己以前经常使用的标签	系统推荐的标签	先前标注者所打的标签
$M\pm SD$	本科以下	2.71±1.33	3.00±1.52	3.57±1.34	3.07±1.21	2.86±1.46
	本科在读	2.79±1.02	3.45±1.08	3.37±1.10	2.76±1.08	2.79±1.04
	本科	3.34±1.21	3.47±1.29	3.36±1.23	2.60±1.13	2.43±1.04
	硕士在读	3.31±1.09	3.87±0.84	3.46±1.01	3.19±0.95	3.00±1.06
	硕士	3.15±1.26	3.69±1.09	3.29±1.17	2.97±1.18	2.69±1.05
	博士在读	3.21±1.33	3.53±1.18	3.13±1.71	2.97±1.13	2.79±1.16
	博士	3.20±1.41	3.65±1.31	3.15±1.28	2.78±1.17	2.59±1.20
F		1.236	1.812	1.271	2.570	2.278
显著性		0.286	0.094	0.269	0.018	0.035

由表 2-18 可知，不同学历用户在系统推荐的标签和先前标注者所打的标签这两个影响因素上存在显著性差异（$p<0.05$）。可以看到，本科以下用户最易受到自己以前经常使用的标签影响，其他学历用户均为较易受到自己的知识背景影响。

从各个影响因素看，自己的知识背景、系统推荐的标签和先前标注者所打的标签这三个影响因素为硕士在读最易受到影响，自己以前经常使用的标签为本科以下用户得分最高，使用资源中的词汇为本科用户得分最高。可以看出，年轻用户及学历比较低的用户相对于年龄大和学历高的用户更易受到各种因素影响。

下面对不同职业用户标注过程影响因素进行差异化分析，结果如表 2-19 所示。

表 2-19　不同职业用户标注过程影响因素的描述性分析和 F 检验

影响因素		资源中的词汇	自己的知识背景	自己以前经常使用的标签	系统推荐的标签	先前标注者所打的标签
$M\pm SD$	学生	3.20±1.20	3.65±1.05	3.39±1.10	3.10±1.07	2.94±1.11
	教师	3.15±1.33	3.73±1.22	3.25±1.19	2.78±1.15	2.64±1.15
	企业工作人员	3.32±1.27	3.76±1.11	3.53±1.18	2.92±1.11	2.62±1.12
	政府工作人员	3.15±1.32	3.15±1.35	2.96±1.22	2.77±1.21	2.58±0.95

续表

影响因素		资源中的词汇	自己的知识背景	自己以前经常使用的标签	系统推荐的标签	先前标注者所打的标签
M±SD	自由职业者	2.59±1.46	3.29±1.49	3.18±1.38	2.35±1.00	2.29±0.99
	退休人员	3.00±1.53	2.57±1.62	1.86±1.07	2.29±1.38	1.86±0.90
	其他	3.30±1.39	3.28±1.33	2.72±1.27	2.73±1.20	2.46±1.17
F		0.940	3.397	5.840	2.945	3.515
显著性		0.465	0.003	0.000	0.008	0.002

由表 2-19 可知，不同职业用户除了使用资源中的词汇这一影响因素外，其余维度均存在显著性差异（$p<0.05$）。学生、教师、企业工作人员、自由职业者排名前两位的标注影响因素为自己的知识背景和自己以前经常使用的标签，而政府工作人员排名前两位的标注影响因素为资源中的词汇和自己的知识背景。

从各个影响因素看，资源中的词汇、自己的知识背景和自己以前经常使用的标签均是企业工作人员最易受到影响，系统推荐的标签和先前标注者所打的标签是学生最易受到影响。

下面对 5 种不同的使用社会化标注系统时间用户标注过程影响因素进行差异分析，结果如表 2-20 所示。

表 2-20　不同使用社会化标注系统时间用户标注过程影响因素的描述性分析和 F 检验

影响因素		资源中的词汇	自己的知识背景	自己以前经常使用的标签	系统推荐的标签	先前标注者所打的标签
M±SD	3 个月以下	2.62±1.34	3.21±1.33	2.76±1.24	2.66±1.24	2.39±1.20
	3～6 个月	2.96±1.20	3.21±1.13	3.21±1.17	2.89±1.10	2.50±1.00
	6 个月～1 年	3.41±1.14	3.70±1.10	3.19±1.10	2.76±0.98	2.57±0.99
	1～2 年	3.27±1.22	3.76±1.10	3.39±1.06	3.06±1.06	2.83±1.14
	2 年以上	3.40±1.24	3.77±1.13	3.43±1.18	2.94±1.12	2.81±1.11
F		10.649	7.206	8.842	2.339	4.462
显著性		0.000	0.000	0.000	0.054	0.001

由表 2-20 可知，不同使用社会化标注系统时间的用户，除了在使用系统推荐的标签维度不存在显著性差异外，其余维度均存在显著性差异（$p<0.05$）。使用社会化标注系统时间为 3 个月以下、3～6 个月、1～2 年和 2 年以上的较易受到的影响因素排名前两位的均为自己的知识背景和自己以前经常使用的标签。使用社会化标注系统 6 个月～1 年的用户较易受到的影响因素排名前两位的为自己的知识背景和资源中的词汇。

从各个影响因素看，在自己的知识背景和自己以前经常使用的标签这两个维度上使用社会化标注系统 2 年以上的用户最易受到影响，在系统推荐的标签和先前标注者所打的标签方面使用社会化标注系统 1～2 年的用户最易受到影响，在资源中的词汇方面使用社会化标注系统 6 个月～1 年的用户得分最高。可以看出，使用社会化标注系统时间长的用户较易受到各种因素的影响。

对 4 种不同的每周登录社会化标注系统次数用户标注过程影响因素进行差异分析，结果如表 2-21 所示。

表 2-21　不同每周登录社会化标注系统次数用户标注过程影响因素的描述性分析和 F 检验

影响因素		资源中的词汇	自己的知识背景	自己以前经常使用的标签	系统推荐的标签	先前标注者所打的标签
$M\pm$SD	每周 1 次或者更少	3.02±1.33	3.49±1.28	3.02±1.26	2.84±1.19	2.54±1.19
	每周 2～3 次	3.27±1.23	3.67±1.08	3.43±1.06	2.93±1.07	2.80±0.97
	每周 4～5 次	3.20±1.17	3.76±0.95	3.44±0.93	2.95±1.01	2.76±0.99
	每周 5 次以上	3.40±1.28	3.74±1.19	3.42±1.23	2.90±1.14	2.84±1.13
F		3.485	2.194	6.522	0.323	3.370
显著性		0.016	0.088	0.000	0.809	0.018

由表 2-21 可知，不同的每周登录社会化标注系统次数的用户最易受到的影响因素排名前两位的均为自己的知识背景和自己以前经常使用的标签。使用资源中的词汇、自己以前经常使用的标签和先前标注者所打的标签这三个影响因素存在显著性差异（$p < 0.05$）

从各个影响因素看，在自己的知识背景、自己以前经常使用的标签方面每周登录社会化标注系统 4～5 次的用户得分最高，在资源中的词汇和先前标注者所打的标签方面每周登录社会化标注系统 5 次以上的用户最易受影响。可以看出，每周登录社会化标注系统次数多的用户较易受到各种因素的影响。

2.1.5　用户标注结果分析与讨论

以下对用户进行标注时对六种标签类型的选择情况进行分析，包括博文、图书、图片、视频、音乐、URL 链接。

1. 用户标注博文的标签类型分析

对博文进行标注时，用户标签类型选择情况如表 2-22 所示。

表 2-22　博文标签类型描述性分析

博文标签类型	M 值	SD 值
描述博文内容且在正文中出现的词汇	3.42	1.254
博文题名中的出现词汇	3.31	1.106
描述博文类别的词汇	3.20	1.088
用于自我组织的词汇	3.02	1.179
博文来源（如原创、转载等）	2.96	1.384
自己看了博文后的感受	2.71	1.239
描述博文内容但正文中没有出现的词汇	2.62	1.104
博文的发布者	2.26	1.226
博文的发布时间	2.10	1.232
博文发布地点	2.04	1.159

由表 2-22 可以看出，用户在进行博文标注时最倾向于使用的标签为描述博文内容且在正文中出现的词汇，排第二、三位的标签为博文题名中的出现词汇和描述博文类别的词汇；用于自我组织的词汇也会经常使用，用户可以对博文进行个性化组织。用户不常使用的标签类型为博文的发布者、发布时间、发布地点等一些描述博文外围信息的词语。

2. 用户标注图书的标签类型分析

对图书进行标注时，用户标签类型选择情况如表 2-23 所示。

表 2-23　图书标签类型描述性分析

图书标签类型	M 值	SD 值
描述图书内容的词语	3.64	1.192
描述图书类别的词语	3.53	1.115
用于自我组织的词汇	3.53	1.166
图书题名中的词汇	3.38	1.167
自己看了本书后的感受	3.25	1.273
本书的作者	2.94	1.219
本书中使用的语言	2.58	1.222
本书的出版时间	2.12	1.187
本书的出版社	2.06	1.185
本书的得知途径（了解或得到本书的途径，如购买、赠送等）	1.99	1.181

由表 2-23 可以看出，用户在进行图书标注时最倾向于使用的标签为描述图书内容的词语和描述图书类别的词语，并且用于自我组织的词汇并列排第二位，说明用户在对图书进行标注的过程中需要使用一些自我组织的词汇以帮助用户下次方便地找到该书。用户不常使用的标签类型为本书中使用的语言、本书的出版时间、本书的出版社、本书的得知途径等一些外围信息。

3. 用户标注图片的标签类型分析

对图片进行标注时，用户标签类型选择情况如表 2-24 所示。

表 2-24　图片标签类型描述性分析

图片标签类型	M 值	SD 值
描述图片内容的词语	3.73	1.151
用于自我组织的词汇	3.40	1.193
图片题名中的词汇	3.37	1.166
描述图片类别的词语	3.34	1.112
自己看了图片后的感受	3.20	1.290
图片来源（如原创、转载等）	2.95	1.362
图片的发布地点	2.63	1.290
图片的发布时间	2.51	1.244
图片的发布者	2.47	1.165
图片的拍摄设备（如佳能、尼康等）	2.42	1.331

由表 2-24 可以看出，用户在进行图片标注时最倾向于使用的标签为描述图片内容的词语，排名第二、三位的为用于自我组织的词汇和图片题名中的词汇，用户不常使用的标签类型为图片的发布地点、图片的发布时间、图片的发布者、图片的拍摄设备等一些外围信息。

4. 用户标注视频的标签类型分析

对视频进行标注时，用户标签类型选择情况如表 2-25 所示。

表 2-25　视频标签类型描述性分析

视频标签类型	M 值	SD 值
描述视频内容的词语	3.56	1.249
描述视频类别的词语	3.42	1.196
视频题名中的词汇	3.42	1.177

续表

视频标签类型	M 值	SD 值
用于自我组织的词汇	3.23	1.334
自己看了视频后的感受	3.17	1.340
视频中的主角	3.08	1.182
视频的导演	2.82	1.198
视频来源（如原创、转载等）	2.65	1.370
视频的发布者	2.38	1.280
视频的发布地点	2.30	1.322
视频的发布时间	2.28	1.361

由表 2-25 可以看出，用户在进行视频标注时最倾向于使用的与前边的资源类型相似，分别为描述视频内容的词语、描述视频类别的词语、视频题名中的词汇、用于自我组织的词汇，用户不常使用的标签类型为视频的发布者、发布地点、发布时间等一些外围描述信息。

5. 用户标注音乐的标签类型分析

对音乐进行标注时，用户标签类型选择情况如表 2-26 所示。

表 2-26　音乐标签类型描述性分析

音乐标签类型	M 值	SD 值
音乐的演唱者	3.61	1.168
描述音乐类别流派的词语	3.61	1.212
描述音乐内容的词语	3.39	1.346
音乐题名中的词汇	3.32	1.271
用于自我组织的词汇	3.23	1.328
自己听了音乐后的感受	3.15	1.376
音乐的语言	3.00	1.292
音乐的发布时间	2.38	1.301
音乐的得知途径（了解到该音乐的途径，如朋友推荐等）	2.33	1.286

由表 2-26 可以看出，用户在进行音乐标注时与上述资源类型有了些差别，用户最倾向于使用的标签类型是音乐的演唱者和描述音乐类别流派，其次才是描述音乐内容的词语，用户最不常使用的标签类型仍然为音乐的语言、音乐的发布时间、音乐的得知途径等外围描述信息。

6. 用户标注 URL 链接的标签类型分析

对 URL 链接进行标注时，用户标签类型选择情况如表 2-27 所示。

表 2-27　URL 链接标签类型描述性分析

URL 链接标签类型	M 值	SD 值
描述 URL 链接到网页的内容，且在网页中出现的词汇	3.48	1.277
URL 链接题名中的词汇	3.21	1.200
用于自我组织的词汇	3.16	1.274
描述 URL 链接到网页的内容，但网页中没有出现的词汇	3.03	1.174
描述 URL 链接到网页的类别词汇	2.95	1.138
自己看了该链接内容后的感受	2.84	1.295
URL 链接的创建者	2.33	1.143
URL 链接的创建时间	2.24	1.113

由表 2-27 可以看出，用户在进行 URL 链接标注时最倾向于使用的是描述 URL 链接到网页的内容，且在网页中出现的词汇，接着是 URL 链接题名中的词汇和用于自我组织的词汇，最不常使用的仍然是 URL 链接的创建者和创建时间这些描述资源外围信息的标签类型。

将上述六种不同资源标签类型选择倾向表示为图 2-1。可以看出，用户进行标注时，使用最多的标签类型除了对音乐的标注是使用音乐的演唱者之外，其余的

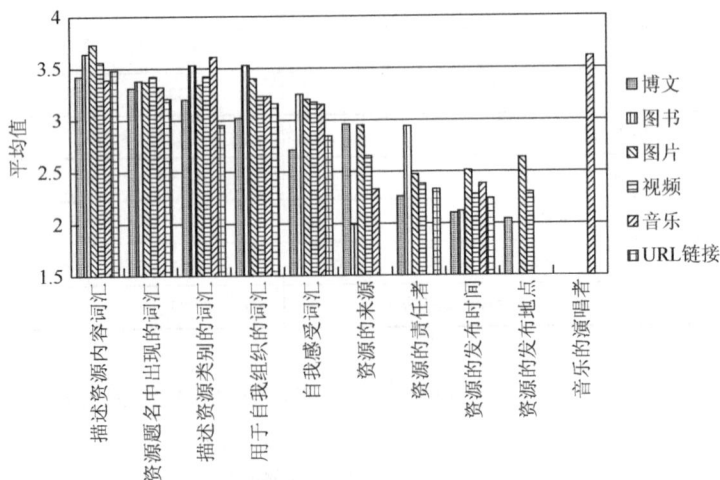

图 2-1　不同资源标签类型选择

资源类型均是描述资源内容的词语，并且对于文本信息，使用文本中出现的词汇进行标注；资源题名中出现的词汇和描述资源类别的词汇均排名在前，是用户使用较多的词汇；用于自我组织的词汇也排名在前，用户需要根据自己的要求个性化地对资源进行组织；用户不常使用的标签类型均是描述资源外围信息的标签类型。

以上对用户的标注行为从用户标注动机、用户标注过程影响因素、用户标注结果三个方面进行了分析。可以看出，用户标注行为的这三个方面不是独立的，而是相互制约、相互影响的。用户以组织、交流和自我表达为动机进行标注时，需要描述资源的标签、资源类别的标签、发表看法的标签等，同时也需要一些描述资源外围信息的标签进行资源的组织。用户从产生打标签的动机到打标签完成的过程中会受到各种外界因素的影响，也会对用户标签标注的结果产生影响。

2.1.6　小结

本节对不同背景用户标注动机进行调研，并对调研数据进行统计分析，结果表明：不同性别用户的标注动机没有显著性差异；不同年龄用户的标注动机有显著性差异，年龄越小的用户标注动机越强，且表达的欲望越强，并且在不同学历用户的标注动机中学历低的用户标注动机最强烈，可见对社会化标注系统的使用动机强烈并不与学历成正比，可以看出年轻用户及学历低的用户对社会化标注系统这种新事物的接受力强于年龄大的用户和高学历的用户，使用社会化标注系统用户将是年轻人居多，所以对于社会化标注系统的设计应该趋于年轻个性化，以吸引更多的年轻人进行社会化标注，同时对社会化标注系统的设计应趋于简单易用，便于更多的年长用户使用；不同职业用户的标注动机不存在显著性差异，政府工作人员标注动机稍高于其他职业用户；不同使用社会化标注系统时间的用户标注动机差异中，使用时间越长的用户标注动机越强烈，通过社会化标签进行交流的动机越强，所以社会化标注系统的设计应该更好地便于用户使用，以便留住老用户和吸引新用户；不同每周登录社会化标注系统次数用户中，每周登录社会化标注系统次数多的用户标注动机强于每周登录社会化标注系统次数少的用户，因此社会化标注系统应提高内容更新速度，吸引用户多次登录。

用户对不同资源类型的标注动机中，对图片的标注动机最强，紧接着是博客、音乐，并列第四位的是图书和视频，标注动机最弱的是 URL 链接，可能是对 URL 链接的标注还不太普及所导致的，并且用户对图书的自我交流标注动机显著弱于博客、图片、音乐，用户对图书的标注以自我组织和自我表达为主要动机，对于通过打标签进行交流的动机比较弱，而用户对于其他资源类型的标注动机中交流的意愿比较强烈；对图书类型资源用户自我表达动机强于对视频、URL 链接类型标注动机，博客和图片类型资源用户自我表达动机强于对 URL 类型自我表达动机，可见对于不同的资源类型用户的标注动机是不同的，在进行社会化标签推荐时对不同资源类型应区分。

在对用户标注过程的影响因素进行分析时，发现用户在标注过程中较多受到自己知识背景和自己以前经常使用的标签的影响，用户会根据自己的实际情况对资源进行标注，使得标签能够从各个方面对标注对象进行描述，并且用户在标注的过程中较少受到当前的情绪状态的影响，说明用户在进行标签标注时具有一定的客观性，并且资源中的词汇、自己的知识背景、自己以前经常使用的标签、系统推荐的标签、先前标注者所打的标签变量都与用户标注行为显著相关。不同的用户可以对某一个资源从各自的角度进行描述，并且具有一定的客观性，使得标签具有丰富的资源信息，有利于用户通过标签检索到更加丰富的相关信息。

在对不同资源类型用户标注结果的异同进行分析时可以看出，用户进行标注时使用最多的标签类型除了对音乐的标注是使用音乐的演唱者之外，其余的资源类型均是描述资源内容的词语，并且对于文本信息，是使用文本中出现的词汇；资源题名中出现的词汇和描述资源类别的词汇均排名在前，是用户使用较多的词汇；用于自我组织的标签类别也排名在前，是用户需要使用的标签类型；用户不常使用的标签类型均是描述资源外围信息的标签类型。

通过从用户标注动机、用户标注过程影响因素、用户标注结果三方面对用户标注行为的研究，明确用户对标签的需要，各个社会化标注系统应根据需要标注的资源类型及用户的特征，有针对性地提供有关标签应用的服务，提高标签推荐、标签检索等方面的效率和准确性。未来将会对用户标注行为各个部分的关系进行深入的研究，准确地构建出描述用户的标注行为的模型，最终实现对用户的标注行为的深入探索，以指导社会化标注系统更好地服务用户。

2.2　科研用户博文关键词标注行为差异研究
——以科学网博客为例[①]

2.2.1　实验数据概述

为了考察科研用户的关键词标注行为的差异，本节首先从科学网博客上采集了博文的关键词标注信息，并根据用户 URL 采集对应的用户信息；接着将关键词数据与用户信息综合起来对数据进行预处理，计算用户关键词标注行为的量化指标，从而为不同类型用户标注行为差异分析提供依据。

---

① 本节主要内容发表于：张颖怡，章成志，池雪花，等. 科研用户博文关键词标注行为差异研究——以科学网博客为例.现代图书情报技术, 2015（10）：13-21。

在采集实验数据时，作者对以下几点进行了控制：①数据来源。本节以科学网博客为研究平台，采集相关数据。科学网博客于 2007 年 1 月 18 日开通，并于同日起提供关键词标注功能与系统推荐关键词功能，关键词标注功能基本上保持不变。②采集时间。2013 年 8 月 23 日。③博文时段。2007 年 1 月 18 日～2013 年 8 月 23 日。④采集对象。选择管理综合大类下的经济学、图书馆、情报与文献学、工商管理及教育学四类学科作为采集对象。

本节采集的博文信息与对应的用户信息：①博文信息。包括博文题名、博文正文、博文关键词、博文发布时间、博文 URL 等数据。②用户信息。根据博文URL，首先在博文对应的用户页面中收集用户姓名、职业、性别、专业、学历、注册时间及职称等信息，对于没有直接在页面中写明信息的用户，作者通过发送站内信的方式向用户征集相关信息，对于无法在网络中搜集到完整信息的用户，本节将该用户的博文进行剔除。本次试验共采集了 172 名用户的信息和其 21 374 篇博文，具体的用户基本信息统计如表 2-28 所示。

表 2-28　调查对象基本情况

分类		人数	百分比	分类		人数	百分比
学历	本科在读	1	0.6%	发博文频率	每年 1 篇或更少	48	27.9%
	本科	6	3.5%		每年 1～5 篇	51	29.7%
	硕士在读	24	14.0%		每年 5～10 篇	21	12.2%
	硕士	47	27.3%		每年 10～20 篇	23	13.4%
	博士在读	29	16.9%		每年大于 20 篇	29	16.9%
	博士	65	37.8%	职业	学生	51	29.7%
职称	无	51	29.7%		教师	78	45.3%
	讲师	24	14.0%		图书馆员	36	20.9%
	助理研究员	4	2.3%		其他	7	4.1%
	副研究员	11	6.4%	性别	男	130	75.6%
	副教授	23	13.4%		女	42	24.4%
	研究员	1	0.6%	注册时间	2007 年	4	2.3%
	教授	16	9.3%		2008 年	20	11.6%
	其他	42	24.4%		2009 年	26	15.1%
专业	经济学	21	12.2%		2010 年	21	12.2%
	图书馆、情报与文献学	92	53.5%		2011 年	47	27.3%
	工商管理	30	17.4%		2012 年	44	25.6%
	教育学	29	16.9%		2013 年	10	5.8%

2.2.2　用户标注行为量化指标

本节从科学网博客用户的标注系统使用方式、关键词结构及标注动机等角度选取五个关键词量化行为指标。在标注系统使用方式中，选取关键词标注比例与用户标注关键词比例等两个指标。在关键词结构中，选取用户标注关键词平均个数与用户标注关键词平均长度等两个指标。在标注动机中，选取用户标注关键词重用率指标。下面对指标选取依据与数据处理方法进行介绍。指标公式与说明如表 2-29 所示。

表 2-29　用户标注行为量化指标说明

指标选取角度	用户标注行为指标	指标公式
标注系统使用方式	关键词标注比例 (KR)	$KR = \dfrac{有关键词博文数}{博文总数}$
	用户标注关键词比例 (UTR)	$UTR = \dfrac{用户标注关键词博文数}{博文总数}$
关键词结构	用户标注关键词平均个数（AN）[11, 99-102]	$AN = \dfrac{用户标注关键词个数}{用户标注关键词博文数}$
	用户标注关键词平均长度（AL）[102]	$AL = \dfrac{用户标注关键词长度}{用户标注关键词个数}$
标注动机	用户标注关键词重用率（DTR）[22, 99, 100, 102]	$DTR = \dfrac{\sum 每个关键词对应博文数}{去重后关键词个数}$

1. 关键词标注比例

选取依据：有关键词的博文越多，说明用户关键词标注的积极性越高[99]。因此，通过关键词标注比例，可以对不同用户标注关键词的积极性进行分析。

数据处理方法：为计算关键词标注比例，对每位用户的博文总数与有关键词博文数量进行统计。

2. 用户标注关键词比例

选取依据：①使用系统推荐关键词的人数越多，说明用户的标注受环境（如系统推荐功能）的影响越大[103]；②科学网博客提供系统推荐关键词服务，但系统推荐的关键词容易出现"停用词"（不可能为人工标注的关键词，如 href、alt 等无意义的关键词），因此，该指标值高，说明用户倾向于提升标签的选择（如选用有明确意义的标签等）[11]来标注博文。

数据处理方法：为计算用户标注关键词比例，采用词频统计法，得到高频词汇，人工判断高频词中的"停用词"。如果一篇博文的关键词包含该停用词，则将该博文的所有关键词判断为系统生成关键词。

3. 用户标注关键词平均个数

选取依据：①该指标从关键词结构角度对用户标注行为进行分析；②之前的学者通过对不同网站中用户的关键词平均个数及不同资源的关键词平均个数进行调研，来分析用户的关键词标注行为[11, 99-102]。

数据处理方法：为计算用户标注关键词平均个数指标，首先剔除系统生成关键词标注的博文。在科学网博客中，关键词分为中文、英文两种语言。对于中文关键词，将逗号、分号等符号作为关键词分割符。对于英文关键词，采用人工判别方式，以词组为标准。

4. 用户标注关键词平均长度

选取依据：①在现有的用户标注行为的研究中，学者已开始对关键词长度予以重视，如 Guyot[102]；②关键词长度的研究数量占所有用户标注行为研究的比例仍较少。因此，该指标可以为关键词长度的研究提供参考。

数据处理方法：为计算用户标注关键词平均长度指标，首先剔除系统生成关键词标注的博文。采用计算字节数的方式，将 1 个中文计算为 2 个字节，将一个英文字母计算为 1 个字节。

5. 用户标注关键词重用率

选取依据：根据标注者中分类者与描述者的概念，其中分类者使用重复关键词较多，标注目的在于组织资源，描述者的标注目的在于描述资源[14]。因此，该指标值越高，说明用户标注的目的倾向于组织与分类资源。

数据处理方法：为计算用户标注关键词重用率，首先剔除系统生成关键词标注的博文，并统计每位用户的所有不相同关键词的总个数及每个关键词所对应的博文数量总和。

2.2.3　结果分析

使用两独立样本 Mann-Whitney U 检验与多个独立样本 Kruskal-Wallis H 检验来进行用户关键词标注行为差异分析，使用一元线性回归来分析指标数值变化趋势。

1. 不同职业科研用户标注行为差异分析

首先对不同职业科研用户博文关键词标注行为进行差异分析，结果如表 2-30 所示。由表 2-30 可知：①不同职业科研用户在用户标注关键词重用率上有显著性差异；②在用户标注关键词重用率指标中，教师指标值明显高于其他三类用户，说明教师标注的目的倾向于分类与组织博文资源。

表 2-30　不同职业科研用户标注行为描述性分析和多个独立样本 *K* 检验

维度		KR	UTR	AN	AL	DTR
M±SD	学生	0.82±0.08	0.51±0.55	2.41±1.40	6.31±4.74	1.05±0.01
	教师	0.83±0.06	0.54±0.10	2.50±1.43	6.06±2.73	1.22±0.14
	图书馆员	0.93±0.02	0.53±0.10	2.23±0.62	5.99±3.15	1.09±0.03
	其他	0.83±0.04	0.34±0.05	2.15±0.98	8.71±56.80	1.12±0.06
卡方值		4.810	4.356	1.003	1.150	11.619
显著性		0.186	0.225	0.800	0.765	0.009

2. 不同性别科研用户标注行为差异分析

对不同性别科研用户博文关键词标注行为进行差异性分析，结果如表 2-31 所示。

表 2-31　不同性别科研用户标注行为描述性分析和两个独立样本 *U* 检验

维度		KR	UTR	AN	AL	DTR
M±SD	男	0.87±0.06	0.54±0.26	2.42±1.35	6.33±6.42	1.16±0.10
	女	0.81±0.08	0.46±0.12	2.35±0.77	5.84±1.94	1.08±0.02
Z 值		−1.235	−0.725	−0.007	−1.273	−0.974
显著性		0.217	0.469	0.994	0.203	0.330

由表 2-31 可知：①不同性别科研用户各指标值均无显著性差异；②男性的五个指标值均高于女性，说明男性的关键词标注积极性较高，受系统环境影响较大，倾向于使用自己生成的关键词，每篇博文关键词个数较多，关键词平均长度较长，关键词重复使用率较高。

3. 不同专业科研用户标注行为差异分析

对不同专业科研用户博文关键词标注行为进行差异性分析，结果如表 2-32 所示。

表 2-32　不同专业科研用户标注行为描述性分析和多个独立样本 K 检验

维度		KR	UTR	AN	AL	DTR
$M\pm SD$	经济学	0.80±0.09	0.48±0.14	2.16±1.32	5.88±2.10	1.03±0.01
	图书馆、情报与文献学	0.86±0.06	0.57±0.32	2.38±1.12	6.31±7.81	1.15±0.07
	工商管理	0.85±0.06	0.45±0.12	2.58±2.00	5.90±1.16	1.06±0.01
	教育学	0.85±0.05	0.49±0.09	2.50±0.83	6.44±4.13	1.28±0.23
卡方值		0.317	0.942	2.234	1.064	8.282
显著性		0.957	0.815	0.525	0.786	0.041

由表 2-32 可知：①不同专业科研用户在用户标注关键词重用率上有显著性差异；②在用户标注关键词重用率上，教育学用户标注关键词重用率指标明显高于其他三类用户，说明教育学用户标注目的倾向于组织博文。

进一步对各专业关键词重用情况进行分析。将用户标注关键词进行频次统计，选取重用频次前 10 位的关键词进行分析，结果显示：①教育学中关键词的重用次数最多，与描述性分析中教育学的关键词重用率高的结论相一致；②在重用率较高的专业中，用户倾向于标注与专业相关的关键词，如教育学的前 10 位重用关键词中，有 4 个包含"教育"。

4. 不同学历科研用户标注行为差异与变化趋势分析

对不同学历科研用户博文关键词标注行为进行差异性分析，结果如表 2-33 所示。

表 2-33　不同学历科研用户标注行为描述性分析和多个独立样本 K 检验

维度		KR	UTR	AN	AL	DTR
$M\pm SD$	本科在读	0.86±0.00	0.29±0.00	4.50±0.00	6.44±0.00	1.00±0.00
	本科	0.94±0.00	0.41±0.06	2.52±0.37	5.88±0.39	1.17±0.02
	硕士在读	0.83±0.08	0.62±0.97	2.44±1.19	5.79±3.02	1.08±0.02
	硕士	0.89±0.04	0.58±0.1	2.35±1.37	6.30±10.43	1.18±0.14
	博士在读	0.81±0.09	0.43±0.16	2.39±1.67	6.57±5.83	1.16±0.18
	博士	0.84±0.07	0.50±0.10	2.39±1.04	6.20±2.90	1.09±0.08
卡方值		3.706	6.900	3.435	0.987	5.737
显著性		0.891	0.427	0.633	0.964	0.333

由表 2-33 可知：①不同学历科研用户各指标值均无显著性差异；②本科在读

用户关键词标注积极性与关键词平均个数较高，硕士在读的用户受系统环境影响较大，博士在读用户关键词平均长度较长，硕士用户倾向于使用相同的关键词。

进一步对不同学历用户标注行为进行线性回归分析，得出用户标注行为随学历变化的趋势。本科在读与博士样本数量较小，因此将用户分为本科（本科在读和本科）、硕士研究生（硕士在读和硕士）、博士研究生（博士在读和博士）三类，其中本科 7 人，硕士研究生 71 人，博士研究生 94 人。将学历进行量化，形成三个学历子群，对三个样本的平均数进行线性回归分析，结果如表 2-34 所示。

表 2-34　不同学历科研用户标注行为指标线性回归分析

指标	调整 R^2	显著性	B 值	相关性
KR	0.988	0.030	−0.046	相关
UTR	0.019	0.700	0.043	不相关
AN	0.435	0.066	−0.227	不相关
AL	0.993	0.037	0.163	相关
DTR	0.885	0.155	−0.013	不相关

由表 2-34 可知：①学历和关键词标注比例指标及用户标注关键词平均长度指标相关，与其他指标不相关；②关键词标注比例指标值随学历的提高而下降，可见学历越低，关键词标注积极性越高；③用户标注关键词平均长度指标值随学历的提高而上升，可见学历越高，关键词平均长度越长。

5. 不同注册时间科研用户标注行为差异与变化趋势分析

对不同注册时间科研用户的博文关键词标注行为进行差异性分析，结果如表 2-35 所示。

表 2-35　不同注册时间科研用户标注行为描述性分析和多个独立样本 K 检验

维度		KR	UTR	AN	AL	DTR
$M\pm$SD	2007 年	0.65±0.19	0.52±0.14	2.80±0.41	8.34±1.15	1.11±0.01
	2008 年	0.79±0.07	0.50±0.05	2.73±1.30	6.92±17.48	1.27±0.16
	2009 年	0.84±0.06	0.51±0.10	2.58±1.57	6.84±4.20	1.16±0.05
	2010 年	0.88±0.30	0.53±0.08	2.41±1.01	6.29±5.98	1.18±0.29
	2011 年	0.86±0.08	0.43±0.13	2.30±1.22	5.32±1.15	1.15±0.09
	2012 年	0.90±0.04	0.62±0.59	2.12±1.08	5.86±4.02	1.03±0.01
	2013 年	0.75±0.13	0.53±0.16	2.51±1.30	6.73±5.10	1.13±0.05
卡方值		8.543	2.480	6.482	18.489	17.064
显著性		0.201	0.871	0.371	0.005	0.009

由表 2-35 可知：①不同注册时间科研用户在用户标注关键词平均长度指标与用户标注关键词重用率指标上有显著性差异；②在用户标注关键词平均长度指标中，注册时间为 2007 年的用户标注关键词平均长度指标数值较高。在用户标注关键词重用率指标中，注册时间为 2008 年的用户标注关键词重用率指标值较高。

对不同注册时间科研用户的标注行为进行线性回归分析，得出用户标注行为随注册时间推迟的变化趋势。注册时间为 2007 年与 2013 年的样本数量较少，因此，将注册时间范围缩小至 2008～2012 年，对注册时间进行量化，形成 5 个注册时间子群，对 5 个样本的指标平均数进行线性回归分析，结果如表 2-36 所示。由表 2-36 可知：①注册时间与关键词标注比例、用户标注关键词平均个数及用户标注关键词重用率相关，与其他指标不相关；②注册时间与关键词标注比例呈正线性相关，随注册时间推迟，用户关键词标注积极性提高；③注册时间与用户标注关键词平均个数呈负相关，随注册时间推迟，关键词平均个数减少；④注册时间与用户标注关键词重用率呈负相关，随注册时间推迟，用户关键词重用率下降，用户倾向于在描述博文时使用新的自创的关键词。

表 2-36　不同注册时间科研用户标注行为指标线性回归分析

指标	调整 R^2	显著性	B 值	相关性
KR	0.745	0.038	0.024	相关
UTR	−0.151	0.540	0.016	不相关
AN	0.995	0.000	−0.150	相关
AL	0.640	0.065	−0.364	不相关
DTR	0.753	0.036	−0.049	相关

6. 不同发博文频率科研用户标注行为差异与变化趋势分析

对不同发博文频率科研用户博文关键词标注行为进行差异性分析，结果如表 2-37 所示。由表 2-37 可知：①不同发博文频率科研用户在关键词标注比例、用户标注关键词平均个数及用户标注关键词重用率指标上存在显著性差异；②在关键词标注比例指标中，发博文频率每年 1 篇或更少的用户指标值较高，说明该类用户关键词标注积极性较高，在用户标注关键词平均个数指标与关键词重用率指标中，发博文频率每年大于 20 篇的用户指标值较高，说明该类用户使用关键词个数较多，同时由于该类用户发表博文数量较多，倾向于使用关键词来组织大量的博文。

表 2-37　不同发博文频率科研用户标注行为描述性分析和多个独立样本 K 检验

	维度	KR	UTR	AN	AL	DTR
$M\pm SD$	每年 1 篇或更少	0.90±0.08	0.56±0.63	1.80±1.25	6.58±19.58	1.00±0.00
	每年 1~5 篇	0.86±0.04	0.48±0.10	2.30±0.91	5.95±2.83	1.07±0.06
	每年 5~10 篇	0.83±0.05	0.55±0.56	2.73±2.02	6.46±3.21	1.10±0.02
	每年 10~20 篇	0.77±0.11	0.54±0.09	2.30±0.41	5.88±0.97	1.14±0.02
	每年大于 20 篇	0.83±0.03	0.50±0.04	2.98±1.01	6.35±1.04	1.43±0.20
卡方值		27.329	0.958	20.306	4.993	69.570
显著性		0.000	0.916	0.000	0.288	0.000

对不同发博文频率科研用户标注行为进行线性回归分析，得出用户标注行为随发博文频率增加的变化趋势。将发博文频率进行量化，形成 5 个发博文频率样本子群，对 5 个样本的指标平均数进行线性回归分析，结果如表 2-38 所示。由表 2-38 可知：①发博文频率与用户标注关键词重用率相关，与其他指标不相关；②用户标注关键词重用率与发博文频率呈正相关，随发博文频率增加，用户标注的目的倾向于分类与组织博文。

表 2-38　不同发博文频率科研用户标注行为指标线性回归分析

指标	调整 R^2	显著性	B 值	相关性
KR	0.443	0.133	−0.023	不相关
UTR	−0.232	0.653	−0.006	不相关
AN	0.569	0.087	0.236	不相关
AL	−0.237	0.662	−0.053	不相关
DTR	0.707	0.045	0.093	相关

7. 不同职称科研用户标注行为差异与变化趋势分析

对不同职称科研用户博文关键词标注行为进行差异性分析，结果如表 2-39 所示。由表 2-39 可知：①不同职称科研用户在用户标注关键词重用率指标上存在显著性差异；②用户标注关键词重用率指标中，研究员指标值较高，说明该类用户倾向于使用关键词来分类与组织资源。

表 2-39　不同职称科研用户标注行为描述性分析和多个独立样本 K 检验

	维度	KR	UTR	AN	AL	DTR
$M\pm SD$	无	0.82±0.09	0.51±0.55	2.41±1.40	6.31±4.74	1.05±0.01
	讲师	0.77±0.12	0.52±0.14	2.20±0.83	5.70±2.77	1.17±0.14

续表

维度		KR	UTR	AN	AL	DTR
$M\pm SD$	助理研究员	0.94±0.00	0.73±004	2.40±0.38	5.74±0.87	1.13±0.03
	副研究员	0.93±0.02	0.60±0.07	2.96±1.39	6.29±5.56	1.41±0.21
	副教授	0.78±0.05	0.56±0.07	2.35±1.38	6.11±2.65	1.17±0.16
	研究员	0.79±0.00	0.27±0.00	2.30±0.00	6.32±0.00	1.97±0.00
	教授	0.92±0.03	0.46±0.11	2.97±2.66	6.37±1.54	1.18±0.04
	其他	0.92±0.02	0.51±0.10	2.19±0.64	6.45±11.58	1.17±0.14
卡方值		10.380	3.538	8.367	3.351	13.935
显著性		0.189	0.582	0.352	0.762	0.030

对不同职称科研用户标注行为进行线性回归分析，得出用户标注行为随职称上升的变化趋势。首先去除无职称与其他职称用户。助理研究员、副研究员及研究员样本数量较少，因此将用户分为讲师（讲师与助理研究员）、副教授（副研究员与副教授）、教授（研究员与教授）三类。对职称进行量化，形成 3 个职称样本子群，对 3 个样本的指标平均数进行线性回归分析，结果如表 2-40 所示。由表 2-40可知：①职称与用户标注关键词平均个数相关，与其他指标不相关；②用户标注关键词平均个数与职称呈正相关，随职称提升，用户关键词平均数量增加。

表 2-40 不同职称科研用户标注行为描述性分析和多个独立样本 K 检验

指标	调整 R^2	显著性	B 值	相关性
KR	0.847	0.178	0.052	不相关
UTR	0.150	0.452	−0.050	不相关
AN	0.997	0.026	0.349	相关
AL	0.879	0.158	0.351	不相关
DTR	−0.995	0.905	−0.004	不相关

2.2.4 小结

对不同背景科研用户的关键词标注比例、用户标注关键词比例、用户标注关键词平均个数、用户标注关键词平均长度及用户标注关键词重用率等五个标注行为指标进行分析，结果如下。

在描述性统计分析中，性别与学历在各个指标上均无显著性差异，职业、专业、注册时间、发博文频率及职称等在个别指标上有显著性差异，其中：①发博文频率最少的用户的关键词标注积极性最高；②发博文频率最多的用户及注册时间最早的用户的关键词平均长度最长；③职业为教师的用户、专业为教育学的用户、注册时间为 2008 年的用户、职称为研究员的用户倾向于使用关键词来分类与组织博文；④用户使用系统生成关键词比例普遍较高，因此，科学网博客标注系统应提高关键词推荐的准确度，以提高博文组织的效率与质量。

在线性回归分析中：①学历越低、注册时间越晚（使用科学网博客时间较短）的用户的关键词标注积极性越高，说明博文关键词标注功能使用者趋向于低学历、年轻化，因此，科学网博客标注系统的设计应趋于年轻个性化，来保持这类用户的标注积极性，同时，标注系统的设计也应简单易用，激励更多的社会大众参与标注；②博客注册时间越早、职称越高的用户使用关键词个数越多，因此，标注系统应为这类用户推荐个数较多的关键词；③学历越高的用户使用关键词长度越长，因此，标注系统应为这类用户推荐长度较长的关键词；④博客使用时间越长、每年发博文数量越多的用户越倾向于使用关键词来分类与组织博文，因此，标注系统应为这类用户推荐个人使用率较高的关键词。

本节对科研用户标注行为的研究集中在关键词结构方面，并只是从单一标注网站采集数据，另外，本节仅选择管理综合大类中的四个差异较大的学科。在下一步的研究中，拟扩大学科范围与数据规模，并从关键词结构与关键词语法、语义等多方面，对不同类型用户在不同标注系统中的行为差异进行比较分析。同时，为不同背景用户标注行为进行建模，得到各类用户关键词标注行为模型。

第3章　多语言社会化标签质量研究

　　互联网用户使用的社会化标签多采取自由标引方式，部分标签并不能有效地揭示资源的内容或主题，同时在不同的应用场合用户需要不同的标签类型，因此对标签质量的定义也有所差别。社会化标签的质量问题已成为影响其应用效果的重要因素之一，常见的低质量标签包括：过于个性化的标签、泛滥的垃圾标签和缺乏语义控制的冗余标签等。低质量的标签干扰了社会化标注系统中资源组织的秩序，降低了标签在应用场合中的质量和用户满意度。因此，对标签质量的研究也是一个重要的课题。

　　本章包括与社会化标签质量评估研究相关的五个子研究。其中，第一个和第二个研究是从广泛的领域对各种不同资源类型的标签质量进行分析。3.1节将介绍第一个研究，即区分标签类型的标签质量研究。此研究是为了探索现在各种标注资源的标签类型和标签质量情况，从而进行标签质量评估、识别出高质量标签的重要性。首先开发了标签测评网站，邀请志愿者在该网站上对博文标签、图书标签、图片标签、视频标签、音乐标签类型进行划分，同时对标签质量进行打分，从而对不同标注资源的标签类型和标签质量情况进行深入分析与比较，进而发现不同的标注资源普遍存在低质量标签。3.2节介绍第二个研究，即区分标注资源类型的社会化标签质量研究。对于不同的标注资源类型，如博文、图书、图片、视频、音乐等，用户在进行标注时会对其添加不同类型的标签以满足实际的应用需要，不同的资源类型有其自己的特点，每类资源的标签类型也是不同的，因此基于不同标注资源的特点，用户判别的高质量的标签类型是不同的，应该区分标注资源类型以进行社会化标签质量评估，从而为用户提供高效的标签推荐服务和设计更好的用户标记交互界面。因此本节选择具体的资源和标签，分析博文、图书、图片、音乐、视频等五种资源类型中对应标签的质量，了解不同资源的标签类型与标签质量的关系，得出用户对不同资源类型判别的高质量标签类型是不同的，在对标签质量进行评估时应该结合具体的资源类型和应用场景进行有区分的标签质量评估。

　　上述两个研究证实了不同标注资源类型的标签中普遍存在低质量的标签。3.3节介绍第三个研究，即社会化标签质量自动评估研究。本节研究的目的是对用户标注的大量标签实现自动评估、自动选择或推荐高质量的标签，提高社会化标签应用效果。现有的标签质量评估研究割裂了标签的内容属性与社会化属性，没有结合标签多方面属性进行综合评估。因此本节以科学网博客标签数据作为研究对象，结合标签的内容属性与社会化属性，建立标签质量评估数据集，通过机器学习方法训练标签质量评估模型，进而实现社会化标签质量自动评估。结果显示，结合标签的内容属性特征和社会化属性特征，支持向量机标签质量评估模型评估结果明显优于多元回归和朴素贝叶斯评估结果。该工作为进一步提升社会化标签的组织与应用质量打下基础。

3.4 节和 3.5 节将介绍有关多语言标签质量的两个相关研究。3.4 节将介绍中英文图片标签质量差异比较研究。互联网使全世界的信息交流更加快捷和方便，不同语种的互联网用户的增加及文化背景等方面的差异，有可能会导致标注结果的差异。比较图片在中英文语言下的社会化标注差异，特别是标注质量及标注类型方面的差异，可以解决多语言社会化标签带来的障碍，从而促进跨语言交流，满足不同语言用户对系统界面等方面的多样性要求。因此，本节通过开发图片标签质量评估网站，收集实验数据，并对中英文图片标签的标签类型进行比较，在区分标签类型的基础上，对内容描述类型的中英文标签质量做进一步的分析比较。

3.5 节介绍中英译本图书社会化标签的比较研究。标签具备高分享性、简洁性、易用性等优点，社会化标注开始进入图书标引领域，并得到用户的广泛运用，这与传统的图书著录有极大的不同。因此，有研究开始探讨社会化标签的自身特征及与受控系统（如主题词）的比较分析。然而这些研究往往关注标签的整体状况，缺乏对单本图书标注的研究；同时，社会化标签的比较研究也缺乏较为细致的跨语言研究。为此，此研究利用豆瓣读书、Amazon、LibraryThing 三大书评网站获取 1200 本图书的社会化标签；并从中国国家图书馆、美国国会图书馆获取这 1200 本图书的 MARC 记录中的主题词。接着从标签和主题词的长度、个数及重合度三个方面组织数据分析实验。根据实验结果探讨在不同语言、不同图书类目下社会化标签的长度、个数及重合度方面的特点和差异，并与主题词进行比较，为以后语义研究奠定基础，为建设 Web 2.0 下的书评网站或者推进 Lib 2.0 服务提供参考。

3.1　区分标签类型的标签质量研究①

3.1.1　研究方法与研究设计

本节利用 Web 程序设计技术开发了标签质量测评和标签类型分类网站，用于志愿者对博文标签、图书标签、图片标签、视频标签、音乐标签进行质量打分，

---

① 本节主要内容发表于: 李蕾, 王晃, 章成志. 区分标签类型的社会化标签质量测评研究. 图书情报工作, 2013, 57（23）: 11-16, 9。

收集标签质量分值，并对标签的类型进行划分，收集标签的类型，为分析不同标注对象类别的标签类型和标签质量情况提供数据支持。具体技术路线如图 3-1 所示。

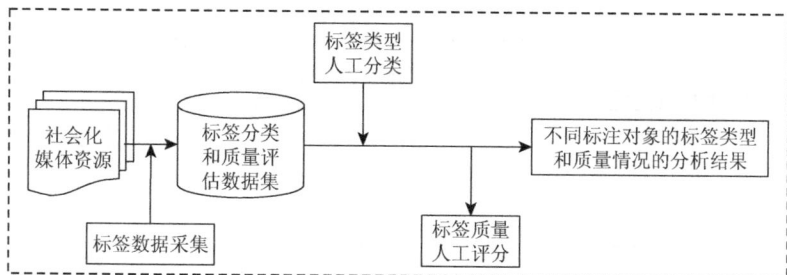

图 3-1　基于标签类型的社会化标签质量测评研究技术路线图

本节首先采集了 5 种标注对象的标签，即博文标签、图书标签、图片标签、视频标签、音乐标签，然后在其中抽取一定规模的标签数据作为分类和质量打分的数据集。设立社会化标签分类体系和标签质量得分的人工打分表，通过开发的标签质量测评网站邀请志愿者根据标签分类体系说明对标签类型进行划分，并依据该打分表，按照标签与标注资源的相符程度，给出标签质量分值。最后，通过对分类和评估结果进行统计分析，获取研究结论。

3.1.2　标签类型和标签质量测评

通过有关标签类型文献调研，结合对各个网站不同标注对象标签类型的实际考察，将标签类型划分为与主题相关的和与主题无关的两种类型，其中与主题相关的又划分为与资源相关标签和与内容相关标签，与主题无关的又划分为主观情感标签、自我组织标签和垃圾标签，具体说明及举例如表 3-1 所示。

表 3-1　标签类型说明与举例

标签类型			描述	举例
与主题相关的	资源相关（外围信息）	作者	标注资源的创造人	罗贝托-波拉尼奥、张小娴、三毛
		资源格式	标注资源的文件类型（或格式）	图片、视频、音频、文本
		时间	标注资源的发表创建时间	2013
		地点	标注资源的发表创建地点	日本、哥伦比亚
		来源	标注资源的得到途径	赠送、购买
		语言	描述标注资源中使用的语言	英文、中文

标签类型		描述	举例
与主题相关的	内容相关（内部信息）内容描述	与资源内容相关的描述词，包括描述内容的主题词或关键词、时间、地点、人物、事件等	机器学习、劳工研究、养生、二次大战
	内容领域	标注资源属于的领域	文学、体育、财经、法律、政治等不同领域
	文献类型	标注资源的文献类型	手册、百科全书、教科书、参考资料、网站
	内容编码	标注资源拥有的特殊的编码方式	IT101
与主题无关的	主观情感标签	用户对标注对象的主观感觉	很喜欢、厌恶、高兴、无趣等
	自我组织标签	用于自我用途的一些标注信息	要读、要买
	垃圾标签	一些无意义的词语或广告信息	的、电话 1860054****

标签质量打分，根据标签与资源的相关程度，利用 5 分规则对标签进行打分，从 1 分到 5 分，利用描述的相符程度进行排序，其中 1 分表示标签与标注对象完全无关，没有描述资源的任何信息；5 分表示标签与标注对象完全相关，描述的就是资源相关信息。具体说明及举例见表 3-2。

表 3-2　标签质量说明与举例

标签质量分值	说明	举例
1	标签与标注对象完全无关，没有描述资源的任何信息	土豆网视频"阿波罗 20 号"秘密登月视频集的标签"黄金"；新浪博客博文《点亮夜空的星》大型征文活动盛大启动的标签"疑问"
2	标签与标注对象相关度较小，描述资源少量外围相关信息	豆瓣网图书《海贼王》的标签"热血""经典"；豆瓣网图书《万历十五年》的标签"中国历史"
3	标签与标注资源部分相关，描述资源部分信息	豆瓣网图书《谢谢你离开我》的标签"生活智慧"；新浪博客博文《京华烟云》里的"莫愁小姐"的标签"民国"
4	标签与标注对象基本相关，但是并不能准确反映主题	土豆网视频"杭州'最美妈妈'吴菊萍接下 10 层坠楼女童"的标签"杭州""最美妈妈"
5	标签与标注对象完全相关，描述的就是资源相关信息，完全反映主题	土豆网视频"杭州'最美妈妈'吴菊萍接下 10 层坠楼女童"的标签"坠楼女童""吴菊萍"

3.1.3　测评系统实现与评判结果分析

1. 测评系统实现

在对系统需要的功能予以理解的基础上，设计系统的流程。具体来说，标签质量测评网站包括两个部分：一个是用户部分；另一个是管理员部分。用户部分包括用户注册、用户登录、用户测评、用户查看已评价过的标签；管理员部分包括管理员登录、管理员查看所有用户评价过的标签。

　　网站包括用户注册界面、用户登录界面、用户测评界面及管理员登录、管理员查看用户评价过的所有标签、对用户的管理。每一个用户登录后随机从数据库中抽取出一条内容，并在其下显示该资源所有标签，对每个标签进行类型的选择及打分，最终实现标签质量测评①。

　　用户需要进行注册，注册成功后，点击左侧菜单栏选择用户登录，用户登录成功后，便会进入标签质量评价页面。系统会先向用户展示标签打分规则和标签类型选择的说明表，用户阅读完之后便可进入标签测评界面，如图 3-2 所示。点击左侧菜单栏的各类标注对象进行标签类型分类和质量评价，如图 3-3 所示。

Website for Evaluation of Social Tags

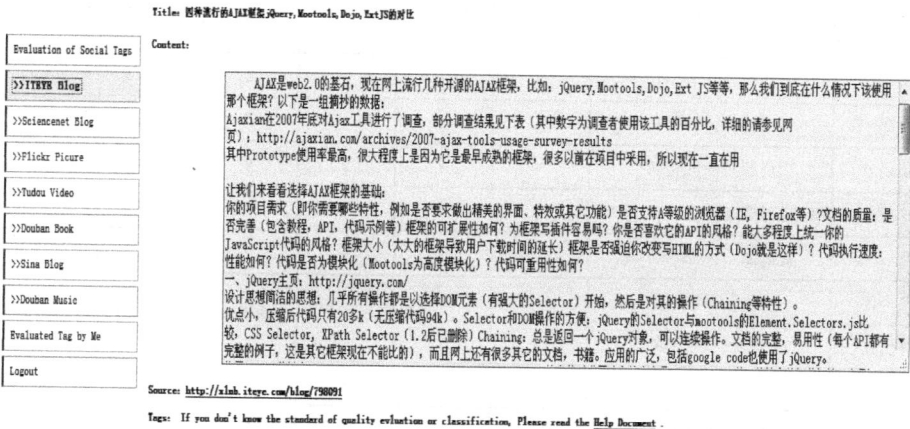

图 3-2　标签测评界面

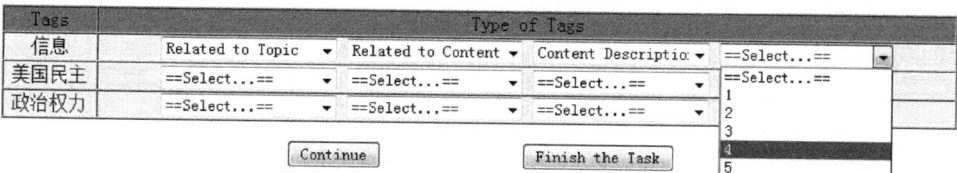

图 3-3　标签分类和质量打分界面

---

① http://mega.lt.cityu.edu.hk/~czhang22/tag_quality/。

2. 标签质量测评数据来源

为了研究不同资源类型的标签类型和标签质量，需要在网络上爬取新浪博文[①]、IT 博文[②]、豆瓣读书[③]、土豆网视频[④]、Flickr 图片[⑤]、豆瓣音乐[⑥]相关数据，具体字段如表 3-3 所示。

表 3-3　不同资源元数据项

类别	说明	新浪博文	IT 博文	豆瓣读书	土豆网视频	Flickr 图片	豆瓣音乐
资源 id	资源采集时对应标号	√	√	√	√	√	√
标题	资源的名称	√	√	√	√	√	√
标签	资源对应的所有标签	√	√	√	√		
时间	资源发布创建时间	√	√		√	√	
作者	资源的创建者	√	√		√		
内容	资源具体内容	√	√				
pageurl	资源对应的链接	√	√	√	√	√	√
个人分类	作者对资源的自定义分类						
系统分类	资源属于的系统分类		√		√		
评论数	资源的评论数		√				
浏览数	资源的浏览数		√			√	
目录	图书的目录信息			√			
发布者 id	资源发布者编号				√		
描述	资源的简要概述			√	√	√	√

由于不同资源类型的限制，系统显示时需要的字段是不同的。对博文来说，系统可以显示每篇博文的标题、内容、pageurl、标签等信息，而对于视频、图书、音乐、图片来说，只显示资源的描述信息，如果用户在进行标签分类和质量打分时，需要资源的具体内容，则可以通过点击 URL 进入原网页进行查看。

---

① http://blog.sina.com.cn/。

② http://www.iteye.com/。

③ http://book.douban.com/。

④ http://www.tudou.com/。

⑤ http://www.flickr.com/。

⑥ http://music.douban.com/。

3. 评判结果分析

网站完成后，邀请 10 位有过标注标签经验的志愿者注册并登录网站，对不同资源类型的标注对象进行标签评分和标签类型选择，共对 2003 个土豆网视频标签、2052 个 Flickr 图片标签、2253 个豆瓣网图书标签、2002 个新浪博文标签、2001 个豆瓣音乐标签、578 个 IT 博文标签进行了标签类型的选择和标签质量评分。首先要对不同标注资源类型中用户区分出的各个标签类型的占比进行统计分析，结果如表 3-4 所示。

表 3-4　标签类型统计

标签类型			视频标签	图片标签	图书标签	新浪博文标签	音乐标签	IT 博文标签
与主题相关的	资源相关（外围信息）	作者	3%	0%	9%	5%	0%	0%
		资源格式	1%	2%	1%	0%	0%	3%
		时间	0%	0%	0%	0%	1%	0%
		地点	0%	18%	6%	0%	2%	0%
		来源	2%	2%	0%	0%	0%	2%
		语言	0%	6%	0%	0%	2%	1%
	内容相关（内部信息）	内容描述	66%	62%	50%	63%	31%	49%
		内容领域	8%	0%	18%	21%	18%	29%
		文献类型	7%	0%	2%	0%	0%	3%
		内容编码	1%	0%	0%	0%	0%	2%
与主题无关的	主观情感标签		10%	3%	0%	2%	10%	0%
	自我组织标签		0%	0%	12%	5%	17%	1%
	垃圾标签		2%	7%	2%	4%	18%	10%

由表 3-4 可以看到：①在不同的资源类型中，内容描述型标签均是占比最大的标签类型，由此也可以看出，用户打标签的目的很大一部分是出于对标注对象的描述。②除了图片标签，占比第二位的是有关内容领域的标签类型，同样可以看出，用户打标签的目的一部分是出于对标注对象的分类。③在不同的资源类型中普遍存在垃圾标签，表明进行标签质量评估的必要性。④不同的资源类型有着自己的标签类型特点，如在图片标签中地点类型的标签占比处于第二位，因为用户在标注图片标签时，图片拍摄地点信息是普遍需要标注的。

对与主题相关标签中内容相关标签的质量得分进行统计分析，结果如表 3-5 所示。

表 3-5　标签质量统计

标签质量分值	视频标签	图片标签	图书标签	新浪博文标签	音乐标签	IT 博文标签
5	17%	12%	30%	29%	8%	33%
4	16%	55%	16%	60%	31%	27%
3	22%	25%	22%	10%	47%	20%
2	22%	4%	16%	1%	13%	13%
1	23%	4%	16%	0%	1%	7%

标签质量打分是由打分用户在对标注对象充分了解的情况下，根据标签是否能更好地反映对象来作为打分标准，其中最好的标签得分为 5 分，最差的标签得分为 1 分。可以看到，在内容相关类型标签中仍然普遍存在用户判别的低质量标签。仅仅过滤掉垃圾标签并不能满足用户对高质量标签的需求，所以需要对标签做进一步的质量评估，最终过滤出用户满意的、能够充分描述资源内容的高质量标签，方便用户快速、准确地组织、检索资源。

3.1.4　小结

在对中外标签质量评估方法的调研中发现，目前的标签质量评估仅仅是基于标签自身，并没有将标签质量与实际应用相结合。例如，在不同的应用环境下需要不同的标签类型，在标签质量的评估中应该根据实际的要求，剔除不符合要求的标签类型，提高标签质量评估的效率。鉴于此，作者开发了标签质量测评网站，用于志愿者对博文标签、图书标签、图片标签、视频标签、音乐标签进行质量打分和标签类型分类，进而通过简单数据统计，发现不同的资源类型普遍存在低质量标签。

今后，作者将利用该系统收集大量的标签质量评估数据，并对标签质量评估进行更为深入具体的分析，通过建立社会化标签质量评估框架体系与评估模型，实现对标签质量自动评估。

3.2　区分标注资源类型的社会化标签质量研究[①]

3.2.1　研究方法

本节选取博文、图书、图片、音乐、视频五种标注资源类型进行研究。为了

---

① 本节主要内容发表于：Li L，Zhang C Z. Quality evaluation of social tags according to web resource types// Proceedings of the 22nd international conference on World Wide Web companion（WebQuality2014），Seoul，2014。

探索适合不同资源类型的标签类型，根据已有的有关标签类型的分类体系，并结合不同标注资源类型的特点，自行研制了标签类型分类体系，具体分类条目如表 3-6 所示。

表 3-6　不同标注资源的标签类型分类体系

标注资源	标签类型	标注资源	标签类型
博文	描述博文内容且在正文中出现的词汇	音乐	音乐的语言
	博文题名中的出现词汇		音乐的发布时间
	描述博文类别的词汇		音乐的得知途径（了解到该音乐的途径，如朋友推荐等）
	用于自我组织的词汇	图书	描述图书内容的词语
	博文来源（如原创、转载等）		描述图书类别的词语
	自己看了博文后的感受		用于自我组织的词汇
	描述博文内容但正文中没有出现的词汇		图书题名中的词汇
	博文的发布者		自己看了本书后的感受
	博文的发布时间		本书的作者
	博文发布地点		本书中使用的语言
图片	描述图片内容的词语		本书的出版时间
	用于自我组织的词汇		本书的出版社
	描述图片类别的词语		本书的得知途径（了解或得到本书的途径，如购买、赠送等）
	图片题名中的词汇	视频	描述视频内容的词语
	自己看了图片后的感受		视频题名中的词汇
	图片来源（如原创、转载等）		描述视频类别的词语
	图片的发布地点		用于自我组织的词汇
	图片的发布时间		自己看了视频后的感受
	图片的发布者		视频中的主角
	图片的拍摄设备（如佳能、尼康等）		视频的导演
			视频来源（如原创、转载等）
音乐	音乐的演唱者		视频的发布者
	描述音乐类别流派的词语		视频的发布地点
	描述音乐内容的词语		视频的发布时间
	音乐题名中的词汇		
	用于自我组织的词汇		
	自己听了音乐后的感受		

不同用户的标注动机不同，因此对于不同的资源类型，用户判别的高质量的标签类型是不同的，即使对同一标签类型，用户对其质量的判断也是不同的。因此，标签质量的评估应该结合用户需要及不同标注资源的特点，剔除不符合要求的标签类型，提高标签质量评估的效率。因此，首先调研用户在使用标签时对标签类型的选择，探究博文、图书、图片、视频、音乐这五种资源类型的标签类型异同，分析用户对不同的资源类型倾向于使用的标签类型，然后探索不同标注资源各个标签类型的标签质量，了解不同资源的标签类型与标签质量的关系，判断用户倾向于使用的标签类型是否为质量高的标签，方法路线如图 3-4 所示。

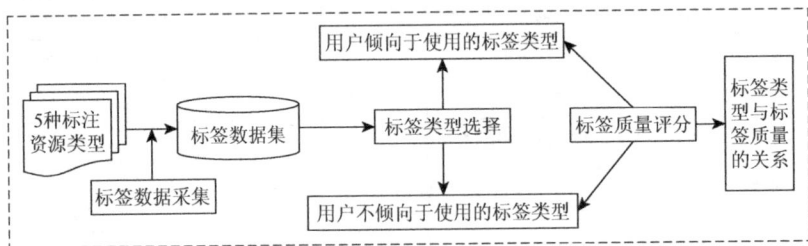

图 3-4　不同标注资源各个标签类型的标签质量探究

1. 不同标注资源的标签类型使用情况调查

首先对博文、图书、图片、音乐、视频这五种标注资源类型用户使用的标签类型情况进行调查。从 2013 年 9 月 14 日开始，通过在科学网博客上给发文量排名前 5000 的用户进行留言，在豆瓣读书、豆瓣音乐、豆瓣电影上给发表了热门评论的 1000 个用户发送站内信，在又拍网上给传过照片的 500 个用户发站内信的方式对用户使用标签类型情况进行调查①。发放问卷网站具体信息如表 3-7 所示。到 2013 年 12 月 30 日，共回收问卷 721 份，有效问卷 707 份，样本的有效率为 98%。

表 3-7　发放问卷网站信息

序号	名称	网址	功能
1	科学网	http://blog.sciencenet.cn/	科技博文发表交流网站
2	豆瓣读书	http://book.douban.com/	图书收藏评论分享网站
3	豆瓣音乐	http://music.douban.com/	音乐收藏评论分享网站
4	豆瓣电影	http://movie.douban.com/	电影收藏评论分享网站
5	又拍网	http://www.yupoo.com/	图片上传评论分享网站

① 调查问卷地址：http://www.sojump.com/jq/2709468.aspx。

通过询问用户是否会使用以上的标签类型进行标注，对结果采用 Likert 五分制量表进行测量。在后期的数据处理中，对从不、偶尔、有时、经常、总会选项分别赋予分值 1、2、3、4、5。本节中量表的信度检验方法采用 Cronbach α 系数，α 值越大，表示该因子内部各题项之间的关系越大，即内部一致性越高。由表 3-8 可知，各个标注资源类型的 Cronbach α 系数均不低于 0.790，表明量表内在一致性很好。因此，该量表信度较好，适合进行问卷调查。

表 3-8　不同标注资源类型的信度检验和效度检验结果

量表及各维度	Cronbach α 系数	KMO	Bartlett 球形检验
用户标注结果-博文	0.790	0.787	2 268.903
用户标注结果-图书	0.802	0.776	1 167.392
用户标注结果-图片	0.802	0.720	453.697
用户标注结果-视频	0.865	0.804	1 403.636
用户标注结果-音乐	0.793	0.712	523.676

结构效度采用因子分析进行评价，数据越是可以进行因子分析，说明量表结构效度越好。本节根据 KMO 值和 Bartlett 球形检验值进行判断。经 SPSS 分析，各个标注资源类型的 KMO 值和 Bartlett 球形检验值均符合要求，有统计学意义，表明本量表具有良好的结构效度。不同标注资源类型的信度检验和效度检验结果见表 3-8。

2. 不同标注资源各个标签类型的标签质量调查

对不同标注资源各个标签类型的标签质量进行调研，了解不同资源的标签类型与标签质量的关系，判断用户倾向于使用的标签类型是否为高质量标签。因此对博文、图书、图片、视频、音乐这五种资源类型分别选择用户熟悉的两个标注对象对其标签进行标签类型分类和标签质量打分。在对标签类型分类中，按照表 3-3 的分类体系由专业图书馆员对不同标注对象的标签进行分类，并且确保各个标签类型都存在，以便进行下一步的标签质量打分和分析各个标签类型的质量。在对标签质量打分中，为了确保标签质量得分的可信性，找来 31 位有过标签使用经验的志愿者对这五种资源类型的各两个标注对象的各个标签进行打分，求得每个标签的质量平均分，然后计算各个标签类型的标签质量得分平均值和方差。博文、图书、图片、视频和音乐这五种资源类型的打分标签数分别为 20、26、28、24 和 22。

本节询问用户使用标签标注资源的频度，然后对打分结果仍然采用 Likert 五分制量表进行测量，对从不、偶尔、有时、经常、总会选项分别赋予分值 1、2、3、4、5。图 3-5 为对图片资源的打分样例。

标签：博物院　　　□1　　□2　　□3　　□4　　□5
　　　故宫　　　　□1　　□2　　□3　　□4　　□5
　　　午门　　　　□1　　□2　　□3　　□4　　□5
　　　内金水桥　　□1　　□2　　□3　　□4　　□5
　　　太和门广场　□1　　□2　　□3　　□4　　□5
　　　北京　　　　□1　　□2　　□3　　□4　　□5

图 3-5　标签质量打分样例：故宫博物院

3.2.2　不同标注资源标签质量结果

利用提出的对不同标注资源各个标签类型的标签质量调查的方法，对五种资源类型（博文、图书、图片、视频、音乐）各个标签类型的标签质量得分情况进行分析。

1. 博文标签类型的标签质量分析

对博文进行标注时，用户对各个标签类型的标签质量得分情况如表 3-9 所示。

表 3-9　博文各标签类型的标签质量描述性分析

博文标签类型	M 值	SD 值
描述博文内容且在正文中出现的词汇	4.47	0.483
用于自我组织的词汇	3.88	0.692
博文题名中的出现词汇	3.67	1.761
描述博文内容但正文中没有出现的词汇	3.07	0.965
描述博文类别的词汇	2.71	0.319
自己看了博文后的感受	2.47	0.151

续表

博文标签类型	M 值	SD 值
博文来源（如原创、转载等）	2.08	0.114
博文的发布者	2.02	0.160
博文的发布时间	1.87	0.090

由表 3-9 可以看出，用户对博文各个标签类型的标签质量得分最高的仍然为描述博文内容且在正文中出现的词汇，并且对于博文题名中的出现词汇和用于自我组织的词汇标签质量得分也较高，对描述博文外围信息的标签类型质量得分低，与问卷调查用户倾向于使用的标签类型结果一致。同时，描述博文内容但正文中没有出现的词汇相对于问卷调查结果排名有所上升，可见对于在博文中没有出现而描述内容准确的词语也被用户认为是高质量的标签。

2. 图书标签类型的标签质量分析

对图书进行标注时，用户对各个标签类型的标签质量得分情况如表3-10所示。

表 3-10　图书各标签类型的标签质量描述性分析

图书标签类型	M 值	SD 值
图书题名中的词汇	4.73	0.023
本书的作者	4.45	0.091
描述图书内容的词语	3.89	0.905
描述图书类别的词语	3.58	0.459
自己看了本书后的感受	3.08	0.726
用于自我组织的词汇	2.51	0.918
本书的出版社	1.86	0.467
本书的出版时间	1.73	0.342
本书中使用的语言	1.61	0.068
本书的得知途径（了解或得到本书的途径，如购买、赠送等）	1.57	0.236

由表 3-10 可以看出，图书题名中的词汇是质量最高的标签，直接描述图书的内容。描述图书内容的词语和描述图书类别的词语质量得分也较高，与问卷结果相比排名下降，是因为用户会使用描述图书内容的词语和描述图书类别的词语对图书进行标注，但是描述图书内容的词语和描述图书类别的词语中会存在一些描述不准确的词语。同时可以看到，图书的作者类型的标签质量得分也较高，说明

图书的作者也是描述一本书的直接相关标签类型。对描述图书外围信息的标签类型质量得分低，与问卷调查用户倾向于使用的标签类型结果一致。

3. 图片标签类型的标签质量分析

对图片进行标注时，用户对各个标签类型的标签质量得分情况如表 3-11 所示。

表 3-11 图片各标签类型的标签质量描述性分析

图片标签类型	M 值	SD 值
图片题名中的词汇	4.17	0.739
描述图片内容的词语	3.78	0.689
描述图片类别的词语	3.21	0.342
图片的发布地点	2.95	0.757
用于自我组织的词汇	2.92	0.925
自己看了图片后的感受	2.78	0.167
图片的发布者	1.63	0.114
图片来源（如原创、转载等）	1.61	0.046
图片的发布时间	1.56	0.160
图片的拍摄设备（如佳能、尼康等）	1.48	0.228

由表 3-11 可以看出，图片题名中的词汇是质量最高的标签，直接描述图片的内容。对于描述图片内容的词语和描述图片类别的词语标签质量得分也较高，对描述图片外围信息的标签类型质量得分低，与问卷调查用户倾向于使用的标签类型结果一致。同时可以看到，图片的发布地点类型的标签排名上升，因为选取的 3 张图片中的 2 张都是风景名胜，图片地点信息也可以准确描述图片内容。因此可以看出，对于不同的图片类型，标签的质量判别标准也是有区别的。

4. 视频标签类型的标签质量分析

对视频进行标注时，用户对各个标签类型的标签质量得分情况如表 3-12 所示。

表 3-12 视频各标签类型的标签质量描述性分析

视频标签类型	M 值	SD 值
描述视频内容的词语	4.27	0.362
视频题名中的词汇	4.07	0.613
视频中的主角	3.92	0.401

视频标签类型	M 值	SD 值
视频的导演	3.65	0.219
描述视频类别的词语	3.30	0.388
自己看了视频后的感受	3.25	0.330
用于自我组织的词汇	3.21	0.753
视频的发布地点	2.87	0.274
视频来源（如原创、转载等）	2.60	1.300
视频的发布时间	1.97	0.228
视频的发布者	1.87	0.092

由表 3-12 可以看出，描述视频内容的词语和视频题名中的词汇为质量得分最高的标签类型，描述视频外围信息的标签类型质量得分低，与问卷调查用户倾向于使用的标签类型结果一致。同时可以看到，视频中的主角和视频的导演类型的标签排名明显上升，因为选取的两个视频中其中一个是电影，对于电影来说，电影的主角和导演也是描述视频的高质量标签。因此可以看出，对于不同的视频类型，标签的质量判别标准也是有区别的。

5. 音乐标签类型的标签质量分析

对音乐进行标注时，用户对各个标签类型的标签质量得分情况如表 3-13 所示。

表 3-13　音乐各标签类型的标签质量描述性分析

音乐标签类型	M 值	SD 值
音乐题名中的词汇	4.64	0.342
描述音乐内容的词语	4.60	0.342
音乐的演唱者	4.14	0.747
描述音乐类别流派的词语	2.76	0.247
用于自我组织的词汇	2.42	0.032
自己听了音乐后的感受	2.27	0.052
音乐的语言	2.03	0.312
音乐的得知途径（了解到该音乐的途径，如朋友推荐等）	1.87	0.267
音乐的发布时间	1.71	0.086

由表 3-13 可以看出，音乐题名中的词汇、描述音乐内容的词语、音乐的演唱

者和描述音乐类别流派的词语类型的标签质量排名在前，并且描述音乐外围信息的标签类型质量得分低，与问卷调查用户倾向于使用的标签类型结果一致。

综上可知，对各个资源类型来说，资源题名中的词汇、描述资源内容的词语和描述资源类别的词语标签质量较高，描述资源外围信息的标签类型质量得分低，这与问卷调查用户倾向于使用的标签类型结果一致。但是，不同资源类型有着自己的特点，如对于博文，描述博文内容但正文中没有出现的词汇该标签类型的标签质量也较高；对于图书，图书的作者类型的标签质量得分也较高；对于图片，图片的发布地点类型的标签质量得分也较高；对于视频，视频中的主角和视频的导演类型的标签质量也高。同时也可看出，即使同一个资源类型各个类型标签的质量也是不同的。

3.2.3　不同标注资源标签类型结果与标签质量结果关系分析

3.1.5 小节和 3.2.2 小节分析了不同标注资源类型中用户使用标签类型的情况和各个标签类型的质量，可以看出，对不同的标注资源类型，由于其各自的特点不同，用户倾向于使用的标签类型是不同的。同时，用户不倾向于使用的标签类型并不都是质量低的标签。例如，对于博文来说，描述博文内容但正文中没有出现的词汇标签质量也较高，对于图书来说图书题名中的词汇是质量最高的标签，直接描述图书的内容；对于风景类型的图片来说，图片的发布地点类型的标签质量也较高；对于电影来说，电影的主角和导演也是描述视频的高质量标签。因此，在标签质量评估中不仅要结合标签类型进行质量评估，还应该结合具体的资源类型和用户需要进行标签质量评估。

3.2.4　小结

本节选择具体的资源和标签，分析博文、图书、图片、音乐、视频等五种资源类型中标签的质量，了解不同资源的标签类型与标签质量的关系，判断用户倾向于使用的标签类型是否为高质量的标签。

综上可以看出，对不同的资源类型，用户判别的高质量的标签类型是不同的，因此在对标签质量进行评估时应该结合具体的资源类型和用户需要进行有区分的标签质量评估。本书将进一步对各个资源类型进行有区分的社会化标签质量评估，结合各个资源类型的特点及用户需要生成各个资源类型的标签质量评估模型。

3.3　社会化标签质量自动评估研究①

3.3.1　标签质量自动评估总体研究框架

本书选取科学网博客②的博文标签数据作为研究对象,随机抽取一定规模的博文,将其对应的标签作为标签质量评估初始数据集。首先,邀请志愿者对随机抽取的博文标签进行质量打分,志愿者打分时参考事先设定的评分参照表;接着,对每个标签的属性值进行计算;以上两个过程是完全独立、分别进行的。基于上述过程建立科学网博文标签质量评估数据集,由此可构建标签质量评估模型。本节选取朴素贝叶斯、支持向量机及多元回归模型作为候选的标签质量评估模型,依据测试数据对各个模型进行性能评价,最后选择性能最优的标签质量评估模型,以实现标签质量自动评估。标签质量自动评估的基本框架如图 3-6 所示。

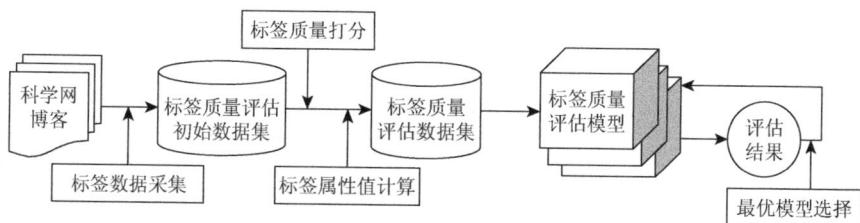

图 3-6　标签质量自动评估的基本框架图

3.3.2　标签质量自动评估关键步骤

1. 社会化标签质量评估数据集的建立

社会化标签质量评估数据集是本节选择标签质量评估模型的基础。社会化标签质量评估数据集的建立步骤如下:采集科学网博文的标签数据作为研究对象,抽样一定规模的数据作为标签质量评估初始数据集;设立标签质量得分的打分参照表,通过已开发的标签质量测评网站邀请志愿者依据该打分表,并按照标签与标注资源的相符程度,给出标签质量分值;利用计算机自动生成标签的属性值,标签的属性值包括内容属性值和社会化属性值;经过综合考虑标签属性值和质量得分,得到关于标签质量评估数据集。图 3-7 为社会化标签质量评估数据集的建

① 本节主要内容发表于:章成志,李蕾. 社会化标签质量自动评估研究. 现代图书情报技术,2015, 10: 2-12.
② http://www.sciencenet.cn,获取日期: 2013 年 8 月 25 日。

立过程示意图，其中列出社会化标签的各种属性。

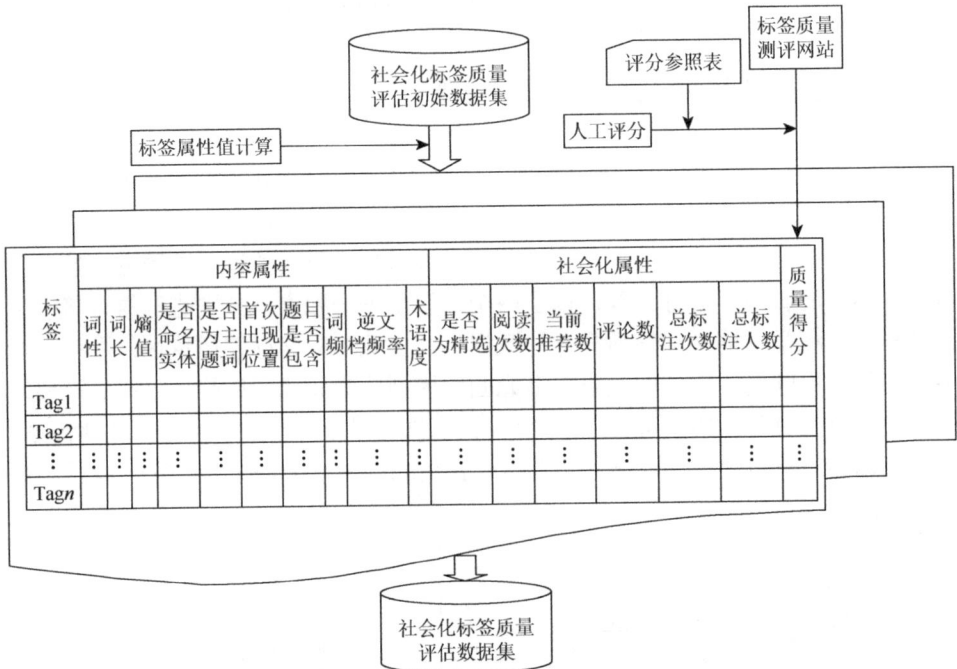

图 3-7　社会化标签质量评估数据集的建立过程示意图

1）标签质量打分

标签质量分值的打分依据为标签与所标注资源的相符程度，利用 5 分规则对标签进行打分，从 1 分到 5 分，利用描述的相符程度进行排序，打分规则说明如表 3-14 所示。

表 3-14　标签质量打分参照表说明与举例

标签质量得分	说明	举例
1 分	标签与标注对象完全无关，没有描述资源的任何信息	博文《看手相的妙道》的标签"下一步"
2 分	标签与标注对象相关度较小，描述资源少量外围相关信息	博文《莱布尼茨是首个发明二进制算术的吗？》的标签"伊斯兰""小伙子"
3 分	标签与标注资源部分相关，描述资源部分信息	博文《看手相的妙道》的标签"中国"；科学网博文《我没有理由不把科研做好》的标签"科技工作者"
4 分	标签与标注对象基本相关，但是并不能准确反映主题	博文《莱布尼茨是首个发明二进制算术的吗？》的标签"二进制"
5 分	标签与标注对象完全相关，描述的就是资源相关信息，完全反映主题	博文《莱布尼茨是首个发明二进制算术的吗？》的标签"莱布尼茨"；博文《我没有理由不把科研做好》的标签"做好科研"

　　确定好标签质量评分依据后，开发了在线标签质量测评网站，对随机选取的博文标签进行打分。本书邀请有过标签标注经验的志愿者首先对博文内容进行详细阅读，然后按照上述标签质量评分规则，对随机选取的博文标签打分，共完成2000 个标签打分。

　　2）标签属性值计算

　　标签属性值计算主要包括内容属性值计算和社会化属性值计算两个方面，现将各个属性分别说明如下。

　　（1）标签的内容属性。

　　标签的内容属性主要包括标签的词性、词长、熵值、是否为主题词、是否为命名实体、标签首次出现位置、博文的题目中是否包含该标签、标签的词频、逆文档频率、术语度。

　　标签的词性（POS）：首先利用词性标注工具包①得到各个标签的词性，然后根据标签在博文中的上下文进一步做人工校对，得到每个标签最终的词性，并按照不同词性提供信息量的不同，对各个标签的不同词性赋予不同权重值。本节对名词（n）赋予权重值最高，赋值为 1，动词（v）、形容词（a）、成语（i）、习用语（l）、区别词（b）、状态词（z）等赋予权重依次递减，依次为 0.9、0.8、0.7、0.6、0.5、0.4。

　　词长（Len）：计算各个标签的词长，本节将中文标签的字符数作为其词长。例如，标签"科研"词长为 2，标签"新人文主义"词长为 5，并将每个词语的长度除以数据集中长度最长的标签的长度（本次实验数据集中的最大词长为 10），进行归一化处理。

　　熵值（Entropy）：标签熵值的计算公式为

$$H(x) = -\sum_{i=1}^{12} P(x_i) \lg [P(x_i)] \tag{3-1}$$

其中，i 表示科学网上博文分类类目的序号；$P(x_i)$ 的计算公式如下：

$$P(x_i) = \frac{\text{类目} i \text{中包含当前标签的博文篇数}}{\text{类目} i \text{中所有博文的篇数}} \tag{3-2}$$

　　是否为主题词（Is_Thesaurus）：判断各个标签是否在中国分类主题词表中，存在为 1，不存在为 0。

　　是否为命名实体（Is_Entity）：利用词性标注工具包进行词性标注时，可以识别出人名、地名、机构名和时间词，同时为了确保结果的准确性，人工校对标签是否为命名实体，即是否是人名、机构名、地名、时间、日期、货币等。如果为命名实体则赋值为 1，否则为 0。

---

① https://pypi.python.org/pypi/jieba/。

标签首次出现位置（Pos_First）：计算标签在文章中首次出现的位置，并将其除以该博文的长度进行归一化处理。

博文的题目中是否包含该标签（At_Title）：判断博文标题中是否存在此标签，存在则赋值为1，不存在则赋值为0。

标签的词频（TF）：计算该标签在博文中出现的次数，然后将其除以该标签所在博文中最高词频词语的词频数，得到归一化结果。

逆文档频率（IDF）：逆文档频率是一个词语普遍重要性的度量，如果包含某一词语的文档越少，IDF就越大，则说明这一词语具有很好的类别区分能力[104]。为了将计算结果归一化处理，其计算公式如下：

$$IDF(x) = 1 - \frac{包含该标签的总文档篇数}{所有文档篇数} \tag{3-3}$$

术语度（Termhood）：术语度由 KageuraKyo 和 Umino 于 1996 年定义为"候选术语与一特定领域概念的相关程度"[105]。为了将计算结果归一化处理，其计算公式如下：

$$F(x) = \frac{该标签在前景语料出现的频次}{该标签在前景语料出现的频次 + 该标签在背景语料出现的频次} \tag{3-4}$$

本节所使用的前景语料为抓取的带有标签的科学网博文数据（时间跨度为：2007 年 3 月 6 日～2013 年 8 月 25 日），背景语料为《人民日报》1998 年 1～6 月的标注数据[106]。

（2）标签的社会化属性。

标签的社会化属性主要包括当前标签对应博文是否为精选博文、阅读次数、当前推荐数、评论数、使用该标签进行标注的总标注次数、使用该标签进行标注的总标注人数。

当前标签对应博文是否为精选博文（Is_Refining）：判断该标签所属博文是否为精选的数据，如果是精选则赋值为1，不是精选则赋值为0。

当前标签对应博文的阅读次数（Freq_Read）：以该标签所属博文的阅读次数为基础，然后将其除以数据集中阅读次数的最大值，得到归一化结果。

当前标签对应博文的推荐数（Freq_Recommended）：以该标签所属博文的推荐次数为基础，然后将其除以数据集中推荐数的最大值，得到归一化结果。

当前标签对应博文的评论数（Freq_Commented）：该标签所属博文的评论数量。同时将每个标签对应博文的评论数除以数据集中评论数最高的数据进行归一化处理。

使用该标签进行标注的总标注次数（Freq_Tagged）：本实验中，通过博文的 URL 链接获取发表该博文的用户 ID,计算出某一标签在科学网博文数据中总标注次数，然后将其除以数据集中总标注次数最大值，得到归一化结果。

使用该标签进行标注的总标注人数（Freq_TaggedUser）：本实验中，通过博文 URL 获取发表该博文的用户 ID，计算出标签的总标注人数。因为某一标签可能被同一个作者标注多次，所以 Freq_Tagged 计算的是标签总的标注次数，Freq_TaggedUser 计算的是标签被不同作者使用的次数，将该值除以数据集中总标注人数的最大值，得到归一化结果。

2. 社会化标签质量评估模型的建立与选择

1）社会化标签质量评估模型的建立

社会化标签的质量自动评估研究是针对每一个标签，依据该标签的各种属性值，利用质量评估模型对该标签的质量得分做出评估（或预测）。社会化标签质量评估模型的建立过程如下：给定社会化标签质量评估的初始数据集，在预处理的基础上进行各标签的属性值计算，得到数据集的量化表示形式；然后将朴素贝叶斯、支持向量机及多元回归分析等统计模型作为候选的标签质量自动评估模型，通过 N 折交叉验证方法对数据集进行测试，综合考虑各质量类别标签预测的正确率 P 值和召回率 R 值（调和平均值 F_1），并计算所有类的各评估指标的宏平均值，将 F_1 最高的模型作为最终用于预测标签质量的标签质量评估模型。其中宏平均正确率、宏平均召回率及宏平均 F_1 值计算公式分别如式（3-5）、式（3-6）、式（3-7）所示。

$$宏平均正确率：Macro P = \frac{\sum_{i=1}^{C} P_i}{C} \tag{3-5}$$

$$宏平均召回率：Macro R = \frac{\sum_{i=1}^{C} R_i}{C} \tag{3-6}$$

$$宏平均 F_1：Macro F_1 = \frac{Macro P \times Macro R \times 2}{Macro P + Macro R} \tag{3-7}$$

其中，C 表示所有类别的数目。

2）社会化标签质量评估模型的选择

将社会化标签质量自动评估视为分类问题，将标签质量打分结果，即 1、2、3、4、5 分分别视为标签质量的 1 分类别、2 分类别、3 分类别、4 分类别、5 分类别。

本节分别利用多元回归、朴素贝叶斯和支持向量机三种评估模型预测各个标签的质量类别。多元回归模型是通过对两个或两个以上的自变量与一个因变量的相关分析，建立预测模型从而进行预测的方法。在现实问题研究中，因变量的变化往往受几个重要因素的影响，此时就需要用两个或两个以上的影响因素作为自变量来解释因变量的变化[107]。本节利用标签各个属性维度作为自变量对标签质量因变量进行预测。朴素贝叶斯分类器的分类原理是通过某对象的先验概率，利用贝叶斯公式计算出其后验概率，即该对象属于某一类的概率，选择具有最大后验概率的类作为该对象所属的类[107]。支持向量机分类器利用核函数将输入的空间变换到一个高维特征空间，然后在这个空间构造一个或多个超平面，并且找到分类效果最佳的超平面，即使得属于两个不同类的数据点间隔最大的那个面[108]。支持向量机分类器中比较常用的核函数包括线性核函数、多项式核函数、径向基核函数、Sigmoid 核函数等。

3.3.3　实验与结果分析

1. 实验数据概述

本节选择科学网博客作为实验数据，数据采集日期截至 2013 年 8 月 25 日。科学网博客给出了博文的系统分类目录，包括"博客新闻"、"观点评述"、"海外观察"、"教学心得"、"科普集锦"、"科研笔记"、"论文交流"、"人文社科"、"人物纪事"、"生活其他"、"诗词雅集"及"图片百科"等十二个类别。本次实验从采集到的博文中随机抽取 2000 个标签及其对应的 705 篇博文（涉及 403 个博客用户）作为标签质量评估数据源。在实验中，将这 2000 个标签进行特征计算与质量打分，最终得到标签评估数据集。利用该数据集，依据十折交叉验证结果并比较不同评估模型的性能，即首先将 2000 个标签平均分成 10 组（每组 200 个标签），每次取其中 1 组作为测试集，其他 9 组作为训练集，接着利用评估模型得到 10 次试验结果，取 10 次结果的平均值作为该模型的最终测试结果。

2. 三种标签质量评估模型自动评估结果

1）多元回归预测结果

本节使用上述提出的与标签质量相关的属性作为自变量，将标签质量作为因变量，利用多元线性回归模型测量词性、词长、熵值、是否为主题词、是否为命名实体、首次出现位置、题目中是否包含、词频、逆文档频率、术语度、是否为精选、阅读次数、当前推荐数、评论数、总标注次数、总标注人数对标签质量的影响，并对各标签的质量进行预测。表 3-15 为该标签质量评估模型方差分析表，可以看到该回归模型的显著性检验 F 值为 47.874，显著性概率为 0.000，表明多元线性回归模型显著[109]。表 3-16 为标签质量与各维度属性的回归系数与显著性分析结果，可以看出除词频、是否为主题词、是否为命名实体、总标注人数、是否为精选和评论数维度没有通过显著性检验外，其余维度均通过显著性检验（$p < 0.05$）。

根据"标准系数绝对值越大对因变量影响程度越大"的原则，可以看出，熵值对标签质量影响程度最大，词频和是否为命名实体对标签质量影响程度最小。

表 3-15　标签质量评估模型方差分析

模型	平方和	均方	F	显著性
回归	879.636	54.977		
残差	2277.203	1.148	47.874	0.000***
总计	3156.839			

***在 0.001 水平上显著

表 3-16　标签质量与各维度属性的回归系数与显著性分析结果

模型	非标准化系数		标准系数试用版	t	显著性
	B	标准误差			
常量	62.474	15.281		4.088	0.000
At_Title	0.998	0.053	0.395	18.949	0.000
TF	0.038	0.063	0.012	0.606	0.545
IDF	−62.539	15.256	−0.470	−4.099	0.000
Len	1.674	0.229	0.157	7.299	0.000
Pos_First	−0.484	0.107	−0.089	−4.536	0.000
Is_Thesaurus	−0.062	0.056	−0.024	−1.105	0.269
Is_Entity	0.045	0.073	0.012	0.626	0.531
Entropy	−6.268	1.410	−0.569	−4.447	0.000
POS	1.064	0.184	0.114	5.778	0.000
Termhood	1.302	0.264	0.100	4.937	0.000
Freq_Tagged	−1.900	0.816	−0.156	−2.328	0.020
Freq_TaggedUser	0.880	0.503	0.109	1.752	0.080
Is_Refining	0.205	0.141	0.038	1.453	0.146
Freq_Read	1.216	0.389	0.096	3.122	0.002
Freq_Recommended	−0.814	0.319	−0.082	−2.550	0.011
Freq_Commented	−0.977	0.561	−0.063	−1.741	0.082

注："常量"为多元线性回归模型的常量系数

表 3-17 为利用上述单一特征作为自变量的多元逻辑回归分类实验结果。可以看出，特征"总标注次数"分类效果最好，MacroF_1 值最高，为 0.23，但是其不能对质量得分为 3、4 和 5 的类别进行分类。表 3-18 为部分不同特征组合多元逻辑回归分类实验结果，按照单一属性的表现，逐步增加特征数量，可以看出，在

逐步增加特征数量的过程中分类效果逐步提升，当利用总标注次数、题目是否包含该标签、词长、词频、阅读次数、总标注人数、术语度、首次出现位置、当前推荐数、评论数、是否为精选、是否为主题词、是否为命名实体这 13 个特征时分类的 $MacroF_1$ 值达到最高，为 0.37。

表 3-17　单一特征作为自变量的多元逻辑回归分类实验结果

序号	特征	正确率					召回率					F_1值					MacroP	MacroR	MacroF₁
		1	2	3	4	5	1	2	3	4	5	1	2	3	4	5			
(1)	POS	0.43	0.31	0	0	0	0.07	0.10	0	0	0	0.12	0.47	0.00	0.00	0.00	0.15	0.03	0.06
(2)	Len	0	0.32	0	0.14	0.24	0	0.95	0	0.02	0.08	0	0.47	0	0.03	0.12	0.14	0.21	0.17
(3)	Entropy	0	0.31	0	0	0	0	1	0	0	0	0	0.47	0	0	0	0.06	0.20	0.09
(4)	Is_Thesaurus	0	0.31	0	0	0	0	1	0	0	0	0	0.47	0	0	0	0.06	0.20	0.09
(5)	Is_Entity	0	0.31	0	0	0	0	1	0	0	0	0	0.47	0	0	0	0.06	0.20	0.09
(6)	Pos_First	0	0.31	0	0	0	0	1	0	0	0	0	0.47	0	0	0	0.06	0.20	0.09
(7)	At_Title	0	0.38	0	0	0.28	0	0.68	0	0	0.85	0	0.49	0	0	0.42	0.13	0.31	0.18
(8)	TF	0	0.32	0	0.14	0.21	0	0.92	0	0.04	0.07	0	0.47	0	0.07	0.10	0.13	0.21	0.16
(9)	IDF	0	0.31	0	0	0	0	1	0	0	0	0	0.47	0	0	0	0.06	0.20	0.09
(10)	Termhood	0	0.31	0	0	0	0	1	0	0	0	0	0.47	0	0	0	0.06	0.20	0.09
(11)	Is_Refining	0	0.31	0	0	0	0	1	0	0	0	0	0.47	0	0	0	0.06	0.20	0.09
(12)	Freq_Read	0	0.31	0.13	0	0	0	0.99	0	0	0	0	0.47	0	0	0	0.09	0.20	0.12
(13)	Freq_Recommended	0	0.31	0	0	0	0	1	0	0	0	0	0.47	0	0	0	0.06	0.20	0.09
(14)	Freq_Commented	0	0.31	0	0	0	0	1	0	0	0	0	0.47	0	0	0	0.06	0.20	0.09
(15)	Freq_Tagged	1	0.31	0	0	0	0.02	1	0	0	0	0.03	0.47	0	0	0	0.26	0.20	0.23
(16)	Freq_TaggedUser	0	0.31	0	0	0	0	1	0	0	0	0	0.47	0	0	0	0.06	0.20	0.09

表 3-18　部分不同特征组合多元逻辑回归分类实验结果

特征组合	正确率					召回率					F_1值					MacroP	MacroR	MacroF₁
	1	2	3	4	5	1	2	3	4	5	1	2	3	4	5			
(15)	1	0.31	0	0	0	0.02	1	0	0	0	0.03	0.47	0	0	0	0.26	0.20	0.23
(15), (7)	0.44	0.37	0	0.18	0.33	0.03	0.72	0	0.04	0.77	0.06	0.50	0	0.07	0.46	0.26	0.31	0.29
(15), (7), (2)	0.68	0.38	0	0.24	0.33	0.08	0.74	0	0.06	0.75	0.14	0.50	0	0.09	0.45	0.33	0.33	0.33
(15), (7), (2), (8)	0.7	0.38	0.17	0.23	0.36	0.09	0.75	0.01	0.08	0.74	0.15	0.51	0.02	0.12	0.48	0.37	0.33	0.35
(15), (7), (2), (8), (12)	0.72	0.38	0.19	0.23	0.36	0.10	0.74	0.02	0.08	0.72	0.17	0.50	0.04	0.11	0.48	0.38	0.33	0.35

续表

特征组合	正确率					召回率					F_1值					Macro$P$	Macro$R$	MacroF_1
	1	2	3	4	5	1	2	3	4	5	1	2	3	4	5			
(15),(7),(2),(8),(12),(16)	0.61	0.39	0.30	0.21	0.36	0.11	0.73	0.05	0.06	0.71	0.19	0.51	0.08	0.10	0.48	0.37	0.33	0.35
(15),(7),(2),(8),(12),(16),(10)	0.59	0.38	0.26	0.26	0.38	0.11	0.75	0.04	0.08	0.68	0.19	0.50	0.07	0.13	0.49	0.37	0.33	0.35
(15),(7),(2),(8),(12),(16),(10),(6)	0.61	0.38	0.27	0.26	0.39	0.11	0.77	0.04	0.09	0.64	0.18	0.51	0.07	0.13	0.49	0.38	0.33	0.35
(15),(7),(2),(8),(12),(16),(10),(6),(13)	0.57	0.38	0.27	0.27	0.40	0.11	0.77	0.05	0.10	0.64	0.18	0.51	0.08	0.14	0.49	0.38	0.33	0.35
(15),(7),(2),(8),(12),(16),(10),(6),(13),(14)	0.55	0.38	0.27	0.27	0.40	0.11	0.76	0.05	0.10	0.64	0.18	0.50	0.08	0.15	0.49	0.37	0.33	0.35
(15),(7),(2),(8),(12),(16),(10),(6),(13),(14),(11)	0.54	0.38	0.27	0.27	0.40	0.14	0.76	0.05	0.1	0.64	0.22	0.51	0.08	0.15	0.49	0.37	0.34	0.35
(15),(7),(2),(8),(12),(16),(10),(6),(13),(14),(11),(4)	0.57	0.38	0.28	0.26	0.40	0.14	0.76	0.05	0.10	0.63	0.23	0.50	0.08	0.15	0.49	0.38	0.34	0.36
(15),(7),(2),(8),(12),(16),(10),(6),(13),(14),(11),(4),(5)	0.57	0.39	0.25	0.28	0.43	0.19	0.74	0.06	0.15	0.61	0.28	0.51	0.1	0.20	0.50	0.38	0.35	0.37
(15),(7),(2),(8),(12),(16),(10),(6),(13),(14),(11),(4),(5),(2)	0.55	0.39	0.29	0.28	0.43	0.15	0.74	0.07	0.15	0.61	0.23	0.51	0.12	0.2	0.51	0.39	0.34	0.36

2）朴素贝叶斯分类算法预测结果

本部分利用朴素贝叶斯分类算法计算各特征及特征组合对标签质量预测的准确性。

由表3-19可以看出，"总标注次数"和"词性"单一特征分类效果最好，MacroF_1值为0.22，稍低于多元逻辑回归"总标注次数"分类的MacroF_1值。表3-20为部分不同特征组合朴素贝叶斯分类实验结果，利用总标注次数、词性、熵值、逆文档频率、是否在题目中出现、词频和词长达到了分类的MacroF_1最高值，为

0.25，小于多元回归预测结果；在逐渐增加特征的过程中，分类的宏平均正确率、宏平均召回率和宏平均 F_1 均减小，总体看出利用朴素贝叶斯进行标签质量评估的结果并不优于多元回归分析结果。

表 3-19　单一特征朴素贝叶斯分类实验结果

序号	特征	正确率					召回率					F_1 值					MacroP	MacroR	MacroF₁
		1	2	3	4	5	1	2	3	4	5	1	2	3	4	5			
(1)	POS	0.39	0.33	0.22	0.21	0	0.10	0.17	0.57	0.25	0	0.15	0.23	0.32	0.23	0	0.23	0.218	0.22
(2)	Len	0	0.32	0	0	0.25	0	0.95	0	0	0.11	0	0.47	0	0	0.16	0.114	0.212	0.15
(3)	Entropy	0.27	0.32	0	0.17	0.18	0.05	0.14	0	0.07	0.92	0.09	0.19	0	0.10	0.30	0.188	0.236	0.21
(4)	Is_Thesaurus	0	0.31	0	0	0	0	1	0	0	0	0	0.47	0	0	0	0.062	0.2	0.09
(5)	Is_Entity	0	0.31	0	0	0	0	1	0	0	0	0	0.47	0	0	0	0.062	0.2	0.09
(6)	Pos_First	0	0.31	0	0	0	0	1	0	0	0	0	0.47	0	0	0	0.062	0.2	0.09
(7)	At_Title	0	0.38	0	0	0.28	0	0.68	0	0	0.85	0	0.49	0	0	0.42	0.132	0.306	0.18
(8)	TF	0	0.31	0.21	0	0.24	0	0.66	0.31	0	0.02	0	0.42	0.25	0	0.04	0.152	0.198	0.17
(9)	IDF	0.19	0.32	0	0.19	0.17	0.02	0.11	0	0.05	0.94	0.04	0.17	0	0.08	0.28	0.174	0.224	0.20
(10)	Termhood	0.16	0.31	0	0	0	0.04	0.97	0	0	0	0.06	0.47	0	0	0	0.094	0.202	0.13
(11)	Is_Refining	0	0.31	0	0	0	0	1	0	0	0	0	0.47	0	0	0	0.062	0.2	0.09
(12)	Freq_Read	0	0.31	0	0	0	0	1	0	0	0	0	0.47	0	0	0	0.062	0.2	0.09
(13)	Freq_Recommended	0.14	0.31	0	0	0	0.03	0.97	0	0	0	0.04	0.47	0	0	0	0.09	0.2	0.12
(14)	Freq_Commented	0	0.30	0.11	0	0	0	0.95	0.01	0	0	0	0.46	0.02	0	0	0.082	0.192	0.11
(15)	Freq_Tagged	0.35	0.29	0.1	0.14	0.17	0.09	0.07	0	0.06	0.92	0.14	0.11	0	0.09	0.29	0.21	0.228	0.22
(16)	Freq_TaggedUser	0.16	0.35	0	0.14	0.18	0.05	0.24	0	0.02	0.21	0.08	0.28	0	0.04	0.15	0.166	0.104	0.13

表 3-20　部分不同特征组合朴素贝叶斯分类实验结果

特征组合	正确率					召回率					F_1 值					MacroP	MacroR	MacroF₁
	1	2	3	4	5	1	2	3	4	5	1	2	3	4	5			
(15), (1)	0.38	0.31	0.17	0.21	0.15	0.13	0.06	0.02	0.65	0.25	0.20	0.10	0.04	0.32	0.19	0.244	0.222	0.23
(15), (1), (3)	0.34	0.28	0.26	0.15	0.18	0.15	0.05	0.05	0.08	0.90	0.20	0.08	0.08	0.10	0.29	0.242	0.246	0.24
(15), (1), (3), (9)	0.33	0.30	0.24	0.17	0.17	0.15	0.04	0.05	0.06	0.91	0.20	0.08	0.08	0.09	0.29	0.242	0.242	0.24
(15), (1), (3), (9), (7)	0.35	0.30	0.24	0.15	0.17	0.15	0.05	0.04	0.07	0.92	0.21	0.09	0.07	0.09	0.29	0.242	0.246	0.24
(15), (1), (3), (9), (7), (8)	0.32	0.28	0.27	0.16	0.18	0.14	0.04	0.05	0.08	0.92	0.20	0.08	0.08	0.10	0.30	0.242	0.246	0.24

续表

特征组合	正确率					召回率					F_1 值					Macro$P$	Macro$R$	MacroF_1
	1	2	3	4	5	1	2	3	4	5	1	2	3	4	5			
(15), (1), (3), (9), (7), (8), (2)	0.33	0.29	0.27	0.17	0.19	0.15	0.05	0.06	0.11	0.90	0.20	0.08	0.09	0.13	0.31	0.25	0.254	0.25
(15), (1), (3), (9), (7), (8), (2), (16)	0.28	0.30	0.22	0.16	0.18	0.15	0.04	0.05	0.07	0.91	0.20	0.07	0.08	0.10	0.30	0.228	0.244	0.24
(15), (1), (3), (9), (7), (8), (2), (16), (10)	0.27	0.29	0.23	0.14	0.18	0.15	0.04	0.05	0.09	0.89	0.19	0.07	0.08	0.11	0.31	0.222	0.244	0.23

3）支持向量机分类算法预测结果

本节调用 LibSVM[①]工具，利用 SVM 分类算法计算各属性对标签质量预测的准确性，并将 SVM 分类算法的四种核函数（线性核函数、多项式核函数、径向基核函数、Sigmoid 核函数）模型的实验结果进行对比，并给出分类效果最好的核函数分类结果。对 SVM 分类模型进行十折交叉验证，结果如表 3-21 所示。

表 3-21　单一特征支持向量机分类实验结果

序号	特征	正确率					召回率					F_1 值					Macro$P$	Macro$R$	MacroF_1
		1	2	3	4	5	1	2	3	4	5	1	2	3	4	5			
(1)	POS	0.48	0.31	0	0	0	0.09	0.98	0	0	0	0.15	0.47	0	0	0	0.158	0.214	0.18
(2)	Len	0	0.31	0	0	0	0	1	0	0	0	0	0.47	0	0	0	0.062	0.2	0.09
(3)	Entropy	0	0.31	0	0	0	0	1	0	0	0	0	0.47	0	0	0	0.062	0.2	0.09
(4)	Is_Thesaurus	0	0.31	0	0	0	0	1	0	0	0	0	0.47	0	0	0	0.062	0.2	0.09
(5)	Is_Entity	0	0.31	0	0	0	0	1	0	0	0	0	0.47	0	0	0	0.062	0.2	0.09
(6)	Pos_First	0	0.31	0	0	0	0	1	0	0	0	0	0.47	0	0	0	0.062	0.2	0.09
(7)	At_Title	0	0.38	0	0	0.28	0	0.68	0	0	0.85	0	0.49	0	0	0.42	0.132	0.306	0.18
(8)	TF	0	0.31	0	0	0.23	0	0.99	0	0	0.02	0	0.50	0	0	0.04	0.108	0.202	0.14
(9)	IDF	0	0.31	0	0	0	0	1	0	0	0	0	0.47	0	0	0	0.062	0.2	0.09
(10)	Termhood	0	0.31	0	0	0	0	1	0	0	0	0	0.47	0	0	0	0.062	0.2	0.09
(11)	Is_Refining	0	0.31	0	0	0	0	1	0	0	0	0	0.47	0	0	0	0.062	0.2	0.09
(12)	Freq_Read	0	0.31	0.45	0	0	0	1	0	0	0	0	0.47	0	0	0	0.15	0.2	0.17
(13)	Freq_Recommended	0	0.31	0	0	0	0	1	0	0	0	0	0.47	0	0	0	0.062	0.2	0.09
(14)	Freq_Commented	0	0.31	0	0	0	0	1	0	0	0	0	0.47	0	0	0	0.062	0.2	0.09

① http://www.csie.ntu.edu.tw/~cjlin/libsvm/。

续表

序号	特征	正确率					召回率					F_1 值					MacroP	MacroR	MacroF₁
		1	2	3	4	5	1	2	3	4	5	1	2	3	4	5			
⑮	Freq_Tagged	0	0.31	0	0	0	0	1	0	0	0	0	0.47	0	0	0	0.062	0.2	0.09
⑯	Freq_TaggedUser	0	0.31	0	0	0	0	1	0	0	0	0	0.47	0	0	0	0.062	0.2	0.09

由表 3-21 可以看出，"题目中是否包含该标签"和"词性"此单一特征分类效果最好，MacroF₁ 值为 0.18，低于多元逻辑回归和朴素贝叶斯单一最高属性的分类效果。表 3-22 为部分不同特征组合支持向量机分类实验结果。当利用特征题目中是否包含、词性、词长、是否为主题词、总标注次数、总标注人数这 6 个属性时分类效果最优，MacroF₁ 值为 0.36，此数值是利用径向基核函数分类出的结果。因此对在上述 6 个属性上分类效果好的径向基核函数进行参数优化，参数优化过程主要是利用交互检验功能进行寻优，以获得对标签质量更高的分类效果。实验结果如表 3-23 所示。从表 3-23 可以看出，调整参数后的 SVM 模型的宏平均正确率、宏平均召回率和宏平均 F_1 均有所提升，MacroF₁ 值由 0.36 上升到 0.49，参数优化后的标签质量的预测能力有所提高。

表 3-22　部分不同特征组合支持向量机分类实验结果

特征组合	正确率					召回率					F_1 值					MacroP	MacroR	MacroF₁
	1	2	3	4	5	1	2	3	4	5	1	2	3	4	5			
(7)	0	0.38	0	0	0.28	0	0.68	0	0	0.85	0	0.49	0	0	0.42	0.132	0.306	0.18
(7)，(1)	0.44	0.38	0	0	0.29	0.04	0.69	0	0	0.83	0.08	0.49	0	0	0.43	0.222	0.312	0.26
(7)，(1)，⑫	1	0.38	0	0	0.29	0	0.70	0	0	0.83	0.01	0.49	0	0	0.42	0.334	0.306	0.32
(7)，(1)，(8)	0	0.38	0	0	0.29	0	0.7	0	0	0.83	0	0.49	0	0	0.43	0.134	0.306	0.19
(7)，(1)，(2)	0	0.37	0	0.25	0.34	0	0.81	0	0.03	0.69	0	0.51	0	0.06	0.46	0.192	0.306	0.24
(7)，(1)，(2)，(3)	0	0.38	0.2	0.2	0.32	0	0.76	0	0.01	0.80	0	0.51	0	0.02	0.45	0.22	0.314	0.26
(7)，(1)，(2)，(4)	0	0.37	0	0.33	0.36	0	0.85	0	0.05	0.66	0	0.52	0	0.09	0.46	0.212	0.312	0.25
(7)，(1)，(2)，(4)，(5)	0	0.36	0	0	0.36	0	0.86	0	0	0.66	0	0.51	0	0	0.46	0.144	0.304	0.20
(7)，(1)，(2)，(4)，(6)	0	0.36	0	0.19	0.36	0	0.85	0	0	0.66	0	0.51	0	0.01	0.46	0.182	0.302	0.23
(7)，(1)，(2)，(4)，(9)	0	0.36	0	0	0.36	0	0.86	0	0	0.66	0	0.51	0	0	0.46	0.144	0.304	0.20
(7)，(1)，(2)，(4)，⑩	0	0.36	0	0	0.36	0	0.86	0	0	0.66	0	0.51	0	0	0.46	0.144	0.304	0.20

续表

特征组合	正确率					召回率					F_1 值					MacroP	MacroR	MacroF₁
	1	2	3	4	5	1	2	3	4	5	1	2	3	4	5			
(7), (1), (2), (4), (11)	0	0.36	0	0.18	0.36	0	0.85	0	0.01	0.66	0	0.51	0	0.01	0.46	0.18	0.304	0.23
(7), (1), (2), (4), (13)	0	0.36	0	0.21	0.36	0	0.85	0	0.01	0.66	0	0.51	0	0.01	0.46	0.186	0.304	0.23
(7), (1), (2), (4), (14)	0	0.36	0	0.23	0.36	0	0.85	0	0.01	0.66	0	0.51	0	0.01	0.46	0.19	0.304	0.23
(7), (1), (2), (4), (15)	0.88	0.36	0	0.3	0.36	0.03	0.85	0	0.01	0.66	0.06	0.51	0	0.02	0.46	0.38	0.31	0.34
(7), (1), (2), (4), (16)	0	0.37	0	0.32	0.36	0	0.84	0	0.05	0.66	0	0.52	0	0.09	0.46	0.21	0.31	0.25
(7), (1), (2), (4), (15), (16)	1	0.38	0	0.29	0.36	0.04	0.80	0	0.1	0.66	0.08	0.51	0	0.15	0.46	0.406	0.32	0.36
(7), (1), (2), (4), (15), (16)(14)	1	0.38	0	0.28	0.36	0.02	0.77	0	0.12	0.66	0.03	0.51	0	0.17	0.46	0.404	0.314	0.35
(7), (1), (2), (4), (15), (16), (14), (13)	1	0.38	0	0.27	0.36	0	0.73	0	0.20	0.65	0.01	0.50	0	0.23	0.47	0.402	0.316	0.35

表 3-23　优化后结果对比

核函数类型	正确率					召回率					F_1 值					MacroP	MacroR	MacroF₁
	1	2	3	4	5	1	2	3	4	5	1	2	3	4	5			
RBF 核函数	1	0.38	0	0.29	0.36	0.04	0.80	0	0.1	0.66	0.08	0.51	0	0.15	0.46	0.406	0.32	0.36
RBF 核函数优化	0.85	0.46	0.50	0.44	0.58	0.24	0.83	0.23	0.30	0.59	0.37	0.59	0.32	0.36	0.58	0.566	0.438	0.49

注：RBF: radial basis function

3. 三种标签质量评估模型自动评估结果对比分析

对上述多元回归分析、朴素贝叶斯、支持向量机这三种标签质量评估模型自动评估进行比较，结果如表 3-24 所示。可以看到，对多元回归分析需要使用较多的特征，包括标签内容属性特征与社会化属性特征，预测出的标签质量结果的宏平均 F_1 值为 0.37，处于三个模型效果的中间位置。利用朴素贝叶斯分类方法进行标签质量自动评估，是三个模型中效果最差的，宏平均 F_1 值仅为 0.25。对径向基函数核函数进行参数优化后的支持向量机分类算法进行标签质量自动评估，其宏平均 F_1 值达到 0.49，是三个模型中分类效果最好的，其也综合利用了标签的内容属性特征与社会化属性特征，从其各类别的 F_1 值也可以看出，其对各类的分类效果也均高于另外两个模型。综合以上分析可以得出，利用参数优化后的 SVM，结合标签的内容属性特征与社会化属性特征进行标签质量评估的结果明显优于多元回归分析和朴素贝叶斯分析结果。

表 3-24　三种标签质量评估模型自动评估结果对比分析

评估模型	使用的评估特征	F_1					MacroP	MacroR	MacroF₁
		1	2	3	4	5			
多元回归分析	总标注次数、题目是否包含该标签、词长、词频、阅读次数、总标注人数、术语度、首次出现位置、当前推荐数、评论数、是否为精选、是否为主题词、是否为命名实体	0.28	0.51	0.1	0.20	0.50	0.38	0.35	0.37
朴素贝叶斯	总标注次数、词性、熵值、逆文档频率、是否在题目中出现、词频、词长	0.20	0.08	0.09	0.13	0.31	0.25	0.254	0.25
支持向量机	题目中是否包含、词性、词长、是否为主题词、总标注次数、总标注人数	0.37	0.59	0.32	0.36	0.58	0.566	0.438	0.49

3.3.4　小结

　　本节以科学网标签数据作为研究对象，结合标签内容属性与社会化属性，建立标签质量评估数据集，接着利用有效的标签质量评估维度，将多元回归、朴素贝叶斯和支持向量机这三种质量评估模型进行对比。结果显示，结合标签的内容属性特征和社会化属性特征，经过参数优化的支持向量机标签质量评估模型评估结果明显优于多元回归和朴素贝叶斯评估结果。

　　本节使用的标签数据是科学网博文的标签数据，社会化功能还不够完善，一些社会化属性并不能有效地提高社会化标签自动分类效果，导致即使是效果最佳的支持向量机模型的 F_1 值仅仅为 0.49，因此下一步拟采用社会化属性程度更高的标签数据作为研究对象，如图书标注网站 LibraryThing、文献标注网站 CiteULike 的数据进行更为广义领域的标签质量评估，同时扩充测评数据集的规模和种类，采用更为丰富的数据对不同类型的标注对象，如图书、图片、视频、音乐等，分别进行社会化标签质量自动评估研究。此外，下一步工作还包括：在计算标签的属性时，针对不同类型的标注对象，引入更多的标签属性，并优化标签属性的计算过程，如在进行标签的词性判断时，对在博文正文中出现的标签，直接依据其在正文中的上下文进行词性标注等。

3.4 中英文图片标签质量差异比较研究——以 Flickr 为例[①]

3.4.1 基本思路与关键步骤概述

1. 基本思路

如图 3-8 所示,本节首先在 Flickr 中采集中文和英文图片标签,并从中随机选取部分数据作为评估数据源;其次,设计图片标签分类体系与图片标签质量打分表;再次,开发"Flickr 图片标签质量评测系统",邀请志愿者对图片标签类型进行评断与选择,依据标签质量打分表对图片标签质量进行打分;最后,得到标签质量和标签分类数据集,从而对中英文图片标签差异进行统计分析。

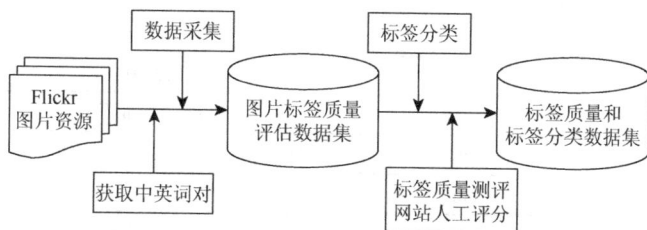

图 3-8 中英文图片标签质量比较分析思路图

2. 标签质量测评数据来源

从"广义知网知识本体架构线上浏览系统"(E-HowNet[②])上采集中英词对,因为数据量较大,只采集"动物"和"植物"两个分类下的单词,得到 4094 对中英词对,这样就保证了每个中文单词都有相应的英文单词对应。对原始词对经过去重等处理后得到 3327 个英文单词、2351 个中文单词。以采集到的中英文单词为检索词查询图片,从 Flickr 图片网站上抓取和图片相关的标题、描述、标签、作者、入会时间、时间、地点、相机型号等信息。在采集时,设置每个查询式所采集的图片数量上限为 10 000。数据采集工作完成后,对数据进行优化处理以满足实验要求,删除采集过程失效或错误的数据,同时利用数据库删除没有标签的记录。经过这些操作后,得到有效的符合系统要求的图片标签质量评估数据集,

---

① 本节主要内容已发表于:章成志,赵华,李蕾,等. 中英文图片标签质量差异比较研究——以 Flickr 为例. 情报理论与实践, 2018, 41(4): 123-127。

② http://ehownet.iis.sinica.edu.tw/index.php, 获取日期: 2014 年 7 月 1 日。

共有 490 068 条图片，中英文图片分别为 128 796 条、361 272 条，包含 400 万余条标签数据。

3. 图片标签类型与质量的判定

本节综合前人的标签划分标准，将图片标签分为两个大类：主题相关大类、主题无关大类。主题相关大类可以进一步细分为资源相关标签与内容相关标签，主题无关大类可进一步细分为主观情感标签、自我组织标签及垃圾标签等三个类别。图片标签类型的具体描述如表 3-25 所示。本节依据图片标签与标注资源的相关程度，制定了图片标签质量打分规则，具体说明如表 3-26 所示。

表 3-25　图片标签类型描述

标签类型			描述
主题相关	资源相关（外围信息）	发布者	标注图片的发布者
		时间	标注图片的拍摄时间
		地点	标注图片的拍摄地点
		来源	标注图片的来源
		拍摄设备	标注图片的拍摄设备
	内容相关（内部信息）	物体	与图片内容相关的物体，如身体部位、衣服
		人物	与图片内容相关的人物
		颜色	与图片内容相关的颜色、颜色值
		视觉元素	与图片内容相关的视觉元素，如构图、形状、纹理
		描述性信息	与图片内容相关的描述性词语，如部分形容词
		艺术历史类信息	与图片内容相关的艺术历史类信息，如艺术家、表现手法、风格、类型
		抽象概念	与图片相关的抽象的，如气氛、状态、象征性方面、主题等词语
		内容	与图片内容相关的活动、事件、环境等
主题无关	主观情感标签		用户对标注图片的主观感觉
	自我组织标签		用户用于自身特定需要的标注信息
	垃圾标签		无意义的词语或广告信息

表 3-26　标签质量打分描述

标签质量	说明
1	标签与标注图片完全无关，没有描述图片的任何信息
2	标签与标注图片相关度较小，描述图片少量外围相关信息
3	标签与标注图片部分相关，描述图片部分信息
4	标签与标注图片基本相关，但是并不能准确反映主题
5	标签与标注图片完全相关，描述的就是图片信息，完全反映主题

3.4.2　中英文图片标签质量评估结果分析

1. 测评数据概述

本节开发中英文图片标签质量测评网站，邀请两名志愿者分别登录网站进行标注，对相同的中英文图片进行标签类型选择和标签质量评分，对于两名志愿者标签类型及标签质量得分不同的标签，由第三名志愿者参考两名志愿者的标注结果决定该标签的类型及质量得分。共对 4531 个 Flickr 图片标签进行了标签类型的选择和标签质量评分，其中有 2351 个中文标签、2180 个英文标签，具体情况如表 3-27 所示。

表 3-27　标签类型统计

标签类型	中文标签	英文标签	中英文标签
内容相关	1309（55.68%）	1357（62.25%）	2666（58.84%）
其他类型	1042（44.32%）	823（37.75%）	1865（41.16%）
总计	2351（100.00%）	2180（100.00%）	4531（100.00%）

2. 测评结果分析

对两名志愿者标签类型的标注结果进行一致性程度计算，得到 Kappa 值为 0.56，说明两名志愿者的标签类型标注结果取得了比较满意的一致性，实验结果可靠。

首先对评价结果的标签类型进行统计，结果如表 3-27 和表 3-28 所示。表 3-27 是对内容相关（打分的标签类型）和其他类型标签（不打分的标签类型）数量的统计说明，表 3-28 是对所有类型标签的统计。

表 3-28　标签类型判定结果分布表

标签类型			中文标签	英文标签
主题相关	资源相关（外围信息）	发布者	0.89%	2.48%
		时间	2.00%	1.74%
		地点	27.90%	9.54%
		来源	0.94%	1.47%
		拍摄设备	4.34%	3.90%
	内容相关（内部信息）	物体	37.73%	32.11%
		人物	3.74%	3.30%

续表

标签类型			中文标签	英文标签
主题相关	内容相关 （内部信息）	颜色	0.34%	2.94%
		视觉元素	1.23%	2.84%
		描述性信息	2.81%	8.35%
		艺术历史类信息	1.49%	3.90%
		抽象概念	3.23%	4.59%
		内容	5.10%	4.22%
主题无关	主观情感标签		0.09%	2.66%
	自我组织标签		1.36%	5.18%
	垃圾标签		6.81%	10.78%

从表 3-27 和表 3-28 的结果可以得到如下结论。

（1）中英文标签类型中，内容相关类型的标签占了大部分，说明用户主要标注内容相关方面的图片信息。

（2）中英文标签中，物体类型的标签所占的比例都是最大，说明用户最喜欢标注图片物体方面的属性，可能与用户喜欢上传物体类型的图片有关。

（3）中文标签主要集中分布在物体和地点两个类型，且分别高达 37.73% 和 27.90%，发布者类型、来源类型、颜色类型、主观情感类型的中文标签各自占比不到 1%；英文标签主要分布在物体、地点和描述性类型标签，总计占 50.00%，其他类型的英文标签所占比例大部分分布在 2%~6%。由此可以得知，中英文标签分布存在较大差异，相比于中文标签，英文标签分布比较均匀。

（4）中文标签中有四种类型的标签所占的比例都不到 1%，英文标签中所有类型的标签所占的比例都高于 1%，且绝大部分类型的标签所占比例高于 2%。由此反映出，英文标签从更多方面、更全面地描述图片信息，中文标签的关注面则比较狭窄。

（5）除去垃圾标签，地点类型在中英文标签中所占比例都是排名第二，这与图片这种资源类型有关，因为用户在上传图片时，普遍会把地理信息标注出来。

（6）英文标签中的垃圾标签高于中文标签中的垃圾标签，可能是因为标签测评者是中文使用者，不太熟悉英文使用习惯，这样会导致少量英文标签被误归类为垃圾标签。中英文标签中都存在垃圾标签，说明标签质量评估是有必要的。

针对主题相关类别中的内容相关的标签，进行标签质量的统计分析，结果如表 3-29 所示。

表 3-29　图片标签质量标注结果分布表

标签质量	中文标签	英文标签
5	66.46%	58.07%
4	19.40%	25.20%
3	6.04%	11.13%
2	2.83%	3.54%
1	5.27%	2.06%

由表 3-29 可以得出以下结论。

（1）高质量（5 分）和低质量（1 分）的中文标签占比都高于英文标签，说明中文标签容易产生更多的高质量和低质量标签。

（2）描述内容的标签中存在低质量标签。中文标签质量均值与标准差分别为 4.3896、1.0777，英文标签质量均值与标准差分别为 4.3368、0.9521，说明中文标签质量高于英文标签质量，但是中文标签的得分分布比较分散，英文标签的得分分布比较集中。

最后，对主题相关类别中内容相关的标签质量进行均值与方差分析，结果如表 3-30 所示。

表 3-30　图片标签类型质量均值及方差统计

标签类型	中文		英文	
	均值	标准差	均值	标准差
抽象概念	4.3553	0.8439	4.2200	0.8942
艺术历史类信息	4.4857	0.8179	4.7647	0.5700
颜色	4.8750	0.3536	4.7813	0.4532
内容	4.4583	0.8686	3.6304	1.3069
描述性信息	4.4242	0.6339	4.2747	0.8677
物体	4.4014	1.1458	4.4643	0.8741
人物	4.1818	1.0886	4.3194	0.6885
视觉元素	4.1379	1.3555	3.2903	1.2465
总计	4.3896	1.0777	4.3368	0.9521

由表 3-30 的结果可以得出以下结论。

（1）中文标签得分均值略高于英文标签得分均值，英文标签得分标准差低于中文标签得分标准差，表明中文标签质量略高于英文标签质量，但是中文标签质量分布离散度较高，英文标签质量分布相对比较集中。

（2）抽象概念、颜色、内容和描述性信息类型的中文标签有着较高的质量得分均值和较低的标准差，且这几种类型中文标签的质量高于英文标签，且中文标签质量分布离散度较低。

（3）艺术历史类信息、物体类型和人物类型的英文标签质量得分均值高于中文标签，且标准差低于中文标签，表明与中文标签相比，这三种类型的英文标签质量得分比较集中地分布在较高的质量得分附近，说明英文标签用户能更准确地揭示图片的艺术历史类信息、物体类型和人物方面的特征。

（4）视觉元素类型的中文标签质量得分均值和标准差都较高，表明虽然视觉元素类型的中文标签质量高，但是标签质量的分布离散度也高。

3.4.3　讨论与应用

以上对 Flickr 中英标签类型及标签质量进行了定量和定性分析，具有重要的理论及应用价值。

标签多语言特性研究丰富了社会化标签的研究内容。本节对 Flickr 中英文标签进行了对比研究，发现中英文 Flickr 图片标签存在差异。通过研究图片的不同语种标签标注的差异，有针对性地对不同语种图片网站用户推荐合适的标签，并为不同语种用户提供更有针对性的图片检索结果。同时，其对多语言标签标注系统用户界面的设计有着重要的应用价值。很多情况下，多语言中的社会化标签被视为噪声，但是是一个好的设计利用这些多语言标签来丰富用户获取图片的途径[21]。此外，通过设计个性化的用户标注界面，多语言用户能够以各种语言输入标签，这将极大丰富多语言的图片资源。

图片标签分类体系对图片分类有着重要的理论价值。本节的图片标签体系是将 Jörgensen 提出的图像 12 属性分类法与 Xu 和 Fu 等提出的标签分类系统相结合，添加了"垃圾标签"类别，每个标签同时归属于大类别与小类别，可对标签进行不同粒度的分析，这对其他图片标签系统具有借鉴意义。标签类型的划分对搜索功能的设计有着重要的应用价值。对标签类型的分布统计及标签质量的结果分析，有助于搜索界面的开发，例如，增加按照人物、物体或者情感查找图片，能够反映用户在标注图片时对图片的理解；完善搜索工具呈现给用户的方式，如输入提示（热门类别的标签），为更多热门类别提示标签，有助于用户了解他们要查找的词语[110]。

Chung 和 Yoon 研究发现，与图片用户查询词相比，Flickr 标签有着自己的特色，尽管图片标签有助于开发以用户为中心的标引系统，但是这个发现表明图片标签不能被普遍应用到其他图片集[111]。当把用户产生的标签应用到以用户为中心的索引系统时，要考虑系统的功能和用户标签的任务，而不只是取决于标签分析得到的统计特点。所以本节研究存在一定的局限性，未来会对更大规模不同平台上的图片标签进行更加深入的分析与研究，找出图片标注的普适性特点。

3.4.4　小结

现有的标签质量评估大都针对单语种标签，尚缺乏关于多语种的标签质量量化分析的研究。标签质量的评估，应该根据不同语言用户对不同标签类型的要求，提高标签质量评估的正确率。本书作者开发图片标签质量测评网站，邀请志愿者判定图片标签类型与质量，发现中英文标签类型分布存在较大差异。相比于中文标签，英文标签类型分布比较均匀；中文标签质量略高于英文标签质量，但是中文标签质量分布比较分散，英文标签质量分布相对比较集中，不同的资源类型普遍存在低质量标签。

本节以 Flickr 网站的图片为例，进行标签类型划分与质量评估研究，还可以针对其他同类的图片标注网站进行研究。另外，本节只是对图片网站的图片标签进行分类、打分，今后，还可以针对不同种类的资源的标签进行人工评价，包括图书、博文、视频等，对不同标签类型进行比较和分析，进而了解不同资源的标签类型的异同，有区别地进行标签质量的评估。优化标签分类标准，可为标签质量评估的后续研究提供数据支持。

3.5　中英译本图书社会化标签的比较研究[①]

3.5.1　实验数据采集与处理

1. 实验概述

本节利用几个大标签系统站点及图书馆 MARC 主题词获得图书标签数据，据此获得图书标签的平均长度、个数及各站点数据之间的重合度。主要步骤为实验数据采集、实验数据预处理及实验结果分析。其中实验数据获取包括采集概述及采集内容；实验数据预处理主要为实验前数据处理；实验结果分析主要分析实验结果，并将结构进行比较研究。

2. 实验数据采集

在采集实验数据时，对以下几点进行控制：①图书获取。豆瓣读书根据标

---

① 本节主要内容发表于：卢超，章成志. 中英译本图书社会化标签的比较研究. 图书情报工作，2013，57（23）：17-23。

签的热点将图书分为六大类目。本节按照这种分类标准，在每个类目下随机抽取 200 本图书，共计图书 1200 本。②数据来源。本节所采集的标签和 MARC 主题词均来自豆瓣读书、中国国家图书馆、美国国会图书馆、网站 Amazon 和 LibraryThing，当某本图书在中国国家图书馆没有 MARC 记录时，允许利用上海图书馆 MARC 主题词替代中国国家图书馆 MARC 主题词。为了控制标签的数量和质量，在 LibraryThing 上只采集 "show number" 功能下的默认标签。③数据有效性。一方面，同语言下图书信息需完全一致；不同语言之间，图书只存在译本的差异。另一方面，每条记录必须包含所有要获得的字段值，否则认定该记录无效。④采集时间。本节研究数据采集的时间段为 2013 年 4 月 1 日 00：00～4 月 15 日 24：00。

利用从豆瓣读书获取的图书题名进行检索，找到五大网站上的相关数据。一条有效的图书标签记录必须包含：中文题名、英文题名、豆瓣读书标签及链接、中国国家图书馆 MARC 主题词及链接、美国国会图书馆 MARC 主题词及链接、Amazon 标签及链接、LibraryThing 标签及链接。

3. 实验数据预处理

实验前需要对数据进行标准化，具体的数据预处理包括标签长度、个数、重合度等方面。

1）标签长度、个数实验数据预处理

每条记录中，每个标签和每个主题词之间都用 "*" 相间。其中，计算标签和主题词长度时，汉字字符长 2 个字节，其他字符长 1 个字节，分别计算五个站点 1200 条记录的长度和个数，并统计结果。

2）标签重合度实验数据预处理

重合度实验前，将标签按频次降序排列，同频次按字母顺序升序排列；将 MARC 主题词中的复合词进行切割去重；再将标签和主题词标准化。计算重合度时，将标签按照排名依次取 Top5、Top10、Top15、Top20 和 All（总数）标签共五层分别计算重合度。计算重合度的方法有很多，如向量余弦值、D 系数、TF*IDF，以及 Jaccard 指标（Jaccard index）等方法。由于本节所采集的数据是以字段的形式存储，同时考虑计算过程的简便性，最终选择 Jaccard 指标计算每一本图书各站点间的重合度。其中 Jaccard 指标的计算公式如下：

$$\text{Jaccard}(X, Y) = \frac{|X \cap Y|}{|X \cup Y|} \tag{3-8}$$

其中，X, Y 分别表示某条记录中两标签集合；$|X \cap Y|$ 表示两集合共同标签个数，$|X \cup Y|$ 表示两集合所有互异标签个数，二者的比值为本节所指的重合度。例如，某条记录中豆瓣读书标签和中国国家图书馆的 MARC 主题词分别为："投资*股

票*彼得林奇*金融*理财*经济*彼得林奇*战胜华尔街"和"股票*证券投资*经验*美国",则二者全部标签的重合度为

$$\text{Jaccard}（豆瓣，国图）=\frac{|X \cap Y|}{|X \cup Y|}=1/(12-1)=0.090\ 91$$

总之,本节需要计算豆瓣读书-中国国家图书馆(以下简写为豆瓣-国图)、美国国会图书馆-Amazon(以下简写为国会图书馆-Amazon)、美国国会图书馆-LibraryThing(以下简写为国会图书馆-LibraryThing)、Amazon-LibraryThing 四组重合度,每组重合度包括整体重合度和分层重合度,并为每组重合度获取相关统计量。例如,若豆瓣读书和中国国家图书馆进行重合度实验,某本书只有 8 个豆瓣读书标签、3 个主题词,则只计算整体重合度;若豆瓣读书标签为 8 个,主题词为 10 个,则除了计算整体重合度以外,还要计算一次 Top5 的分层重合度;其他情况以此类推。

3.5.2　标签外部特征结果分析

1. 标签长度分析

本节对实验数据进行统计分析,结果如表 3-31 所示。从表 3-31 提供的数据来看,豆瓣读书标签的长度一般为 5～7 个字节,即为 2～3 个汉字长度,且标准差较小,可见豆瓣读书标签多以短词为主;中国国家图书馆的主题词一般为 15 个字节,即主题词的长度总体为 6～7 个汉字,并包含一些"-"字符,由于标准差较大,长度值波动较大;美国国会图书馆的英文字符长度总体在 20～25 个字节,但由于标准差最大,所以主题词长度波动最大;Amazon 的标签长度一般在 11～12 个字节,最大值为 92 个字节,差距较大,但标准差较小,可见异常值并不多,整体较为稳定;LibraryThing 的标签长度一般在 8～9 个字节,标准差和豆瓣读书相似,表明 LibraryThing 的标签长度也较为稳定。

表 3-31　各站点标签长度相关数据机器处理结果

项目 ＼ 站点	豆瓣读书	中国国家图书馆	美国国会图书馆	Amazon	LibraryThing
最小值	3	4	4	4.714 286	6
中值	6.25	15	23	11.333 33	9.066 667
众数	5.75	15	20	11	8.633 333
最大值	11.75	62	90	92	15.846 15
平均值	6.392 673	16.264 85	24.844 36	11.949 5	9.142 331
标准差	1.144 165	7.208 073	10.742 41	3.991 607	1.130 893

　　将图书根据豆瓣读书提供的分类信息分为六类，得到的实验结果如图 3-9 所示。总体来看，豆瓣读书和 LibraryThing 六个类目的长度的平均值和标准差的曲线都比较水平，波动并不大。中国国家图书馆和美国国会图书馆六个类目之间长度差异在均值和标准差方面都比较明显；但中国国家图书馆六个类目在均值方面的差异比美国国会图书馆大，而美国国会图书馆六个类目的标准差之间的差异明显小于中国国家图书馆。Amazon 六个类目的平均长度都比较接近，但标准差有较大差异。

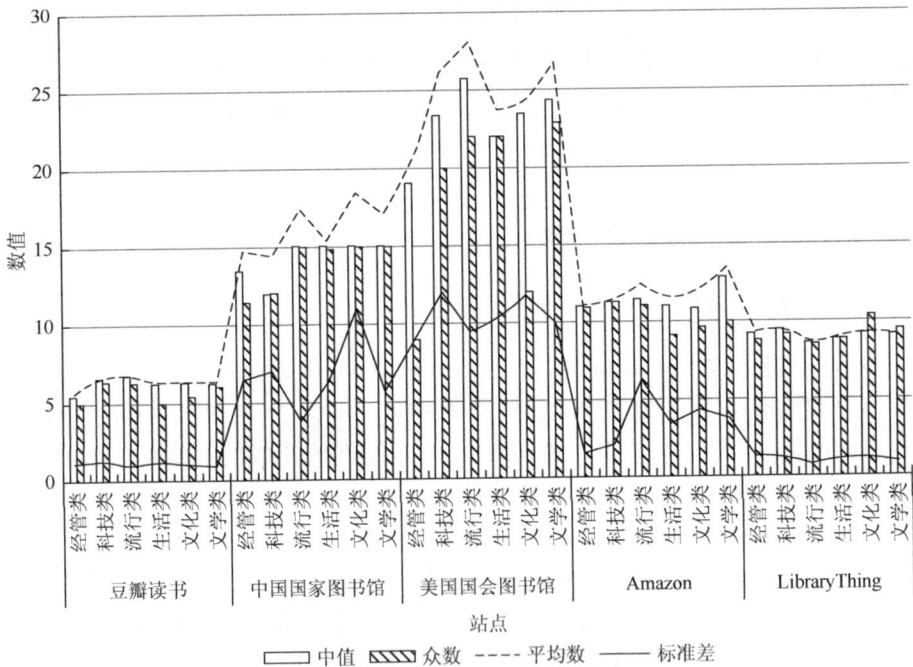

图 3-9　标签长度站点-类目组合图

2. 标签个数分析

标签个数统计结果如表 3-32 所示。

表 3-32　各站点标签数量相关数据机器处理结果

项目	站点				
	豆瓣读书	中国国家图书馆	美国国会图书馆	Amazon	LibraryThing
最小值	1	1	1	1	1
中值	8	2	3	12	30
众数	8	2	2	12	30

续表

项目	站点				
	豆瓣读书	中国国家图书馆	美国国会图书馆	Amazon	LibraryThing
最大值	13	7	14	17	365
平均值	7.912 5	2.138 333	2.992 5	10.26	29.33
标准差	0.709 646	1.023 101	1.914 985	3.124 719	12.974 9

表 3-32 显示，豆瓣读书的标签一般为 8 个，且标准差较小，可见豆瓣读书标签的数量形成了较为稳定的状态；中国国家图书馆和美国国会图书馆主题词的数量大体在 2～3 个，主题词数量的波动较小，其最大值分别为 7 和 14，显示存在主题词数量较多的个案；Amazon 的标签数一般在 10～12 个，标准差较大，但整体比较稳定；LibraryThing 的标签一般为 30 个，然而其最大值为 365，最小值为 1，标准差也较大，表明 LibraryThing 标签数量存在不稳定因素。但需要注意的是，豆瓣读书和 LibraryThing 所提供的标签个数都不是全部的用户标签，而是用户利用频次最高的前 8 位或前 30 位的标签。

从标准差显示的结果来看，标签系统中豆瓣读书的标准差最小，其次是中国国家图书馆，最大的是 LibraryThing。标签的平均个数可能也起到一定的放大作用。

各个站点标签和 MARC 主题词类目的分析方法和标签长度相似，先对每个站点的类目进行分析，然后将所有的结果汇总得到整体的组合图，具体情况如图 3-10 所示。

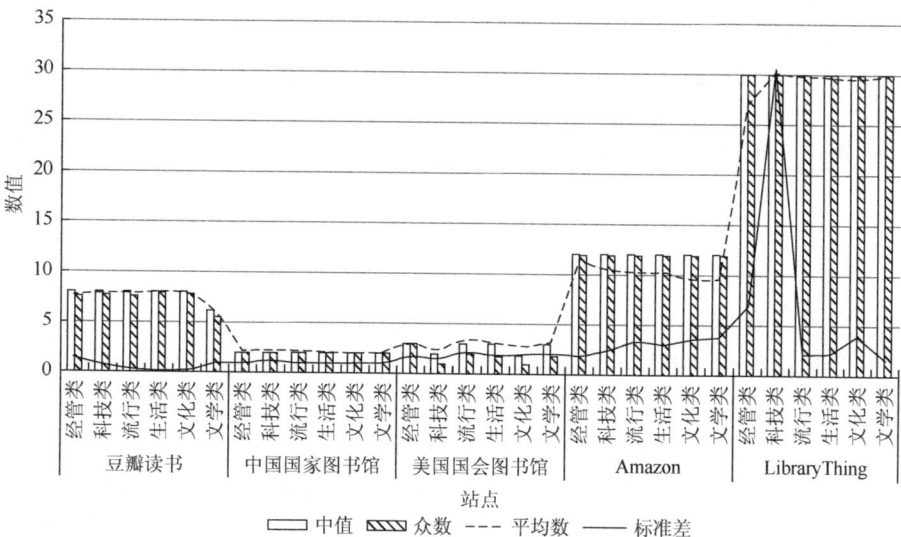

图 3-10　标签个数站点-类目组合图

从图 3-10 来看，五大站点标签的个数的均值、众数和中值都非常接近，并且标准差都比较低，每个类的标签个数在各个站点的表现都比较均匀。但具体到每一个站点，标准差也有明显的峰值出现，即 LibraryThing 里的科技类标准差的变化明显。因此，在标签个数方面，除了 LibraryThing 中科技类的标准差有巨大的差异外，五大站点的数据都比较平稳，没有太大的变化。

3.5.3　标签语义特征结果分析

1. 标签整体重合度分析

按照语言分类检测重合度，得到四组重合度数据：豆瓣-国图、国会图书馆-Amazon、国会图书馆-LibraryThing 及 Amazon-LibraryThing。实验中，按照标签的标引频次划成 Top5、Top10、Top15 及 All 四层测量，主题词取同权重。实验结果如表 3-33 所示。

表 3-33　各站点标签整体重合度分布情况表

区间	豆瓣-国图		国会图书馆-Amazon		国会图书馆-LibraryThing		Amazon-LibraryThing	
	平均值	计数	平均值	计数	平均值	计数	平均值	计数
0	0	432	0	567	0	194	0	74
(0, 0.1]	0.095 51	517	0.069 56	425	0.053 68	875	0.060 94	329
(0.1, 0.2]	0.141 52	207	0.142 02	175	0.133 46	131	0.145 16	636
(0.2, 0.3]	0.231 31	41	0.238 86	25	0	0	0.238 64	141
(0.3, 0.4]	0.347 22	3	0.317 95	5	0	0	0.321 49	20
(0.4, 1]	0	0	0.555 56	3	0	0	0	0
合计	0.074 33	1 200	0.053 03	1 200	0.053 71	1 200	0.127 04	1 200

表 3-33 显示了各站点所有标签重合度按照区间对 1200 条数据进行统计的结果。由表 3-33 可以看出，豆瓣-国图中文标签重合度多集中在[0, 0.1]，约占总数的 79.1%，平均重合度为 0.052 03；其中重合度为 0 的共 432 个，占[0, 0.1]的 45.5%，而另外的 517 条数据落在(0, 0.1]，平均重合度为 0.095 51。整体的平均值为 0.074 33。

总体标签相似度最高的站点为 Amazon 和 LibraryThing。这两者标签的重合度平均表现最好，且重合度分布的区间相对其他实验组也更加稳定和均匀。总体表现最差的实验组为美国国会图书馆和 Amazon 之间的重合度数据。这两者之间的平均重合度为 0.053 03，为四组数据中均值最低的一组；重合度为 0 的数据高达 567 个，占总体的 47.25%。

此外，作者认为：①四组的整体重合度数据除了 Amazon-LibraryThing 组都在 [0, 0.2]。这表明，各站点之间标签的总体相似度并不高。②重合度值为 0 的数据都比较多，这些特殊值的大量存在会严重影响标签相似度的整体表现。③标签和主题词之间的相似度十分不理想，这从前三组实验和最后一组实验的数据比较可以看出来。

2. 分层标签重合度分析

在分层标签的重合度实验中，本书按照标签标引的频次将标签降序排列，依据实验组中最小标签数进行 Top5、Top10、Top15、Top20 四个层次的重合度分析。如此可以利用标引频次使高质量的标签进行比较，改善实验数据的表现。

豆瓣-国图实验组只存在 Top5 的标签实验。实验显示，有效数据为 62 个，重合度平均值为 0.065 41；其中重合度为 0 的有 34 个，占 55%。

国会图书馆-Amazon 实验组存在 Top5 和 Top10 的实验结果。Top5 标签比较中，有效数据共 336 条，平均重合度为 0.043 07；其中重合度为 0 的有 232 个，占 69%。Top10 标签比较中，有效数据为 47 条，平均重合度为 0.043 42；其中重合度为 0 的有 16 个，占 34%。

国会图书馆-LibraryThing 的重合度的实验结果显示，Top5、Top10、Top15 及 Top20 的重合度的平均值分别为 0.089 48、0.083 59、0.085 57、0.081 08；重合度为 0 的个数分别为 124、8、0、0，分别占 33%、15%、0%、0%。

总体标签相似度最高的站点为 Amazon-LibraryThing。这两者标签的重合度平均表现最好，且重合度分布的区间也相对其他实验组更加稳定和均匀。总体表现最差的实验组为国会图书馆-Amazon 的重合度数据。这两者之间的平均重合度为 0.053 03，为四组数据中均值最低的一组；重合度为 0 的数据高达 7.25%。

Amazon-LibraryThing 标签重合度实验指出，Top5、Top10 的重合度的平均值分别为 0.190 32、0.194 75；重合度为 0 的个数分别为 168、36，分别占 16%、4%。

将得到的各层的标签重合度的均值制成图，在某组数据缺损时，利用整体重合度的数据填充，得到图 3-11。

根据图 3-11，不管是分层还是整体的重合度计算，Amazon-LibraryThing 的重合度表现都是最好的，且在每个阶段的表现均最佳；国会图书馆-Amazon 标签的重合度的平均表现仍是最差的。纵观全图，一般标签的数量越少，重合度的表现也越好，这和标签的标引频次有关，即标引的频次越高，标签的质量相对越高。

3. 不同类别的标签重合度比较分析

在整体重合度分析和分层重合度分析之后，将标签重合度再进行类目分析。类目分析按照两个方面展开：统计六个类目下各组重合度实验的有效数据个数；

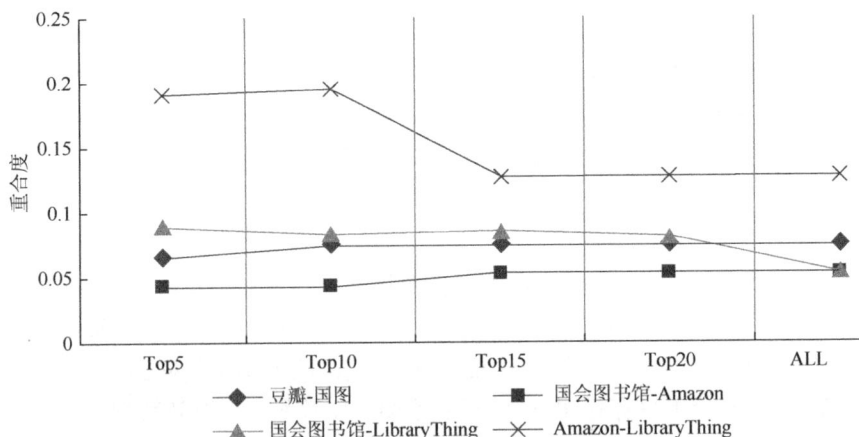

图 3-11   各组重合度均值折线图

统计六个类目下各组重合度实验的平均值。有效数据反映重合度实验中两站点标签的最小个数状况；均值反映重合度在数值上的整体表现。

1）有效数据分析

表 3-34～表 3-37 展示了各大站点六类目有效数据的统计情况。图 3-12 展示了各站点六个类目有效数据的统计情况。豆瓣和国图的有效数据仅出现在 Top5 和 All 两层，且 Top5 层只有文学类有效数据超过总数的 10%，其他类目数据很少；国会图书馆和 Amazon 重合度数据出现在 Top5、Top10 和 All 三层，Top5 层流行类有效数据最多，科技类最少，Top10 层数据量明显减少，最多的仍是流行类，为 13 个；国会图书馆和 LibraryThing 的重合度有效数据表中，经管类的数据出现在所有层级中，其他类目集中在 Top5、Top10 和 All 三层，有效数据最多的是流行类，其次是生活类；Amazon 和 LibraryThing 的统计表中，数据集中在 Top5、Top10 及 All 三层，且六个类目的数据量在 Top5 中均超过总数的 85%，Top10 的有效数据也超过 60%，有效数据在各个类目之间的差异并不明显。

表 3-34   豆瓣-国图重合度实验各类目有效数据个数统计表

	经管类	科技类	流行类	生活类	文化类	文学类
Top5	4	6	3	9	19	24
Top10	0	0	0	0	0	0
Top15	0	0	0	0	0	0
Top20	0	0	0	0	0	0
总数	200	200	200	200	200	200

表 3-35　国会图书馆-Amazon 重合度实验各类目有效数据个数统计表

	经管类	科技类	流行类	生活类	文化类	文学类
Top5	42	37	83	66	48	60
Top10	2	4	13	11	11	6
Top15	0	0	0	0	0	0
Top20	0	0	0	0	0	0
总数	200	200	200	200	200	200

表 3-36　国会图书馆-LibraryThing 重合度实验各类目有效数据个数统计表

	经管类	科技类	流行类	生活类	文化类	文学类
Top5	43	36	94	75	55	72
Top10	2	5	15	14	12	7
Top15	1	0	0	1	1	0
Top20	1	0	0	0	0	0
总数	200	200	200	200	200	200

表 3-37　Amazon-LibraryThing 重合度实验各类目有效数据个数统计表

	经管类	科技类	流行类	生活类	文化类	文学类
Top5	187	187	172	178	169	164
Top10	160	139	149	146	126	131
Top15	0	0	0	0	0	0
Top20	0	0	0	0	0	0
总数	200	200	200	200	200	200

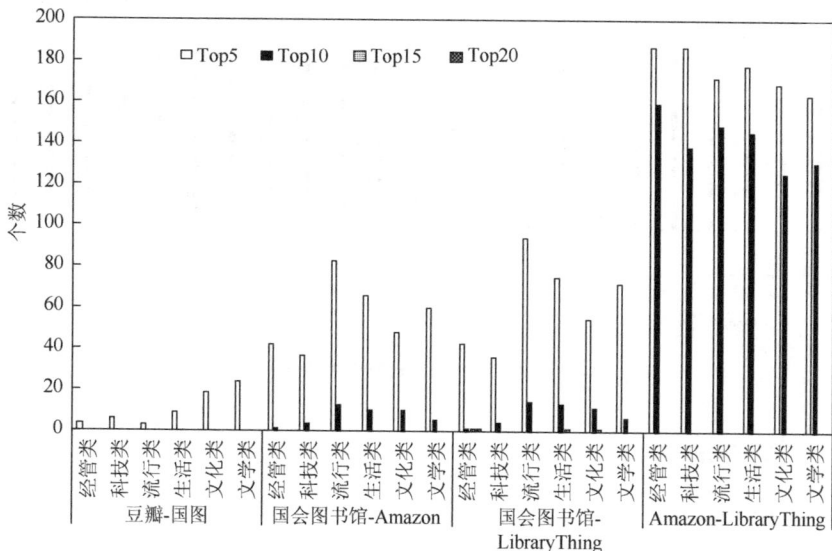

图 3-12　各站点六个类目有效数据的统计情况

2）重合度均值分析

将得到的有效数据进行汇总计算得到四组重合度实验六个类目的均值，按照实验组别记录，如图 3-13 所示：豆瓣和国家图书馆的重合度实验中，Top5 重合度均值最高的是文化类，最低的是科技类和流行类；整体重合度实验中，流行类的重合度最高，科技类最低。国会图书馆和 Amazon 的重合度实验中，Top5 重合度均值最高的是科技类，最低的是流行类；Top10 重合度均值最高的是流行类，最低的是生活类；整体重合度，最高的是科技类，最低的是生活类。国会图书馆与 LibraryThing 的重合度实验中，Top5 均值最高的是流行类，最低的是经管类；Top10 均值最高的是流行类，科技类最低；Top15 只有三组数据，最高的是生活类和文化类；整体重合度中，最高的是生活类，经管类最低。

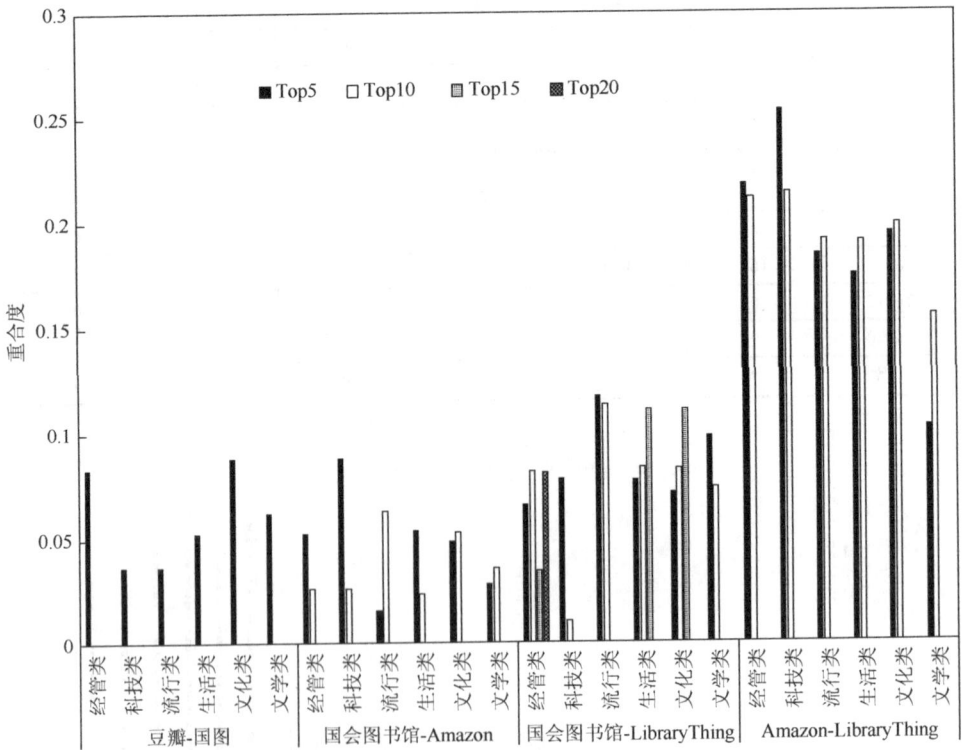

图 3-13　各组重合度实验均值类目分布柱状图

3.5.4　讨论和启示

1. 结果讨论

标注系统中的标签长度都更加短且标准差小。这充分体现了社会化标签简洁的特性。不同的站点间又存在差异，Amazon 长度的标准差相较豆瓣读书和 LibraryThing 会大很多，这可能是因为 Amazon 本质上仍是一个网上购物平台，标签用户的同质性差。

不同类目下，流行类和文学类的图书的长度标准差更小，这可能是因为这两类标签之间的相似度更大；而科技类标签的长度是最小的，可能是因为科技类标签存在更多的缩写词。而 MARC 主题词的长度比较长且标准差大，这和复合主题词的存在有直接的关系。社会化标签个数在不同语言、不同类目、不同站点中都表现出极大的相似性，标签的数量都受到严格控制；Amazon 的标签数量在类目中并不稳定，这可能是因为用户数量不足。豆瓣读书、LibraryThing 的数据都不是全部标签，恰好说明这些社会化标注系统对标签的质量有一定的控制。然而在数据采集时，仍然发现 LibraryThing 中不点击"show all"功能按钮仍存在大量的垃圾标签。MARC 主题词数量很少，一般在 2～3 个，主题词个数的标准差也明显比社会化标签小很多。从这一点来看，主题词标注图书有其明显的优势，但对网络资源的揭示程度有限。

总之，社会化标签数量多、长度小，而 MARC 主题词少，长度可能很大。复合词主题词的存在，使得主题词的数量维持在较低水平，但长度的增加必然增加了标注的难度和用户识别的难度。而社会化标签长度小、类型多，便于用户使用和识别，又能多方位揭示资源。所以，从外部特征来看，社会化标签的一些优点恰好弥补了 MARC 主题词存在的不足。

重合度分析时发现，不同语言下标签与 MARC 主题词间的相似度都不高，且存在大量的无效数据；而 Amazon 与 LibraryThing 的重合度实验中，实验效果显著提高，这可能是由于 Amazon 和 LibraryThing 都利用社会化标签且是同语种。Amazon 和 LibraryThing 良好的表现，也促使研究者试图做跨语言的重合度分析来一探究竟。当对标签进行分层比较后，有效数据和重合度的效果都有了较大的提高，提高标签质量或者增加用户的参与度会促进标注系统之间的相似性和图书标注的准确性。

不同类目下，英文的流行类、文学类的有效数据和重合度的表现都更好；中文的经管类和科技类则有更佳的表现。这些结果说明不同语言用户的阅读习惯存在较大差异。

研究发现，标签之间的重合度明显好于标签与主题词之间的重合度，而且提高标签频次会提高重合度效果。在不同语言之间，标签与主题词的重合度各有千秋，中文在经管类和科技类的重合度更好，而英文在流行类和文学类的重合度更好。

2. 结果启示

实验结果显示，社会化标签和主题词有其各自的优劣势，并在不同语言、不同类目方面又有不同之处。因此本书试图将研究成果运用到实践中来。

将社会化标签引入图书馆的图书标引和检索中，社会化标签在揭示图书、用户参与等方面有其独特的优势，图书馆将社会化标签引入图书标注中无疑会增加用户对资源的关注度。利用更加平民化的组织和检索方式，用户的满意度也会得到更大的提升，图书馆的服务质量也会随之提升，但仍需要考虑社会化标签的非受控性。因此可以考虑将社会化标引和检索与传统的馆藏资源检索相结合，并行提供给用户，方便用户检索并提高检索效果。这样能充分发挥传统资源组织形式和社会化标注系统的优势，提升图书馆服务，推进 Lib 2.0。

3.5.5 小结

Web 2.0 的发展让我们看到了 Lib 2.0 发展的必然趋势。社会化标注系统作为新型的网络信息资源的组织方式越来越受到图书情报领域学者的关注和研究。社会化标签也开始进入图书馆工作领域，帮助提升用户体验。

本节对几大中英文社会化图书标注系统做了比较分析，发现了各大标注系统中社会化标签的异同。了解这方面的内容不仅能够帮助图书馆了解社会化标签，也能够为建立和完善书评网站提供借鉴。本节还引入了中国国家图书馆和美国国会图书馆的 MARC 主题词来和社会化标签进行对比。经过实验发现，社会化标签和主题词不管在个数、长度还是相似度上都有较大的差异。所以图书馆引入社会化标签仍需要做大量的工作确保服务质量提升。

本节所涉及的内容中还有很多方面需要继续研究。社会化标签存在很多近义词、多义词，仅仅语法层面的比较还不足够了解社会化标签全部特征，特别是语义特征。因此本书还需要通过跨语言的标签分析、建立语义字典等手段强化分析，进一步挖掘社会化标签的特征和用户标签行为。

在对跨语言的比较中，本节仅对单语言内标注系统进行比较。为了得到更加完整和可靠的比较分析，需要直接的跨语言的标注结果的比较。

第4章　多语言社会化标签生成研究

Web 2.0 应用服务中，用户标注的标签中含有大量噪声，此外，部分资源缺乏标签，这直接影响了社会化标签的应用效果。因此，针对社会化标签的自动生成（又称标签推荐）研究有着十分重要的意义。本章将介绍与标签生成相关的三个研究，分别集中在对博文标签、微博用户标签及微博 Hashtag 三个方面标签的推荐研究上。

第一个研究为中文博客标签及标签云图（tag-cloud）的自动生成研究，主要针对博文进行标签自动抽取及推荐研究。由于目前大多数中文博客网站的自动推荐关键词或标签效果并不好，有些网站尚缺乏有效的标签云图对标签进行有效组织。为此，本章研究如何使得机器自动生成的推荐词汇更加契合文章的主题，并根据博主的一系列博文生成标签云图。通过借鉴各种基于文档的关键词抽取技术，特别是多文档关键词提取的技术，选择一个真实的较大规模的数据集，即科学网博客数据集，开发一个文本标签自动生成系统，并在线生成博主每篇博文和全部博文对应的标签云图，以更加直接的方式展示各博主个性化特征。

第二个研究为结合用户关系网和标签共现网的微博用户标签推荐研究。在新浪微博上，用户标签可用于用户检索、用户推荐，可帮助更好地理解用户行为和用户兴趣，但目前大多数微博用户缺少标签，为此本章提出结合用户关系网和标签共现网进行微博用户标签的预测。该方法首先在用户关系网上使用带重启随机游走模型计算用户相似度，然后根据标签对用户的重要程度获得各个用户的候选标签集。在得到用户候选标签集后，结合标签共现网使用基于标签链的方法抽取候选标签推荐给用户。在新浪微博真实数据集上的测试表明，本章提出的标签预测方法在正确率上有一定提高。

第三个研究为多语言微博 Hashtag 推荐研究。各种主流的微博平台都提供 Hashtag 标注功能，其在对微博信息的组织和检索方面十分有益。但是实际的微博数据中 Hashtag 的标注数量较少，从而降低了 Hashtag 的信息检索和信息组织效率。因此，为了提高 Hashtag 标注的数量，从而进行 Hashtag 的推荐研究是十分重要的。因此，将 K 最近邻（K-nearest neighbor, KNN）方法用于微博的 Hashtag 推荐，从语料中选取与目标微博文本最相似的微博，并抽取其中的 Hashtag 作为抽取的结果，并比较向量空间模型（vector space model）、潜在语义分析（latent semantic analysis）、隐含狄利克雷分布（latent Dirichlet allocation）模型和基于深度学习（deep learning）等四种文本表示方法对结果产生的不同影响。

4.1　中文博客标签及标签云图的自动生成研究

4.1.1　标签与标签云图自动生成关键技术

本节在标签自动生成与标签云图生成中使用了中文文本自动分词技术、单文档关键词提取技术、用户标签生成算法及 JSP 和 JFreeChart[①]、JQuery[②]等技术。具体说明如下。

1. 中文文本自动分词技术

本节采用的分词系统是中国科学院计算技术研究所研制的汉语词法分析系统[③]（Institute of Computing Technology，Chinese Lexical Analysis System，ICTCLAS），主要功能包括中文分词、词性标注、命名实体识别、新词识别，同时支持用户词典，支持繁体中文，支持 gb2312、GBK、UTF-8 等多种编码格式。ICTCLAS 分词速度单机 500KB/s，分词精度 98.45%。

该系统的主要思路是先通过层叠隐马尔可夫模型（cascade hidden Markov model，CHMM）进行分词，通过分层，既增加了分词的准确性，又保证了分词的效率。系统共五层，如图 4-1 所示：进行原子切分，然后在此基础上进行 N-最短路径粗切分，找出前 N 个最符合的切分结果，生成二元分词表，然后生成分词结果，接着进行词性标注并完成主要分词步骤[③]。

首先进行原子切分，将原始字符串切分为分词原子序列。分词原子指的是分词的最小处理单元。然后识别所有未登录词、分类。给定一个分词原子序列 S，S 的某个可能的分词结果记为 $W = (W_1, \cdots, W_n)$，W 对应的类别序列记为 $C = (C_1, \cdots, C_n)$，同时，取概率最大的分词结果 $W^\#$ 作为最终的分词结果，则 $W^\# = \arg_w \max P(W)$。利用贝叶斯公式进行展开，得到 $W^\# = \arg_w \max P(W|C)P(C)$。将词类看作状态，词语作为观测值，利用一阶隐马尔可夫模型展开，得 $W^\# = \arg_w \max \prod P(W_i|C_i) P(C_i|C_{i-1})$（其中，$C_0$ 为句子的开始标记 BEG，下同），为计算方便，常用负对数来运算：$W^\# = \arg_w \max \sum_{i=1}^{n} [-\ln P(W_i|C_i) - \ln P(C_i|C_{i-1})]$。

---

① http://www.jfree.org/。

② http://jquery.com/。

③ http://ictclas.nlpir.org/。

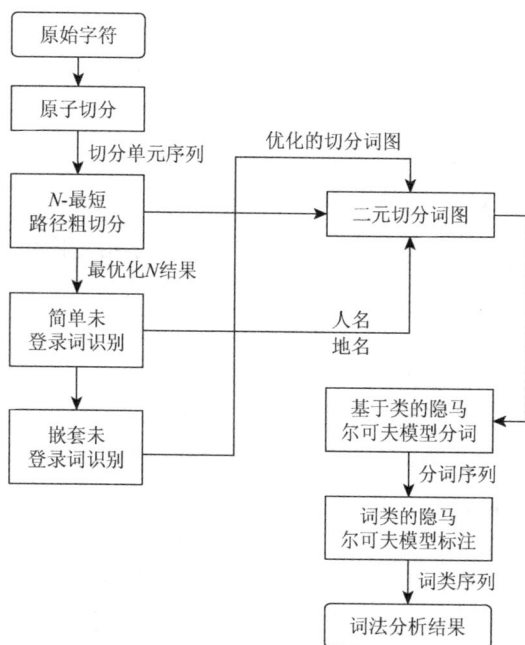

图 4-1　基于 CHMM 的词法分析框[①]

　　根据 $C_i = W_i$，得 $P(W_i|C_i) = 1$。所以只要考虑未登录词的 $P(W_i|C_i)$ 的值[112]。最终能够得到的分词结果就是一个相对最佳的分词效果，然后经过 N-最短路径的切分排歧策略，减少歧义词的产生，同时结合句子的上下环境标注词性和排除歧义[45]。

2. 单文档关键词提取技术

　　本节采用 TextRank 算法进行文本的关键词提取。

　　Rada Mihalcea 和 Paul Tarau 将 Google 的基于图的排序的 PageRank 算法引入自然语言处理。他们从自然语言文档中提取出具有语义特征的图，这种基于图的排序模型可应用于各种自然语言处理，如关键词抽取和文摘自动抽取。

　　为了使基于图的排序算法用在自然语言文本处理中，首先需要构建一个和文本内容相关的图，将词语或其他文本实体之间建立联系。根据研究对象的不同，可以选择不同大小和特点的文本单元作为节点加入图中，如词语、短语、整个句子等，同样的文本单元之间的各种关系被用于在任意两个点之间建立连线，如词汇、语义关系、文本交叉率等。

---

　　① 标签（TAGS）可视化呈现，http://www.topcss.org/?p=1，获取日期：2012 年 6 月 1 日。

　　自然语言处理领域中运用基于图的排序算法的过程一般如下。

　　（1）确定完成任务所需要的"文本单元"（如句子、单个的词、短语等），将这些单元作为图中的节点。

　　（2）确定节点之间的关系，如节点之间存在某种关系，则在这两个点之间连一条边。边可为有向/无向，带权重/不带权重。

　　（3）运用图排序算法进行运算，直到结果收敛于给定阈值。

　　（4）根据计算出的得分对"文本单元"排序，选取较高得分的单元组成结果[46]。

　　基于图排序的算法根本上是一种决定图中各个顶点的重要性，这种重要性基于在整个图形中对全部信息的递归。基于图的排序模型的基本思想是"投票"和"推荐"。当一个顶点连接了另一个顶点，就意味着它为那个顶点投了一票。为一个顶点的投票数越多，这个顶点就越重要。此外，投票顶点自身的重要性决定了它所投的票的重要性，并且这个信息也被模型所接收。因此，一个顶点的重要性分数不仅基于所得投票数的数量，还基于投票顶点的重要性分数[113]。

　　规范地，用 $G = (V, E)$ 表示具有 V 个顶点集合和 E 个顶点集合的有向图，E 表示 $V \times V$ 的子集。对于一个给定的顶点 V_i，用 $\text{In}(V_i)$ 表示指向该顶点的顶点的集合，用 $\text{Out}(V_i)$ 表示点 V_i 指向的顶点集合。那么顶点 V_i 的重要性分数被定义为[113]

$$S(V_i) = (1 - d) + d \times \sum_{j \in \text{In}(V_i)} \frac{1}{|\text{Out}(V_j)|} S(V_j) \tag{4-1}$$

其中，d 是介于 0 到 1 的阻尼因子，表示从图中的一个给定的顶点到跳跃到另一个随机顶点的概率。d 通常被设为 0.85。将任意值分配给每个图中的节点，并计算迭代直到收敛到一个给定的阈值以下①。

　　在运行完该算法后，每个顶点会获得一个值，这个值代表了在这个图中这个顶点的重要性。观测到由 TextRank 算法计算最终得到的值与初始各个顶点的值无关，唯一不同的是收敛迭代的次数可能有所不同[113]。

　　该模型图构建于自然语言文本，并且可能包含多个或部分从文本中提取的单元（顶点）的联系。在连接两个顶点 V_i 和 V_j 的联系中引入权重可能会有用。因此，引入一个新的公式来表示引入权重的基于图排序的算法。可以定义一个类似的公式来整合节点的权重[113]。

$$WS(V_i) = (1 - d) + d \times \sum_{V_j \in \text{In}(V_i)} \frac{w_{ji}}{\sum_{V_k \in \text{Out}(V_j)}} WS(V_j) \tag{4-2}$$

---

　　① 当图中任意一点的误差率小于给定的极限值时就可以达到收敛，点 V_i 的误差率为点的实际分数 $S(V_i)$ 和第 k 次循环时该点的分数 $S_k(V_i)$ 之间的差值。点的实际分数是未知的，所以误差率近似认为是点在两次连续循环分数之间的差值 $S_{k+1}(V_i) - S_k(V_i)$。一般该极限值取 0.0001。

3. 用户标签生成

通过 TextRank 算法和停用词过滤后，可以得到每篇博文的若干个候选关键词及其权重。为了生成用户标签，将每个博主的所有博文的候选关键词合并，通过以下两种方法计算每个用户的关键词权重。第一种方法是统计每个博主的所有博文的候选关键词的频率，并将其作为每个候选关键词的权重。用户 U_i 的关键词 K 权重的生成公式为

$$WK = \sum freq(K, D_{ij}) \qquad (4\text{-}3)$$

其中，$freq(K, D_{ij})$ 表示用户 U_i 的第 j 篇博文中候选关键词 K 出现的次数。

计算出所有候选关键词的权重后，进行降序排序，将前 20 个权重最高的候选关键词作为用户标签推荐给用户。

第二种方法是累加每个博主的所有博文的候选关键词的 TextRank 值作为每个候选关键词的权重，用户 U_i 的关键词 K 权重的生成公式为

$$WTK = \sum TR(K, D_{ij}) \qquad (4\text{-}4)$$

其中，$TR(K, D_{ij})$ 表示用户 U_i 的第 j 篇博文中候选关键词 K 的 TextRank 值。

对所有候选关键词的权重进行降序排序，将前 20 个权重最高的候选关键词作为用户标签推荐给用户。将所得结果进行对比，找出较好的推荐方法。

4. 标签云图与标签时间走势图生成

用 JSP 获取 MySQL 数据库中每个用户的标签后，在 Web 上用 JS 及 CSS 展现实现标签云图，点击每个标签后，可以在全文中用 JQuery 技术①实现该标签高亮显示。用 JFreeChart 获取每个标签的名称及权重，并画出标签权重图。

为了生成标签时间权重图，将科学网上每个月的博主为所有博文标记的关键词合并，通过式（4-5）计算关键词权重。

$$W(K) = \sum freq(K, D_{ij}) \qquad (4\text{-}5)$$

其中，$freq(K, D_{ij})$ 表示第 i 个月的第 j 篇博文中候选关键词 K 出现的次数。

用 JFreeChart 获取每月的前十个标签的名称及权重，并画出标签走势图。

另外，根据所有用户标签的前 50 个标签作出其时间走势图，即每个标签在每个月中的关键词权重（频次）。

4.1.2　实验数据

以科学网博客为例，采集 2007 年 3 月 6 日到 2012 年 1 月 22 日共 3505 个博主的 68 127 篇博文作为数据样本。

---

① http://jquery.com/。

博文的分类如表 4-1 所示。

表 4-1　博文类别分布表

标号	类别	博文数量
1	观点评述	13 693
2	科研笔记	10 178
3	生活其他	8 605
4	科普集锦	6 282
5	人文社科	5 381
6	论文交流	4 594
7	人物纪事	3 589
8	图片百科	3 119
9	无分类	3 049
10	海外观察	2 855
11	教学心得	2 699
12	博客新闻	2 607
13	诗词雅集	1 476

从表 4-1 可以看出，科学网博文以观点评述、科研笔记等为主，相对于新浪博客等大众流行博客来说，科学网博客更具科研方面的专业特色。

4.1.3　系统设计与实现

1. 系统框架与具体实现

图 4-2 展示了博客标签推荐与标签云图生成系统的框架。博客标签推荐及标签云图生成系统主要由标签生成模块和标签走势图生成模块两个模块组成。标签生成模块旨在获取文本后，对文本进行分词、关键词抽取、标签推荐及标签云图和标签权重图的生成。标签走势图生成模块主要是获取每个月的所有博文的用户关键词，对其进行筛选和权重计算后，生成每个月热点标签。

中文分词使用中国科学院的 ICTCLAS 分词系统[①]，抽取文本关键词使用复旦大学 FudanNLP 开源关键词抽取系统[②]，生成标签云图使用 JavaScript 和 JQuery[③]技术，生成标签权重图使用 JFreeChart[④]技术。

---

① http://ictclas.nlpir.org/。

② http://code.google.com/p/fudannlp/。

③ http://www.jfree.org/。

④ http://jquery.com/。

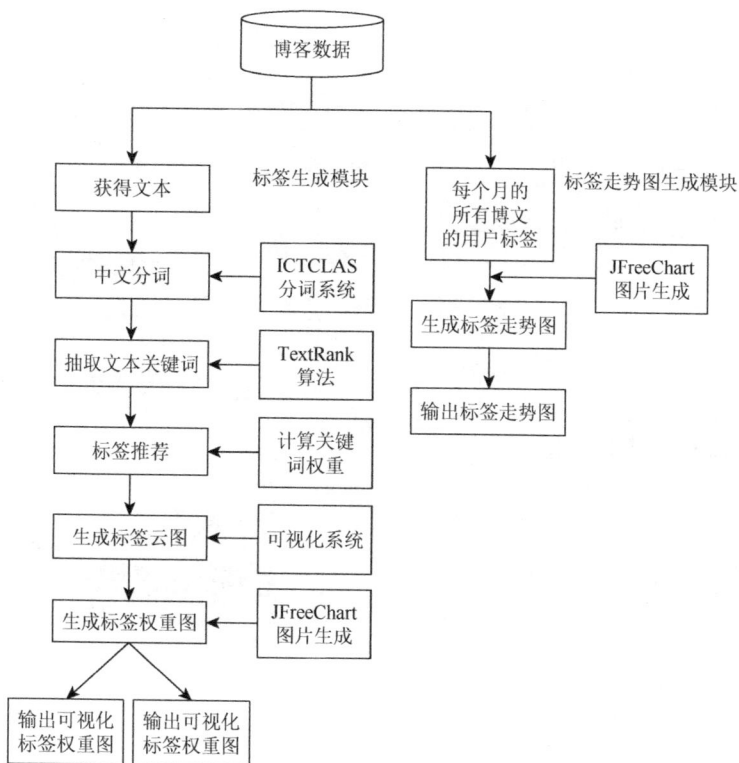

图 4-2　博客标签推荐与标签云图生成系统框架

2. 系统演示

1）功能选择页面

系统主要由三个部分组成：博客在线生成演示系统、科学网博客用户标签查询与云图和科学网博客标签时间走势图。

2）博客在线生成页面

文本框内输入要生成标签云图和标签权重图的文本。单击提交按钮即可生成。

3）标签云图及标签权重图生成页面

本页面分三个部分：左边显示原始文献，右上角显示标签云图，右下角显示前 10 个标签权重图。点击标签云图上的标签后，在原始文献中对应文字会高亮显示（图 4-3）。

4）博客作者查询页面

输入框中输入博主姓名可进行查询。

5）博主博文查询结果页面

点击博文可以生成每篇博文的详细信息（图 4-4）。

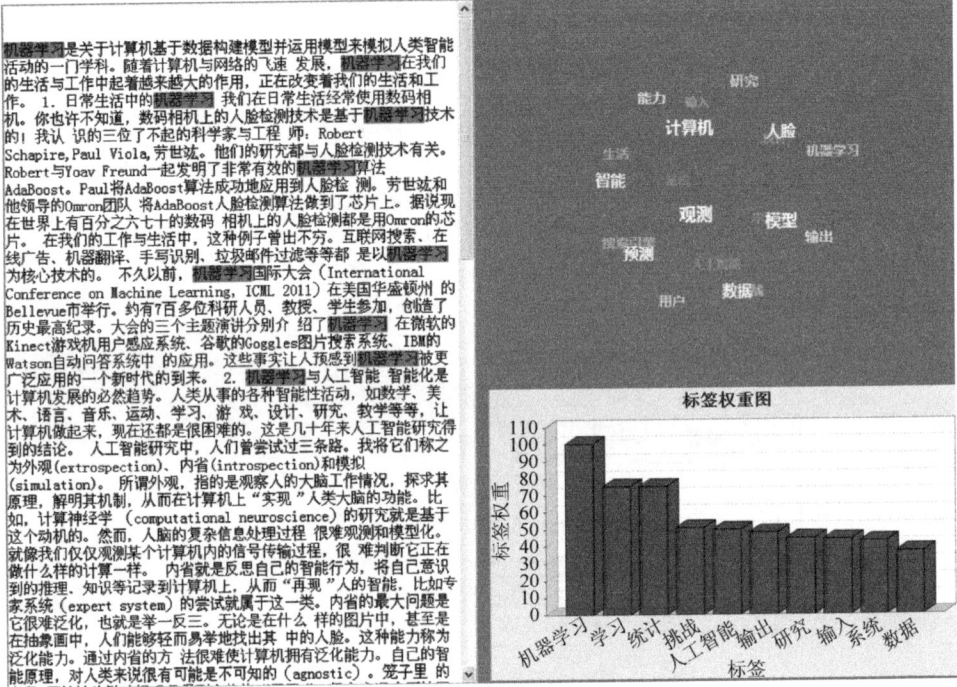

图 4-3　标签云图及标签权重图生成页面

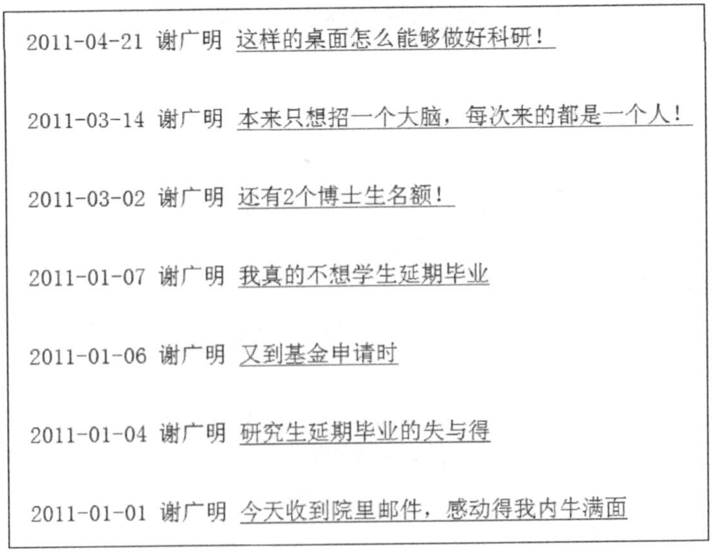

图 4-4　博主博文查询结果页面

6）博主博文页面

点击提交可以生成每篇博文的标签云图及权重图。点击作者名可以生成作者所有博文的标签（图 4-5）。

7）博主所有博文标签页面

左边为博主的所有博文自动生成标签后推荐的前 20 个标签的标签云图，右边为前 10 个标签的标签权重图（图 4-6）。

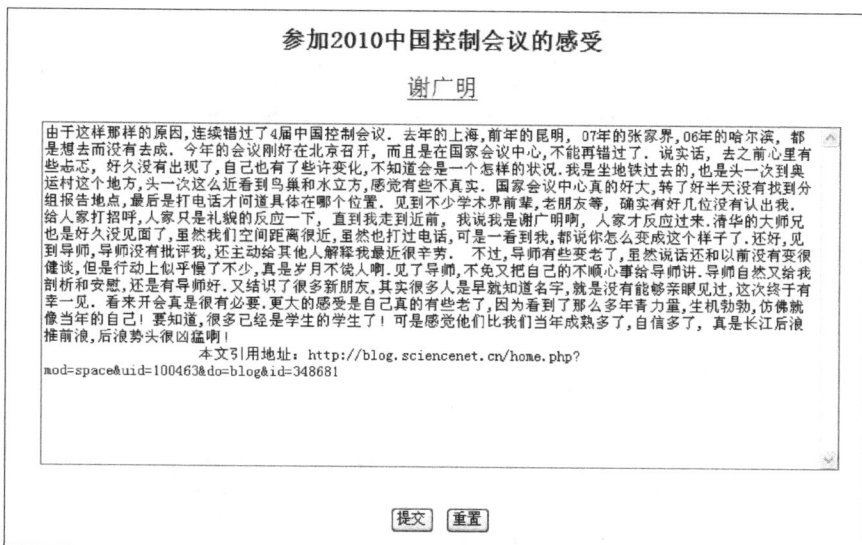

图 4-5　博主博文页面

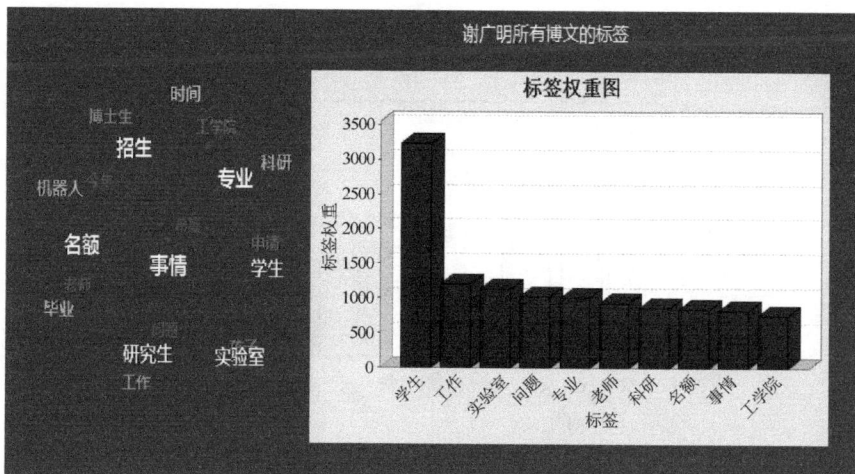

图 4-6　博主所有博文标签页面

8）标签走势图

点击提交可以生成每个月用户标签的权重图（图 4-7）。

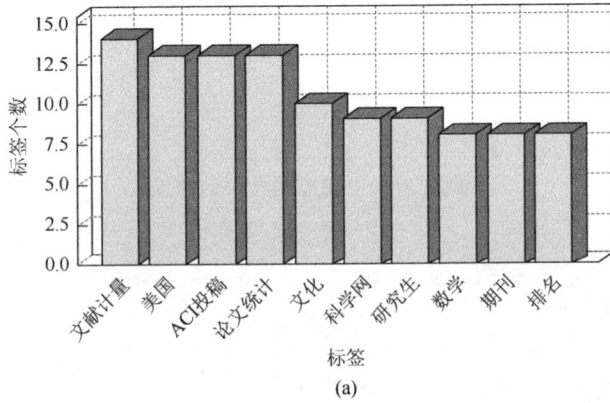

(a)

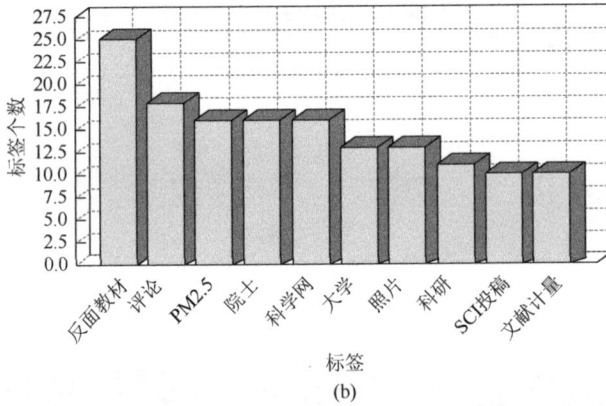

(b)

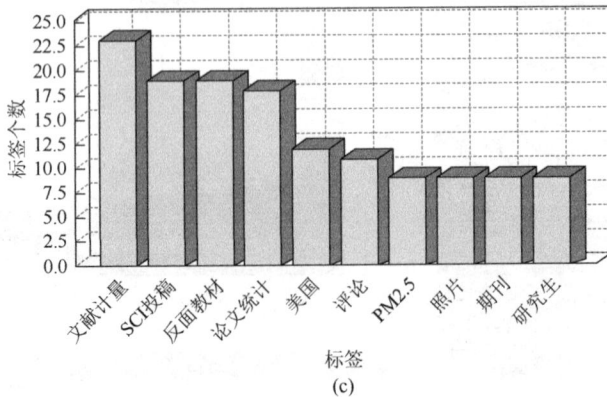

(c)

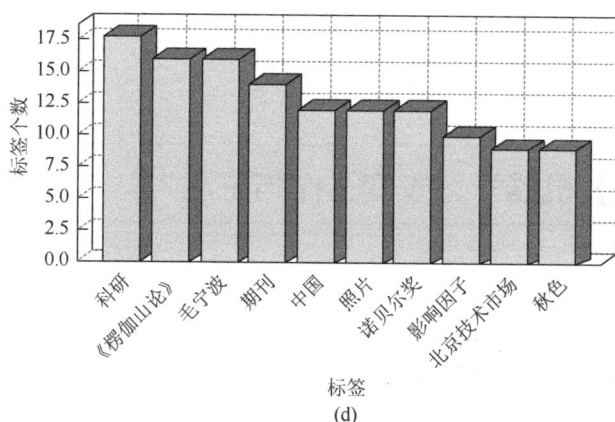

图 4-7　标签走势图

（a）2012 年 1 月标签图；（b）2011 年 12 月标签图；（c）2011 年 11 月标签图；（d）2011 年 10 月标签图

4.1.4　实验结果分析

1. 所有用户标签与标签推荐分析

对所有用户的标签及通过系统的两种标签生成算法所推荐的标签进行汇总。附录 1 给出了前 200 个用户标签和两种机器自动推荐标签。表 4-2 列出了两种算法的 Overlap@N。

$$\text{Overlap@}N = 用户标注标签与机器推荐标签相同个数/N \qquad (4\text{-}6)$$

表 4-2　两种算法的 Overlap@N

N	Overlap@N	
	Frequency 算法	TextRank 算法
10	2/10 = 20%	2/10 = 20%
20	4/20 = 20%	6/20 = 30%
50	11/50 = 22%	16/50 = 32%
100	27/100 = 27%	35/100 = 35%
150	40/150 = 26.7%	50/150 = 33.3%
200	51/200 = 25.5%	63/200 = 31.5%

根据统计结果可以看出，在计算用户标签权重时，累加每个博主的所有博文的候选关键词的 TextRank 值的方法所得到的推荐标签效果更好。

2. 单篇博文标签推荐分析

对于单篇博文的标签推荐分析，选取两篇博文进行研究。

1）博文 1：《机器学习改变工作与生活》[①]

博文 1 博客原文如图 4-8 所示。

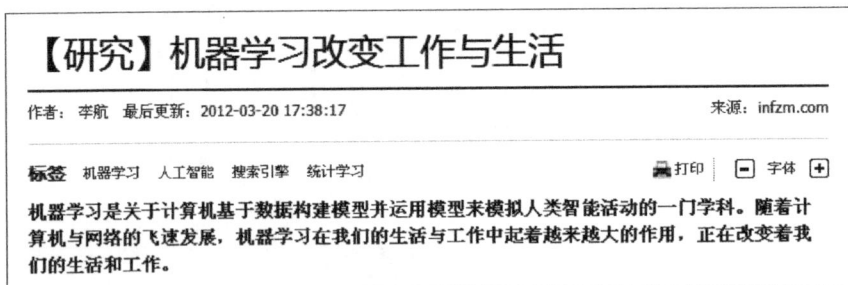

【研究】机器学习改变工作与生活

作者：李航　最后更新：2012-03-20 17:38:17　　　　　　　　来源：infzm.com

标签　机器学习　人工智能　搜索引擎　统计学习　　　　　　　　🖨打印　⊟ 字体 ⊞

机器学习是关于计算机基于数据构建模型并运用模型来模拟人类智能活动的一门学科。随着计算机与网络的飞速发展，机器学习在我们的生活与工作中起着越来越大的作用，正在改变着我们的生活和工作。

图 4-8　博文 1 博客原文

针对博文 1，分别给出用户自己给出的标签、科学网自动生成的标签及通过机器自动推荐生成的标签，如表 4-3 所示。

表 4-3　博文 1 三种标签对比

用户标签	科学网标签	机器生成标签	
		名称	权重
机器学习	的	机器学习	100
人工智能	机器	学习	75
搜索引擎	Robert	统计	75
统计学习	center	挑战	51
	normal	人工智能	50
		输出	48
		研究	45
		输入	44
		系统	43
		数据	37
		模型	35
		人脸	34
		用户	32
		计算机	32

① http://www.infzm.com/content/72566。

续表

用户标签	科学网标签	机器生成标签	
		名称	权重
		预测	31
		观测	30
		搜索引擎	30
		智能	29
		能力	29
		生活	29

从表 4-3 中可以看出，科学网给出的标签推荐的效果很不好，没有一个标签完全匹配用户标签，无效标签为 3 个，而机器生成标签中，在前 20 个推荐标签中"机器学习"、"人工智能"和"搜索引擎"都完全匹配用户标签。但是"统计学习"被切为两个标签："统计"和"学习"。再观察其权重，发现除了"搜索引擎"标签的权重较低，为 30，其他标签的权重均为 50 以上。

2）博文 2：《青蒿素的成就应该给相关研究者带来更多实际利益》①

博文 2 博客原文如图 4-9 所示。

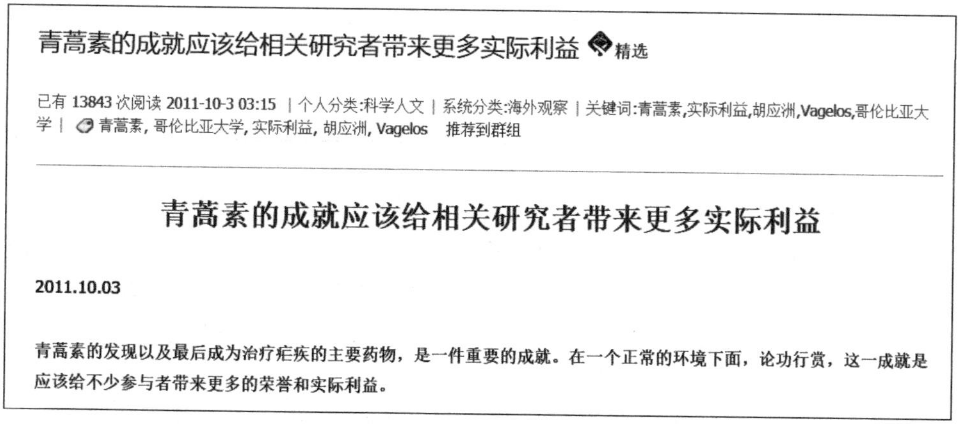

青蒿素的成就应该给相关研究者带来更多实际利益 ◆精选

已有 13843 次阅读 2011-10-3 03:15 | 个人分类：科学人文 | 系统分类：海外观察 | 关键词：青蒿素,实际利益,胡应洲,Vagelos,哥伦比亚大学 | ◆ 青蒿素, 哥伦比亚大学, 实际利益, 胡应洲, Vagelos 推荐到群组

青蒿素的成就应该给相关研究者带来更多实际利益

2011.10.03

青蒿素的发现以及最后成为治疗疟疾的主要药物，是一件重要的成就。在一个正常的环境下面，论功行赏，这一成就是应该给不少参与者带来更多的荣誉和实际利益。

图 4-9 博文 2 博客原文

针对博文 2，分别给出用户自己给出的标签、科学网自动生成的标签及通过机器自动推荐生成的标签，如表 4-4 所示。

---

① http://blog.sciencenet.cn/home.php?mod=space&uid=176&do=blog&id=492776。

表4-4 博文2三种标签对比

用户标签	科学网标签	机器生成标签	
		名称	权重
青蒿素	青蒿素	荣誉	100
实际利益	div	中国	89
胡应洲	color	大学	82
Vagelos		青蒿	71
哥伦比亚大学		利益	71
		胡应洲	61
		带来	65
		blog	64
		校友	61
		研究	54
		科学家	53
		学术界	53
		奖励	52
		劣根性	51
		腊斯克	51
		夫妇	51
		捐赠	51
		链接	50
		美元	49
		cn	49

从表4-4中可以看出，科学网给出的标签推荐的效果很不好，只有一个标签"青蒿素"完全匹配用户标签，另外两个为无效标签，而机器生成标签中，在前20个推荐标签中，"大学"、"青蒿"和"利益"部分匹配用户标签，"胡应洲"完全匹配用户标签。再观察其权重，其推荐的标签的权重均为60以上。

由以上两个案例可以得出以下结论。

（1）用户给出的标签多为组合词组而非单个词组，其语义意义比较明显，如"哥伦比亚大学"、"实际利益"和"统计学习"等。

（2）科学网自动生成标签的效果很不好，而且给出无效标签的个数比较多。

（3）机器自动生成标签其粒度较小，容易把组合词组切分为多个单个词组，如"青蒿素""统计学习"等。

（4）机器自动生成标签中仍然存在无意义标签，如"cn"，需要扩大其停用词表。

（5）机器自动生成标签的前 20 个标签中，覆盖用户标签的概率比较大。其推荐效果比科学网自动生成标签的效果要更加完善。

3. 博主标签推荐分析

在对科学网博主标签推荐分析时，选择了三位博主。

杨学祥[①]个人信息及其 3258 篇博文标签统计结果如图 4-10 所示。

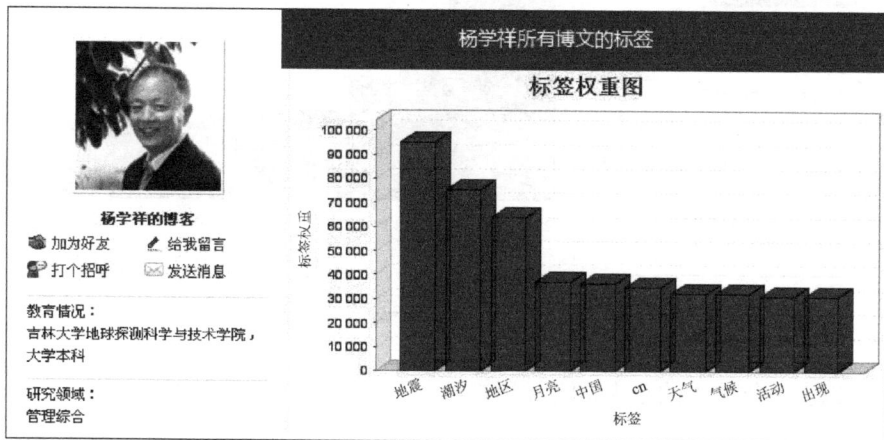

图 4-10　杨学祥及其所有博文标签

陈龙珠[②]个人信息及其 841 篇博文标签统计结果如图 4-11 所示。

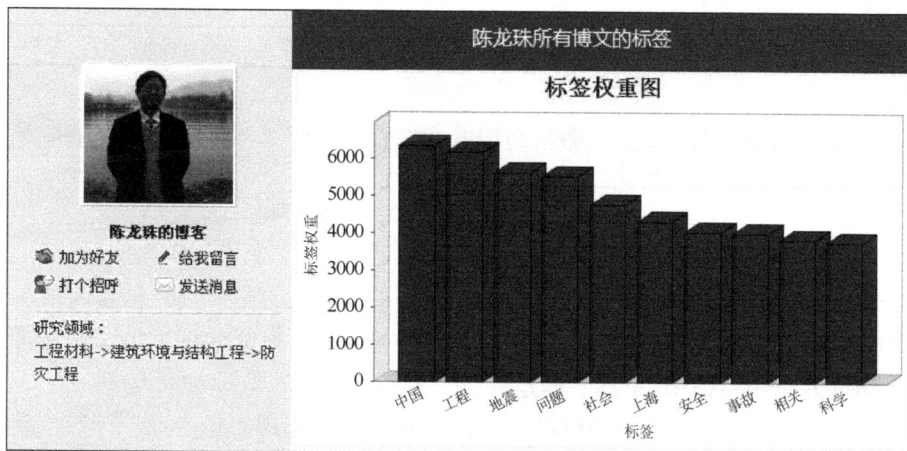

图 4-11　陈龙珠及其所有博文标签

---

① http://blog.sciencenet.cn/home.php?mod=space&uid=2277。

② http://bbs.sciencenet.cn/home.php?mod=space&uid=39070。

周可真①个人信息及其 633 篇博文标签统计结果如图 4-12 所示。

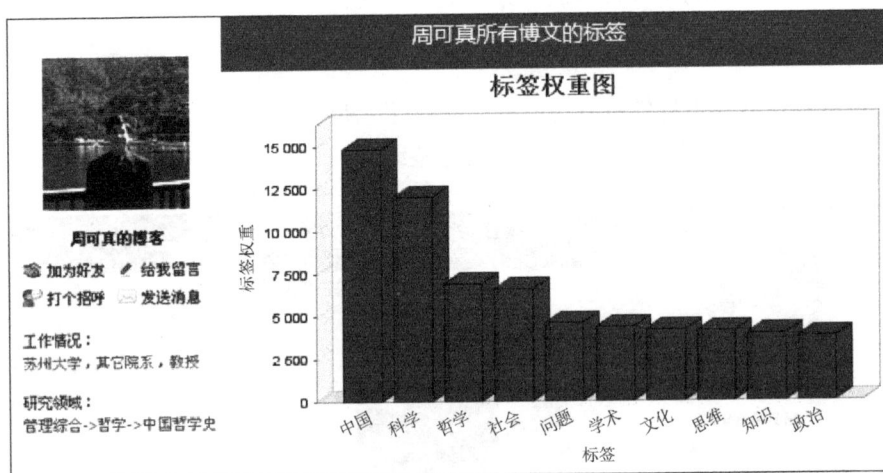

图 4-12　周可真及其所有博文标签

对以上三位博主的个人信息及用户标签进行汇总，得到表 4-5。

表 4-5　博主个人信息与用户标签

姓名	领域	标签
杨学祥	地球探测科学与技术	地震，潮汐，地区，月亮，中国，cn，天气，气候，活动，出现
陈龙珠	防灾工程	中国，工程，地震，问题，社会，上海，安全，事故，相关，科学
周可真	中国哲学史	中国，科学，哲学，社会，问题，学术，文化，思维，知识，政治

对三位博主的博文进行机器自动抽取和推荐，可以发现，给出的博主标签能够反映博主所在的研究领域与兴趣爱好。

4. 科学网标签时间走势图分析

对于科学网标签时间走势图的分析仅以科学网 6 万多篇有用户标签的博文为例说明。通过每月标签走势图可以发现和追踪热点事件。附录 2 给出 2008 年 2 月～2011 年 9 月每个月前 10 个标签的走势图。

分析每个月的标签权重图可以发现，2008 年 3 月出现"华南虎"标签，反映了华南虎照造假事件；2008 年 9 月出现"三聚氰胺"标签，反映了中国奶制品三聚氰胺污染事件；2009 年 4 月出现"猪流感"标签，反映了甲型 H1N1 病毒流行；

---

① http://bbs.sciencenet.cn/home.php?mod=space&uid=126。

2010 年 5 月出现"富士康"标签，反映了富士康跳楼事件；2010 年 7 月出现"世界杯"标签，反映了南非世界杯事件；2010 年 11 月出现"QQ"和"360"标签，反映了腾讯 QQ 和奇虎 360 公司起争执的事件；2011 年 3 月出现"日本地震"标签，反映了日本大地震事件。

从科学网用户标签时间走势图中，可以发现和追踪热点事件。

图 4-13 为 2007 年 2 月～2012 年 1 月标签"地震"的时间走势图。从图 4-13 可以看出，在 2008 年 5 月之前，讨论地震的话题量很少，2008 年 5 月汶川地震发生后，讨论呈上升趋势，9 月到年度顶峰。然后 2009 年 5 月和 2010 年 4 月又到一个顶峰，说明每年对地震纪念的讨论博文很多。2011 年 3 月出现一个小高峰，是因为发生了日本大地震。而之后又呈现一个下降的趋势，说明此类话题带有一定的周期性。

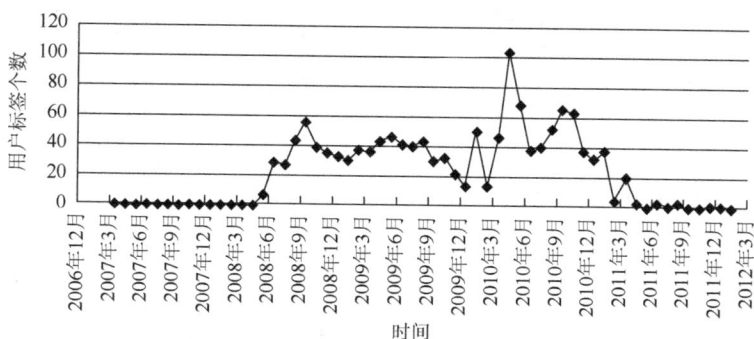

图 4-13　标签"地震"的时间走势图（2007 年 2 月～2012 年 1 月）

图 4-14 为 2007 年 2 月～2012 年 1 月标签"方舟子"的时间走势图。从图 4-14 可以看出，从 2010 年 8 月到 2010 年 11 月，"方舟子"标签比较热门。"方舟子"标签与"地震"标签时间走势图的不同之处在于，"方舟子"标签属于突发性事件，而"地震"标签属于周期性事件。

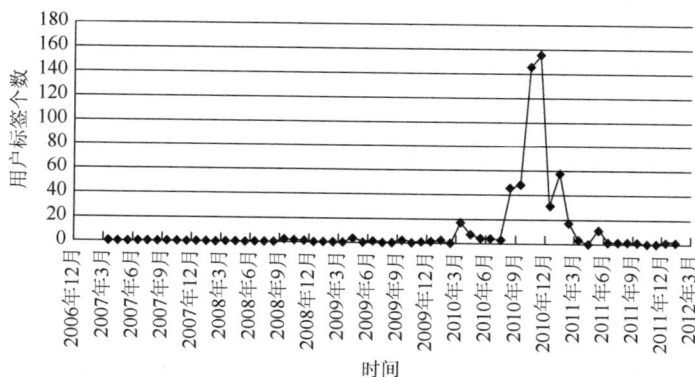

图 4-14　标签"方舟子"的时间走势图（2007 年 2 月～2012 年 1 月）

　　图 4-15 为 2007 年 2 月～2012 年 1 月标签"科研"的时间走势图。从图 4-15
可以看出"科研"标签的走势相对平稳。由于 2008 年 5 月前用户标签比较少，所
以"科研"标签的个数比较少。而在所采集的数据中，2009 年和 2010 年的博文
比较多，所以"科研"标签数量在 2010 年 12 月之后下降。因为科学网的博主多
为科研人员，所以"科研"标签的分布比较稳定。

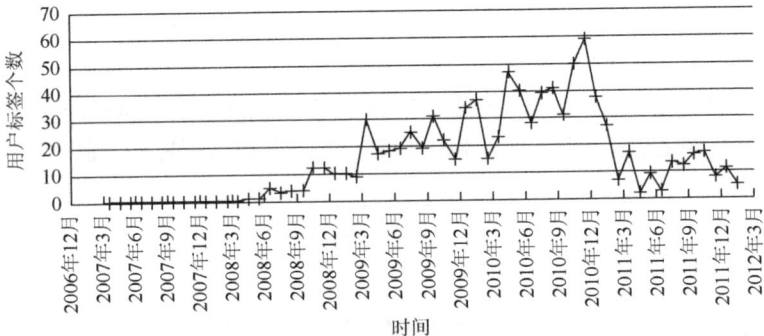

图 4-15　标签"科研"的时间走势图（2007 年 2 月～2012 年 1 月）

4.1.5　小结

　　本节首先从社会标签系统的定义出发，描述了标签在博客中的应用现状及不
足，提出机器自动生成的推荐词汇并生成可视化云图的重要性。然后对关键词自
动抽取、标签自动抽取及标签云图做了详细的背景介绍。接着分析机器自动生成
推荐词汇并生成可视化云图的研究内容，包括中文分词、关键词抽取、用户标签
生成及标签可视化。最后是系统设计实现和实验结果分析。

　　在实验结果分析中发现，在计算用户标签权重时，累加每个博主的所有博文
的候选关键词的 TextRank 值的方法所得到的推荐标签效果更好。因此在单篇博文
标签推荐分析和博主标签推荐分析中，采用用户标签生成的第二种算法，即累加
TextRank 值。通过对单篇博文的分析发现，机器自动生成标签有部分可取性及优
点，但仍然存在部分问题。对科学网博主标签推荐分析发现，其标签推荐与博主
的研究方向相匹配。最后通过科学网标签时间走势图可以发现热点标签的变化趋
势并分析其产生的原因。

　　本节虽然对科学网博客的标签推荐和标签云图展示及标签时间走势图进行研
究，但是总体来说目前的研究还比较浅显。一般短语比单词包含的信息更加丰富，
标签推荐的不足之处是单词粒度过小。另外，标签推荐只是通过单文档关键词抽取
技术来实现，没有采用多文档关键词抽取。建议今后从以下几方面着手进行研究。

　　（1）从提高标签推荐的准确性角度出发，通过研究多文档关键短语的抽取来

进行标签推荐。标签是由数个词语构成的可以表达完整意义的词组，抽取关键短语的关键问题是计算词组结合的紧密程度，建议采用统计或者共现的方法来计算词组的结合紧密度。

（2）对所推荐的标签云图进行聚类展现，将联系紧密或具有语义关系的词语聚类成不同模块的标签云图。

（3）生成每个博主的用户标签时间走势图，可以更好地反映博主的研究领域、研究进展及其兴趣爱好。

（4）将数据对象从专业性的科学网博客转移到其他非专业性博客网站上，如新浪博客等。

4.2　结合用户关系网和标签共现网的微博用户标签推荐研究①

4.2.1　结合用户交互关系网和标签共现网的标签推荐方法

1. 基本思路

本节主要研究新浪微博平台下的标签推荐。在新浪微博中，用户之间包含多种关系，如关注/粉丝关系、评论关系、转发关系、提及关系（@某用户）。其中关注/粉丝关系属于静态关系，评论关系、转发关系和提及关系属于用户交互而产生的关系，具有动态性。在微博上，用户标签通常用来描述用户本身兴趣或身份，通过标签查找功能，用户可以找到有相同兴趣或身份的微博博主，进而产生关注、评论、转发、点赞等信息行为，因此本书认为这种静态的关注/粉丝关系比动态关系对新用户来说更能影响用户标签的选择，因此在用户标签推荐中，借助用户间关注/粉丝关系进行推荐。另外，在新浪微博中，不同的标签被共同用以描述用户，其中的原因各异，有些甚至带有较高的随意性，如有很多微博用户用"80 后"作为自己的标签，但除了"80 后"这个标签外，还有不少用户用"宅男 80 后"、"80后的尾巴"、"80 后末端"、"80 末"和"已婚 80 后"等作为自己的标签。尽管用户的每次标签行为看似缺乏规律，然而高频度的共现并非偶然。本书认为，这其中揭示了标签使用的语义信息，如同义、近义、包含关系等，因此本节利用基于标签共现而得到的标签关系网进行用户标签预测。

基于上述认识，本节综合考虑用户交互关系网和标签关系网，对微博用户标

---

① 本节主要内容发表于：吴小兰，章成志. 结合用户关系网和标签共现网的微博用户标签推荐研究. 情报学报，2015，34（5）：459-465。

签进行推荐，具体思路如图4-16所示。整个标签推荐分为以下三个主要部分：第一部分的主要工作是提取网络，即提取当前网络中存在的用户关注关系网和标签共现网；第二部分是在用户关注关系网上采用基于随机游走模型提取用户候选标签集；第三部分是根据已经得到的候选标签集，结合标签共现网采用基于标签链的方法抽取标签进行推荐。

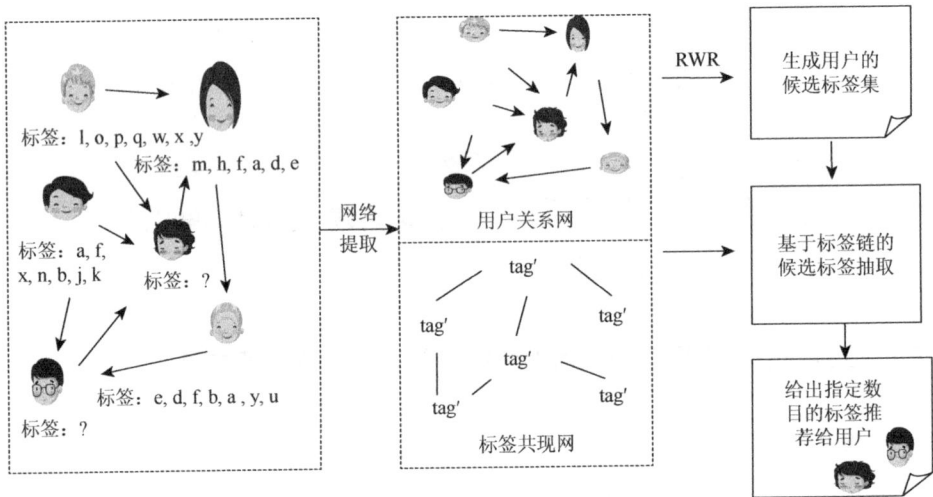

图4-16 结合用户交互关系网和标签关系网的标签预测思路图

RWR，random walk model，带重启的随机游走模型

2. 用户关系图和标签关系网的构建

通常用户之间的关注/粉丝关系使用有向图来表示，但汪祥等[114]的实验结果显示：当用户 u_i 和 u_j 之间存在交互关系时，用户标签既可以从用户 u_i 传播到用户 u_j，也可以从用户 u_j 传播到用户 u_i。因此，本节将用户间关注/粉丝关系统一使用一个无向图来表示，见定义1。

定义 1 用户关注关系网是由用户及用户间关注/粉丝关系构成的无向无权图，表示为 $G_u = (V_u, E_u)$，其中 V_u 为用户节点集，E_u 为边集，并且 V_u 中每个用户节点用三元组 (u_i, T_{u_i}, W_{u_i}) 表示，E_u 中的一条边代表用户节点之间存在关注/粉丝关系。V_u 集合内用户节点 (u_i, T_{u_i}, W_{u_i}) 中各个符号的含义如下：u_i 表示用户；T_{u_i} 表示用户 u_i 的标签集合；W_{u_i} 表示一系列 $w_{\text{tag}_j u_i}$ [$w_{\text{tag}_j u_i}$ 表示标签 $\text{tag}_j(\text{tag}_j \in T_{u_i})$ 对用户 u_i 的重要程度]的集合，即代表用户 u_i 的所有标签与用户自身的重要程度集合，在初始情况下，每个 w_{tag_j} 都相等，因此设置为1。

对于用户来说，标签形成一个网络是非常自然的，因为在人的头脑中，概念本身就是以图的形式表示的，人理解词汇和概念的时候，一般会引发相关概念的产生[115, 116]。本节主要用共现性方式来构建标签网络。这里定义标签的共现为：若标签 tag_i 和 tag_j 同时出现在用户的标签中，则称 tag_i 和 tag_j 共现。这样，标签共现关系网可以使用一个无向带权图（见定义2）来表示。

定义 2　标签关系网络是由标签及标签共现关系构成的无向带权图，表示为 $G_T = (V_T, E_T, W_T)$，其中 V_T 为标签集，E_T 为标签共现关系集，W_T 为标签共现次数集。如果两个标签被同一个用户标注了，则它们之间存在一条边，边的权值也增加1。

3. 基于带重启随机游走模型的候选标签生成

1）带重启随机游走模型的思想

RWR 主要用于度量图中顶点间的相似度[117]。采用带重启的随机游走模型来预测一个节点 q 对另一个查询节点 p 的相似度或关联程度时，考虑从节点 q 开始的随机游走，每走一步保证如下两点：q 游走到 p 以后会以一定的概率沿 p 走向与 p 有一定联系的节点，另外，它还有可能返回节点 q 重新走步。定义稳态概率向量 $u_q(p)$ 表示从节点 q 开始的随机游走到达节点 p 的概率，那么 $u_q(p)$ 表示 p 相对于 q 的亲密程度。假设图 $G(V, E)$ 有 N 个节点，则节点 q 与其余节点的相似度向量就是从节点 q 开始的随机游走的稳态向量（steady-state vector）$\vec{u}_q = (u_q(1), u_q(2), \cdots, u_q(N))$。RWR 稳态向量求解如下③：

（1）设置重启向量（restart vector）$\vec{v}_q$（列向量）对应于节点 q 的分量为1，其余分量为0。

（2）列归一化图的邻接 A。

（3）初始化 $\vec{u}_q = \vec{v}_q$。

（4）重复迭代 $\vec{u}_q = (1-c) \cdot A \cdot \vec{u}_q + c\vec{v}_q$，直到 $\vec{u}_q$ 收敛。其中，可调参数 c 为随机游走的重启动概率，取值范围为0～1。

2）基于 RWR 生成候选标签过程

实际上，除受直接交互用户的标签影响外，用户的兴趣有时还受整个网络中非直接交互用户标签影响，为此采用 RWR 求取网络上其余用户相对于目标用户的亲密程度。假定目标用户为 u_O，网络上其余 $N-1$ 个用户 $(u_1, u_2, \cdots, u_{N-1})$ 相对于 u_O 的亲密度依次为 $u_O(1), u_O(2), \cdots, u_O(N-1)$，那么这 $N-1$ 个用户的任何一个标签 tag_j 都有可能成为用户 u_O 的标签，且 tag_j 对于用户 u_O 的重要程度 $w_{tag_j u_O}$ 等于 tag_j 与 $N-1$ 个用户重要程度的加权和，见式（4-7）。

$$w_{tag_j u_O} = \sum_{i=1}^{N-1} u_O(i) \times w_{tag_j u_i} \tag{4-7}$$

其中，如果 tag_j 出现在用户 u_i 的标签中，$w_{tag_j u_i}$ 会存在一个非零权值（如初始化时全部标签对用户的重要程度都等于 1），否则 $w_{tag_j u_i} = 0$。如果网络规模大，而每个用户又有自己不同的标签，通过式（4-7）得到的用户 u_O 标签的数量将会非常大，通常选取对用户 u_O 重要程度高的 Top K 个标签作为用户 u_O 的标签候选集。

4. 基于标签链的候选标签抽取

RWR 只是对候选标签进行了粗选，直接推荐给用户往往不太合适，为此，需要从候选标签中抽取更合适的标签。为了有效地抽取用户标签，对比现有不同方法（分别来自于文献[114, 118, 119]）得到的用户标签推荐结果，发现随 N 的增加，$P@N$ 有逐渐降低的趋势。换句话说，排名居前的推荐标签质量要优于排名居后的标签。基于这个观察，本书提出使用排名居前的标签构造标签链，然后进行候选标签抽取。标签链的构造与词汇链构造类似。词汇链最早由 Halliday 和 Hasan 于 1976 年[120]提出，目的是用于文本分割，即分析文本的结构。近几年来，这一方法在关键词抽取方面得到了很好的应用，如文献[121-123]。基于词汇链的关键词抽取方法中词汇链构建步骤如下[124]：①对文本经分词、词频过滤、词性标注和词义标注后，设置一个词语语义度阈值 s。②以句子为单位，计算句子中词语间的语义相关度，将相关度值大于阈值 s 的词语加入候选词汇集 H，假设最终得到的 H 为 $\{w_1, w_2, \cdots, w_n\}$。③从 H 中选择 w_1 作为词汇链 L 的初始词，并从 H 中删除 w_1。④从 H 的剩余词语中，选取与 L 中的词语语义相关度大于 s 的词语，将其加入词汇链 L，同时从 H 中删除加入词汇链的词。重复步骤直到 L 中没有新词加入，L 便是一条词汇链。⑤重复步骤③和步骤④构建其他词汇链，直到 H 中不存在词语。

在构建完词汇链后，再根据词汇权值函数从词汇链中选择预定个数的词汇作为关键词。基于词汇链的关键词抽取方法中词汇语义相关度的计算方法有结合统计的方法，也有结合词典如 WordNet、HowNet 的方法[122]。

根据标签关系网计算标签语义相关度，利用排名居前的候选标签构造标签链。假定使用 RWR 得到的候选标签集为 CandidateTag，标签关系网命名为 TagNetwork，标签链为 Link，则具体构建步骤如下：①从 CandidateTag 中取第一个候选标签 tag_1 作为标签链 Link 的初始词，同时从 CandidateTag 中删除 tag_1。②从 CandidateTag 的剩余标签中，选取与 Link 中的语义相关度最强的标签。③如果该标签在 CandidateTag 中，就将其加入标签链 Link，同时从 CandidateTag 中删除它；否则 L 便是一条标签链，再继续从 CandidateTag 中取标签作为新标签链的初始标签，重复步骤①与②，直到 CandidateTag 中不存在标签，便可得到全部标签链。

在获得所有标签链后，从第一条标签链开始依次取标签，直到得到指定个数的标签后推荐给用户。

4.2.2　数据集及评估方法

新浪微博是基于用户关系的信息分享、传播及获取信息的平台，是目前国内访问量最大的网站之一。为了研究有关 H7N9 微博的特性，利用网页爬虫技术从新浪微博上抓取这些微博及微博用户 ID。根据二八原则，本书认为 20%的微博用户为核心用户，80%的用户为非核心用户，因此本节只使用微博粉丝数排名居前20%的用户 ID 去爬取用户关系。又因为新浪微博首页系统默认显示的是 10 页内容，最终得到了这20%用户的前10页中的好友关系，共含有 33 440 个节点和 45 559条边。用有用户标签的 6375 位用户过滤所得到的关系网络，舍弃掉未打标签用户（节点及其边都从网络中删除）后，得到含有 2434 个节点和 2656 条边的关系网。为了保证 RWR 在图上的随机游走，最终取网络中最大连通网络（包含 2319 个节点与 2544 条边）作为本实验的数据集，该数据集的其他统计信息见表 4-6。

表 4-6　新浪微博数据集统计

用户交互关系图的基本统计信息		用户关系图上用户标签的统计信息	
节点数	2319	总标签数	7453
边数	2544	出现一次的标签数	6242
平均聚类系数	0.0031	标签数为 1 的用户数	175
图直径	10	标签数大于 8 的用户数	761

精度（precise）和召回率（recall）是广泛用于信息检索和统计学分类领域的两个度量值，用来评价结果的质量。为了评估标签推荐质量，采用前 N 条结果的正确率 $P@N$ 和前 N 条结果的召回率 $R@N$ 来评价标签推荐质量，$P@N$ 和 $R@N$ 计算公式如下：

$$P@N = \frac{推荐正确的标签数}{推荐的标签数 N} \tag{4-8}$$

$$R@N = \frac{前 N 条中推荐正确的标签数}{用户标签数目} \tag{4-9}$$

实际应用中，用户更关心高推荐排名的结果，因此高排名的结果的性能更为重要。在新浪微博中，每个用户最多允许的用户标签数为 10，因此在 $P@N$ 上只选取 $P@2$、$P@4$、$P@6$、$P@8$、$P@10$ 作为评测指标。与大多数文献一样，在 $R@N$ 上只选取 $R@20$ 作为评测指标。

4.2.3　实验过程与结果分析

本节构建了两组测试集来测试算法的性能，每个测试集用户数目为 500，均采用随机抽取方法抽取。第一组测试集中用户拥有的标签数目为 8～10 个，第二组测试集中用户拥有的标签数目为 5～7 个。其测试方法如下：确定测试集后删除这些用户的标签，用本节提出的方法来为这些用户推荐标签，最后将推荐得到的标签与用户自己标记的原始标签进行比较。

在利用基于带重启的 RWR 生成候选标签中，c 的最优值根据文献[117]中方法，将用户关系图直径 d 代入 $(1-0.15)^{19} = (1-c)^d$ 而得到。本节中用户关系网络直径为 10，因此有 $(1-0.15)^{19} = (1-c)^{10}$，得 $c = 0.73$。然后使用 4.2.1 节方法生成各个目标用户标签，取 Top200 作为其候选标签集。在生成各个用户候选标签集后，使用 4.2.1 节方法给出推荐标签，得到的标签样例见表 4-7，得到的 500 个用户的平均 $P@N$ 和平均 $R@N$ 见表 4-8。表 4-7 中用户推荐的标签数均是 10，其中推荐正确的最大标签个数为 6，最少的为 0。为此，表 4-7 中给出了 0 到 6 的各个推荐正确数下的样例。为了与同类方法进行比较，表 4-8 同时给出了 Baseline 结果和使用文献[114]方法得到的结果。其中 Baseline 结果来自于将周边所有用户的标签作为自己的标签的方法，文献[114]方法结果是标签在用户关系网中不断迭代传播，直至算法达到一个稳定的状态时求解得到的结果。

表 4-7　新浪微博用户标签推荐样例

用户 ID	用户名	用户真实标签	预测的标签（10 个）	正确数
1833641821	电视台制片人唐琳	汽车，艺术，听歌，摄影，美食，旅行，电影，音乐，旅游，读书	电影，音乐，旅游，摄影，时尚，旅行，平常心，娱乐，美食，生活	6
2041087977	淮安官方论坛	交友，音乐，时尚，宅，90 后，旅游，80 后，电影，淮安	旅游，电影，音乐，时尚，自由，游泳，摄影，美食，80 后，旅行	5
1335280	温州胡教练	幽默，小说，上网，旅游，美食，电影，自由，旅行，时尚，音乐	旅游，电影，音乐，摄影，媒体，新闻，时尚，80 后，宅，新闻资讯	4
1883617103	王小慧_XiaoHuiWang	设计，建筑，文学，摄影，新媒体，时尚，旅行，电影	旅游，电影，音乐，80 后，美食，时尚，摄影，历史，财经，健康	3
1633662514	蒋丰	读书，禅，旅游，情感，历史，华人，日本，80 后，大学生，平常心	电影，音乐，旅行，自由，旅游，历史，听歌，娱乐，美食，创业	2
1289743605	超大龄单身非文艺…	淘宝控，摄影，睡觉，宅，旅行，电脑，执着，男人，单纯，O 型血	互联网，创业，旅游，电影，音乐，微博，上网，地产，电子商务，摄影	1
1728892794	老鬼阿定	收藏，美食，国际，艺术，娱乐，信息化，科技，历史，社会，人生	新闻，媒体，传媒，电影，音乐，看书，旅行，创业，互联网，文艺	0

表 4-8　新浪微博标签推荐结果比较

测试集	方法	P@2	P@4	P@6	P@8	P@10	R@20
第一组测试集 （用户标签数 8～10）	本节方法	0.127	0.1145	0.101	0.0895	0.0808	0.0955
	文献[114]方法	0.1180	0.1140	0.0973	0.0840	0.0750	0.1126
	Baseline	0.076	0.068	0.065	0.063	0.06	0.0997
第二组测试集 （用户标签数 5～7）	本节方法	0.083	0.0845	0.073	0.063	0.0548	0.0917
	文献[114]方法	0.072	0.068	0.0607	0.049	0.0414	0.1064
	Baseline	0.058	0.044	0.0417	0.041	0.0384	0.1027

通过表 4-7 不难看出，"电影"、"音乐"、"旅游"和"摄影"等标签在预测中出现频率较高，这与整个标签分析结果类似；一旦用户中有这些常见的标签，预测正确数会提高，如 ID 为"1833641821"的用户，其标签比较常见，预测数最高。

通过表 4-8 中不同方法所得结果的比较，可以看出：①随 N 的增加，三个方法得到的 $P@N$ 依旧有逐渐降低的趋势，但本节方法在第二组测试集上时 $P@4$ 精度高于 $P@2$ 的精度，说明结合标签共现关系网对位置居后的标签推荐质量有提高；②在两组测试集上，本节方法与文献[114]中方法的推荐精度均比 Baseline 方法的高，其中本节方法的精度又要略高于文献[114]方法得到的推荐精度；③在两组测试集上，本节方法在前 20 个标签的推荐召回率上最低，文献[114]方法的结果最好。这三点结果表明，本节方法拥有前 10 个标签的高预测精度和前 20 个标签的低预测召回率，这意味着本节方法在高排名标签预测上更好，这可能是因为在抽取候选标签时使用了标签共现的语义信息。换句话说，如果合理地对标签自身的语义特征进行分析，会使标签预测效果有提升。但总体上来说，本节针对用户标签的推荐结果都不高，这可能是因为本节所用的微博用户标签关系网络过于稀疏。

4.2.4　小结

本节针对新浪微博中绝大多数用户没有给自己打标签或标签较少的问题，提出了基于用户关系网和标签共现网的微博用户标签预测方法。为此，首先基于用户关注关系构建用户关系网，同时基于用户标签共现关系构建标签语义网。然后在用户关系网上使用带重启随机游走模型计算用户相似度，并根据用户相似度获得各个标签对用户的重要程度，提取 Top200 作为用户的候选标签集。在获得用户候选标签集后，结合标签关系网使用基于标签链方法抽取候选标签并推荐给用户。在新浪微博真实数据集上的测试表明，本节提出的标签预测结果比当前常用的将周边所有用户的标签作为用户标签方法的结果有一定的提高，但总体上来说得到的正确率和召回率都比较低，这可能是因为微博上用户在打标签时带有较高的随意性。

本节只研究用户之间的静态的关注/粉丝关系，在以后的研究中，将进一步考虑用户之间评论关系、转发关系、提及关系等具有动态性的关系。

4.3　多语言微博 Hashtag 推荐研究①

利用基于 KNN 的 Hashtag 推荐方法，将微博文本表示为向量，然后计算相似度，从语料中选出与目标微博最相似的微博文本，然后抽取候选 Hashtag。本节比较了向量空间模型（VSM）、潜在语义分析（latent semantic analysis，LSA）模型、隐含狄利克雷分布（latent Dirichlet distribution，LDA）模型、深度学习（deep learning，DL）等四种文本表示方法对基于 KNN 的 Hashtag 推荐效果的影响。以 Twitter 网站上有关 H7N9 的微博为测试数据，实验结果表明，深度学习的文本表示方法在基于 KNN 的 Hashtag 推荐中取得最好的效果。

4.3.1　研究流程说明

K 最近邻方法是由 Cover 和 Hart 提出的[125]，基本思想是考察训练集中与当前文本距离最近的 K 个样本点，由这 K 个样本点决定当前文本的类别，是机器学习中经典的方法之一。本节利用 K 最近邻方法为用户推荐 Hashtag，基本假设为：在微博文本集合中，距离当前微博文本距离最近的微博文本所包含的 Hashtag 也最相似。在该方法中，文本表示和距离计算是关键的步骤。因此本节将向量空间模型、潜在语义分析模型、隐含狄利克雷分布模型及深度学习等四种文本表示进行比较分析，找出在基于 KNN 的 Hashtag 提取任务中，最合适的微博文本表示方法。

如图 4-17 所示，Hashtag 推荐流程如下。

（1）对抓取到的文本微博进行一系列的预处理，作为训练集。

（2）对训练集进行文本表示，以向量的形式存储。

（3）当用户输入一条微博时，将其表示为向量，并与训练集中的每条微博文本进行相似度计算（本节使用向量夹角的余弦值作为相似度），余弦相似度计算公式为

$$sim(x,y) = (\langle x,y \rangle) / (|(|x|)| \cdot |(|y|)|) \tag{4-10}$$

（4）从与当前微博最相似的 K 个微博中抽取候选 Hashtag。对于包含 Hashtag 的微博，直接提取其中的 Hashtag 作为候选 Hashtag。针对不含 Hashtag 的微博，

---

① 本节主要内容发表于：邵健，章成志. 文本表示方法对微博 Hashtag 推荐影响研究——以 Twitter 上 H7N9 微博为例. 图书与情报，2015（3）：17-25。

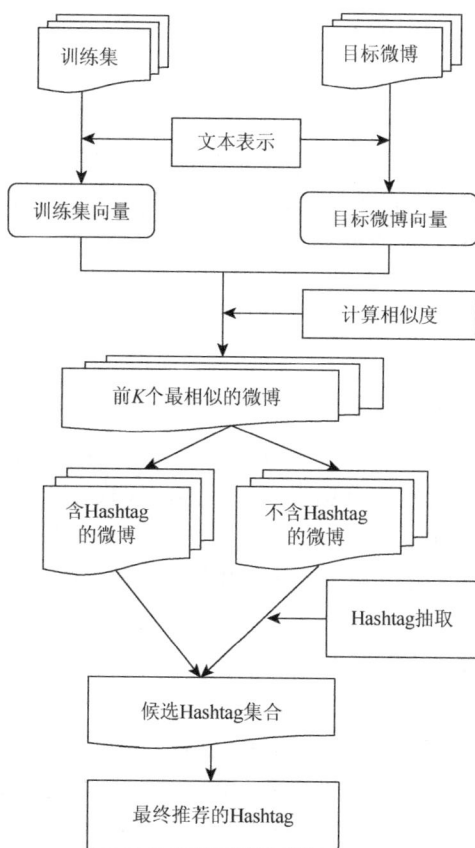

图 4-17　基于 K 最近邻方法的 Hashtag 推荐方法流程图

为了缩短程序的执行时间和提高执行效率，本节使用简化的关键词抽取方法，使用句法分析器抽取其中的名词短语，以及将去除停用词后的单个词汇作为候选 Hashtag。大多数 Hashtag 由名词短语及单个词汇组成，因此句子中的名词短语和单个词汇也可以作为候选的 Hashtag。

（5）根据候选集中每个候选 Hashtag 出现的频次与候选 Hashtag 所在微博与当前微博相似度的乘积推荐 Hashtag，计算方法见式（4-11）。

$$\text{score} = \text{Freq}(\text{Hashtag}) \times \text{sim}(\text{Hashtag}, t) \tag{4-11}$$

其中，score 表示候选 Hashtag 得分；Freq(Hashtag)表示候选 Hashtag 在候选集中的频次；sim(Hashtag, t)表示候选 Hashtag 所在微博与当前微博的相似度。

Hashtag 所在微博与当前微博的相似度越高，说明两条微博越相似，那么这条微博中包含的 Hashtag 是用户所需要的 Hashtag 的概率越大。Hashtag 在候选集中的频次一定程度上表示出了候选集的主题分布，高频次的 Hashtag 表明候选集的主题更倾向于这个 Hashtag 所代表的主题。因此，Hashtag 所在微博与目标微博的相似度乘以 Hashtag 在候选集中的频次的计算方法综合考虑了相似度与一定范围内的主题信息。

对于不同的用户来说，有不同的 Hashtag 使用习惯和使用目的，用户在选择 Hashtag 时，即使有相同的目的，由于文化背景或思维等因素的差异，也可能选择不同的 Hashtag，"最正确"的 Hashtag 不一定是用户"最想要"的 Hashtag，应每次推荐多个 Hashtag 以供用户选择。

4.3.2　关键技术说明

向量空间模型将文本映射到一个特征空间中，用向量的方式表示文本，以方便计算。常配合 TF*IDF 等权重计算方法计算每个词汇的权重。向量空间模型的缺点是当词汇数量增多时，维度也会相应增加，导致计算速度缓慢、特征稀疏等问题，该模型也无法表示出词汇之间的语义关系。潜在语义分析和隐含狄利克雷分布模型都能表示词汇的语义信息，因此出现大量使用潜在语义分析和 LDA 对微博短文本进行处理的研究。例如，Yan 和 Zhao 使用潜在语义分析[126]发现微博中的主题，邸亮和杜永萍将 LDA 应用在 Twitter 中用于用户的推荐[127]。随着近些年深度学习技术的兴起，在 Hashtag 推荐问题中，Tomar 等基于深度学习方法将微博中的词汇表示为 300 维度的词向量，并使用神经网络推荐 Hashtag[128]。Vergeest 使用基于神经网络的词嵌入方法推荐 Hashtag[129]，皆取得了令人满意的效果。

综上所述，当前的 Hashtag 推荐方法主要使用向量空间模型对文本进行表示，缺少对其他文本表示方法的研究。因此，本节比较向量空间模型、潜在语义分析模型、隐含狄利克雷分布模型、深度学习等四种文本表示方法对基于 KNN 的 Hashtag 推荐效果的影响。

1. 向量空间模型

向量空间模型由 Salton 等在 1975 年提出，是信息检索领域的经典方法[130]。向量空间模型使用向量表示文本，将文本表示成向量空间，每个维度为文本特征。向量空间模型忽略文本的结构信息，如段落、句子及词语之间的信息，无法体现语义信息。

以向量 $\bar{D}(d_1, d_2, \cdots, d_n)$ 表示文本，其中 d_i 为向量 $\bar{D}$ 的第 i 个特征项的权重。特征项权重计算使用 TF*IDF 公式：

$$TF * IDF(T, \bar{D}) = freq(T, \bar{D}) / |\bar{D}| \times \lg count(T, \bar{D}) / N \qquad (4\text{-}12)$$

其中，T 表示词汇；$\bar{D}$ 表示文本；$freq(T, \bar{D})$ 表示词汇 T 在文本 $\bar{D}$ 中出现的次数；$|\bar{D}|$ 表示文本 $\bar{D}$ 中的词汇总数；$count(T, \bar{D})$ 表示包含词汇 T 的文档数；N 表示文档总数。

2. 潜在语义分析模型

潜在语义分析是由 Dumais 等提出的信息检索模型[131]，使用奇异值分解（singular value decomposition，SVD）将高维的向量空间模型映射到低维的语义空间中，对原本的文档向量进行了降维，去除了一些噪声，并且反映出词语之间隐含的语义关系。

潜在语义分析是对词汇-文档矩阵进行奇异值分解，因此首先构造词汇-文档矩阵，在这个矩阵中，对其中的词汇计算权重，区别每个词语的重要性。本节使用 TF*IDF 计算矩阵中每个词汇的权重。首先构建词项-文档矩阵 C，如表 4-9 所示。

表 4-9 中，列代表文档，行代表词汇，x_{nm} 为第 m 篇文档的第 n 个词所对应的权重。对矩阵 C 进行奇异值分解，计算公式为 $C = UVP$。

保留矩阵 U、V、P 的前 k 列，将其他列去除后得到 U_k、V_k、P_k，再重新构建矩阵 C_k：

$$C_k = U_k V_k P_k \tag{4-13}$$

表 4-9　词项-文档矩阵

	d_1	d_2	d_3	$\cdots$	d_m
t_1	x_{11}	x_{12}	x_{13}	$\cdots$	x_{1m}
t_2	x_{21}	x_{22}	x_{23}	$\cdots$	x_{2m}
t_3	x_{31}	x_{32}	x_{33}	$\cdots$	x_{3m}
$\vdots$	$\vdots$	$\vdots$	$\vdots$	$\vdots$	$\vdots$
t_n	x_{n1}	x_{n2}	x_{n3}	$\cdots$	x_{nm}

这时新的 C_k 即为文本的向量形式，潜在语义分析通过 SVD 这种数学方法对原矩阵进行降维，最终结果可解释性较差[132]。

3. 隐含狄利克雷分布模型

隐含狄利克雷分布模型是 Blei 等提出的一种概率主题模型[132]，与 LSA 有着密切的联系。LSA 生成的向量无法被很好地解释，因此 Hofmann 针对 LSA 的缺点提出了概率潜在语义分析（probabilistic latent semantic analysis，PLSA），PLSA 较好地解决了多义词的问题，每个维度可以被解释为词典中的概率分布[133]。PLSA 中参数数量会随着文档的增加而增加，并且容易出现过拟合。2003 年，Blei 等为了克服 PLSA 的上述缺点，引入了狄利克雷先验分布，提出了 LDA 模型。

LDA 能够将高维的向量空间映射到低维的主题空间，避免了特征稀疏问题的出现。微博这类短文本不仅词汇少，且存在缩写词汇、网络俚语及大量未登录词，这些干扰因素都会影响文本间相似度的计算，LDA 用主题分布的概率对文本进行表示，减少了上述噪声的影响。与上述两种方法相比，由于加入了狄利克雷先验分布，LDA 的缺点是计算量大。如图 4-18 所示，LDA 是一个三层贝叶斯概率模型，包含词项、主题和文档三层结构。

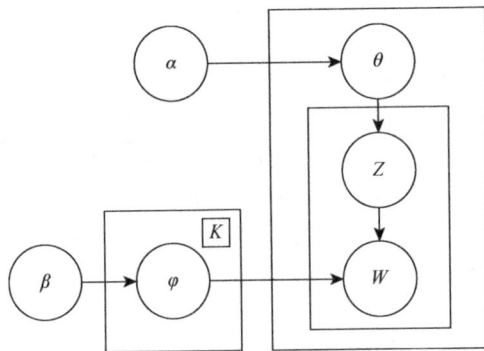

图 4-18　LDA 的概率图模型[132]

图 4-18 中，φ 表示主题中的词项概率分布，θ 表示第 m 篇文档的主题概率分布，φ 和 θ 分别表示多项式分布的参数用于生成主题和单词。K 表示主题数量，W 和 Z 分别表示第 m 篇文档中第 n 个单词及其主题。α 和 β 是 LDA 的先验参数，α 反映文本集合中主题的相对强弱，β 则反映所有主题自身的概率分布。在 LDA 中，首先生成整个文档集合的主题分布，然后计算每个文档对每个主题的概率分布，将文档映射到主题空间，以此将文本用整个文档集合的主题进行表示。

4. 深度学习模型

目前常用的词汇表示方法是独热表示（one-hot representation），词汇出现的位置值为"1"，其他位置为"0"。这种方法无法表示出词汇之间的语义关系[134]。Hinton 等提出的分布式表示（distributed representation）方法克服了独热表示的缺点[135]。

基于分布式表示的思想，Bengio 等提出使用神经网络训练语言模型的方法，词向量就是在训练语言模型的过程中得到的[136]。词向量包含词汇的上下文信息，通过一些相似度的计算方法，能够准确地衡量不同词汇的语义关系。Mikolov 等提出使用循环神经网络训练语言模型的方法[137]，并发布深度学习的开源工具 Word2vec[138]，大大提高了词向量的训练速度。

在 Word2vec 中将词汇使用 Huffman 树存储，在训练语言模型时，输入层为词汇的上下文，输出为经过隐含层转换之后的向量。将从 Huffman 树的根节点出发到查找到该词汇的过程看作一个连续的二分类的过程，该词汇在该上下文环境下出现的概率即为二分类过程的乘积，当语言模型训练完成时，输出层的向量即为最终的词量。

基于上述工作，Le 和 Mikolov 于 2014 年提出了基于深度学习的句子向量和文档向量的训练方法[139]，本节使用该方法作为文本的表示方法，并将其记为 Doc2vec。由深度学习得到的文本向量与词向量具有相同的优点，含有丰富的语义信息。对于微博短文本来说，这种方法能够表示出缩写词、网络俚语和正常词语之间的语义关系，相似度的计算更加准确。

如图 4-19 所示，在 Doc2vec 中，Paragraph id 代表一个段落，与 Word2vec 的方法相似，通过词汇的上下文来预测这个词汇的概率，区别是 Doc2vec 中将段落也看作一个词，这个词由段落的矩阵（paragraph matrix）表示。段落中也包含了该词汇的上下文信息，在这个模型中由于词汇之间有着前后的关系，这种方法称为分布式记忆模型（distributed memory model），另外一种不区分词汇顺序的方法使用了词袋模型，称为分布式词袋（distributed bag of words），Doc2vec 训练的过程与 Word2vec 相似。

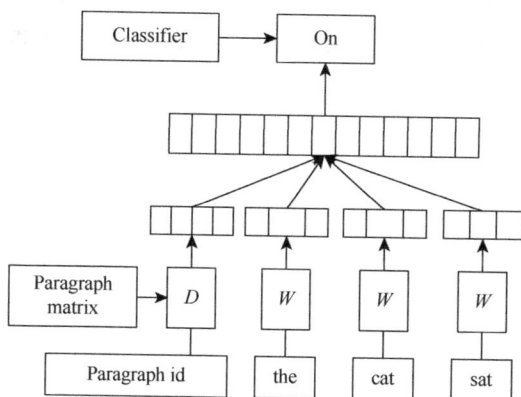

图 4-19　神经网络文本表示框架图[136]

4.3.3　实验数据说明

使用从 Twitter 中采集的语料，采用 KNN 的思想，从训练语料中找出与目标微博最相似的微博，抽取出其中包含的名词短语作为关键词及其中包含的 Hashtag 作为候选的 Hashtag，然后计算每个候选 Hashtag 的权重并进行排序，抽取出排名最高的 Hashtag 作为结果。

Twitter 是世界著名的微博平台，使用人数众多，在 Twitter 中用户发表的微博文本称为 Tweets，本节使用从 Twitter 中采集的 Tweets 作为实验数据。在 Twitter 中以 "H7N9" 为主题采集数据，具体查询式为 "h7n9 lang：en since：2014-03-08 until：2015-03-08"，从 2014 年 3 月 8 日到 2015 年 3 月 8 日在 Twitter 中进行搜索，一共采集了 87 382 条 Tweets，其中 Hashtag 被使用的总次数为 81 305 次，将这些数据作为训练集。具体信息如表 4-10 所示。

表 4-10　训练集数据组成

统计项目	数量
Tweets 总数	87 382
Hashtag 使用总数	81 305
去重后的 Hashtag 个数	4 572
包含 Hashtag 的 Tweets 数量	34 069

从训练集随机选择 1000 条只包含一个 Hashtag 的 Tweets，经过去除乱码，排除长度小于等于两个字符的 Tweets 后，剩下 740 条作为测试集。

图 4-20 为 Hashtag 频次和数量的分布图，横轴为 Hashtag 出现的频次，纵轴为在当前频次下 Hashtag 的数量，可以看出，Hashtag 的频次越高，则数量越少。

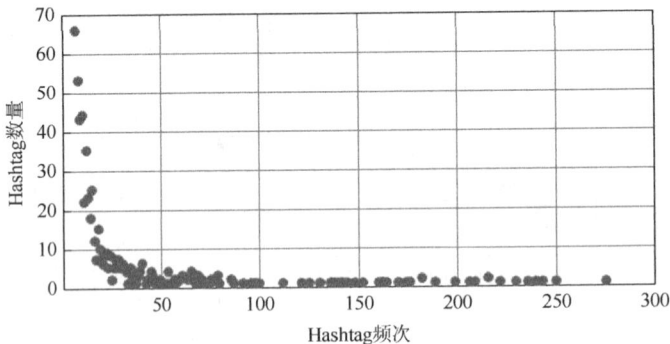

图 4-20　Hashtag 频次-数量分布图

4.3.4　实验结果

1. 评估方法

在实验中分别计算四种文本表示方法下 Hashtag 推荐的正确率，本节采用 Kywe 等的计算方法[140]，具体公式为

$$\text{Hit} = \begin{cases} 1 & \text{count}(U \cap V) \geqslant 1 \\ 0 & \text{count}(U \cap V) = 0 \end{cases} \tag{4-14}$$

其中，U 表示最后的推荐结果；V 表示测试集中 Tweets 原本包含的 Hashtag，将测试集中包含的 Hashtag 称为正确的 Hashtag；$\text{count}(U \cap V)$ 表示推荐的结果和正确的 Hashtag 的交集中 Hashtag 的数量。式（4-14）的含义可表述为，若推荐结果中至少包含一个正确的 Hashtag，则认为此条推荐结果正确，若不包含正确的 Hashtag，则认为此条推荐结果错误。Hit 代表正确与否，正确为 1，错误为 0，则正确率计算公式为

$$\text{HitRate} = (\text{count}(\text{Hit})) / (\text{count}(V)) \tag{4-15}$$

其中，$\text{count}(\text{Hit})$表示正确推荐结果的数量；$\text{count}(V)$表示测试集的个数；HitRate 表示推荐结果的正确率。

2. 实验参数设置

在实验中，调用开源工具 gensim[141]中的向量空间模型、潜在语义分析模型、隐含狄利克雷分布模型和 Doc2vec 等四种文本表示方法。其中向量空间模型和潜在语义分析模型采用 TF*IDF 计算每个词汇的权重。隐含狄利克雷分布模型的实现采用 Hoffman 等提出的方法[142]，迭代次数设置为 50 次，其他参数为默认值。基于深度学习的文本表示参数设置为：窗口为 15，最低频次阈值为 1，其他参数为默认值。基于 KNN 的 Hashtag 推荐中，设置 K 值为 100，即每次从训练集中取前 100 个与当前 Tweets 最相似的 Tweets。

3. 实验结果分析

分别测试推荐 1，2，3，4，5 个 Hashtag 的正确率。实验结果如图 4-21 所示。图 4-21（a）～（d）分别给出向量空间模型、潜在语义分析模型、隐含狄利克雷分布模型和 Doc2vec 四种表示方法所选取的维度与正确率之间的关系。

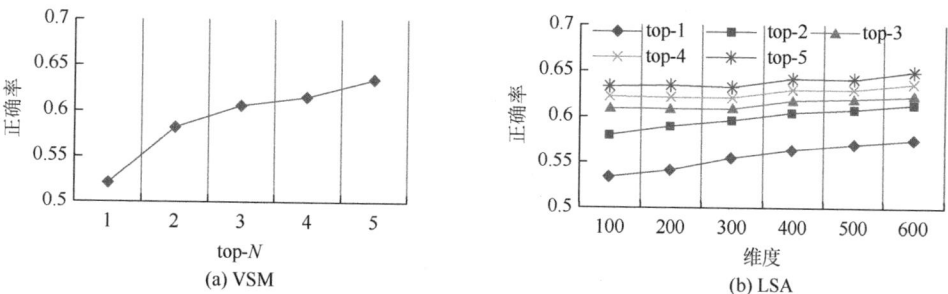

(a) VSM

(b) LSA

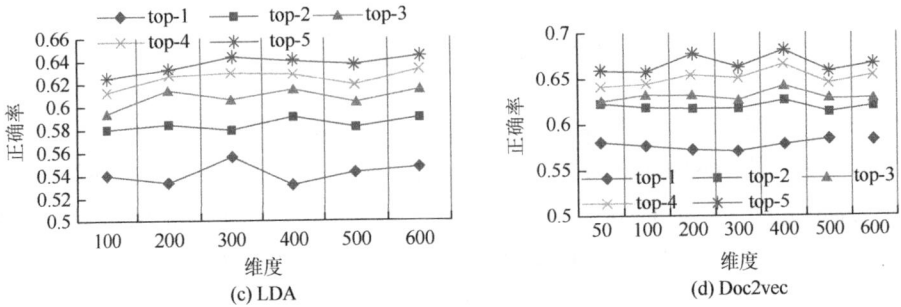

图 4-21　四种文本表示方法的正确率

图 4-21（a）为使用向量空间模型进行文本表示的 Hashtag 推荐结果，横坐标为推荐的 Hashtag 数量，纵坐标为正确率，最终的推荐结果随着推荐数量的增加而增加。使用向量空间模型表示的微博文本，向量维度很高，特征很稀疏。

由图 4-21（b）可知，使用潜在语义分析模型进行文本表示得到的推荐结果随着其维度的上升而上升，本节测试到 800 维度，正确率仍然在上升，但是非常缓慢。为了与其他方法的维度数量统一，图中只显示到 600 维度。

由图 4-21（c）和图 4-21（d）可知，隐含狄利克雷分布模型与 Doc2vec 的推荐正确率会出现波动，不随着维度的增加而增加，Doc2vec 在 400 维度时取得了最高的正确率。潜在语义分析模型和隐含狄利克雷分布模型的实验从 100 维度开始，Doc2vec 从 500 维度开始，并且正确率高于其他方法。虽然各自的维度具有不同的含义，但从降维的角度考虑，Doc2vec 取得了更好的降维效果。

图 4-22 为四种文本表示方法在不同维度上的平均正确率，横坐标为最终推荐 Hashtag 的数量，纵坐标为正确率。在基于 KNN 的 Hashtag 推荐任务中，Doc2vec 的文本表示方法取得了最好的效果。

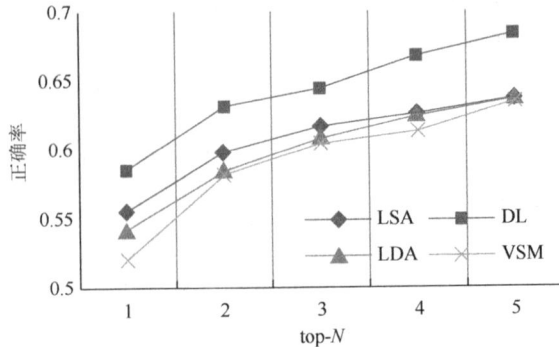

图 4-22　不同表示方法的平均正确率

通过候选 Hashtag 的频次与候选 Hashtag 所在微博与当前微博的相似度这两个因素衡量候选 Hashtag 是否应该为真正的 Hashtag，这两个因素皆受到相似度计算结果的影响。对文本表示得越准确，含义相近的文本之间相似度越高，当更多的包含正确 Hashtag 的微博与当前微博相似度提高时，前 K 个微博中包含正确 Hashtag 微博的数量将会提高，相应地，在候选集中正确 Hashtag 的频次也将有所增加，这将提高正确 Hashtag 的得分在候选集中的排名。从以上两个关键因素可以看出，准确地计算相似度是抽取正确 Hashtag 的关键。VSM、LSA、LDA、深度学习四种文本表示方法中深度学习取得了最高的推荐正确率，说明深度学习的文本表示方法能够排除噪声的干扰，最准确地表达文本的含义。

造成 VSM、LSA、LDA 三种方法效果差的原因可能有以下几点：①VSM 无法表示出文本中同义词和多义词的信息，且微博文本中存在大量噪声，VSM 也不能很好地应对噪声造成的干扰；②文本中的多义词将对 LSA 造成较大干扰；③LDA 的效果受到文本的长度和文本数量的影响较大，而实验的语料是微博短文本，因此 LDA 的效果较差。

4.3.5　小结

本节利用 KNN 的思想，对语料中的微博按照相似度进行排序，抽取出相似度大于一定阈值的微博文本中包含的 Hashtag 作为 Hashtag 推荐的结果。在计算相似度之前，分别使用向量空间模型、潜在语义分析模型、隐含狄利克雷分布模型及深度学习等四种文本表示，分别对比了这四种文本表示方法的效果，发现基于深度学习的文本表示方法效果最好，这说明基于深度学习的文本表示方法能够准确地表示文本的语义信息，使得相似度的计算结果更加可靠。

第5章 多语言社会化标签聚类研究

标签聚类结果对社会关系网络发现(如发现兴趣度相同的用户)、协同推荐(通过兴趣相近的用户对资源的评价向用户推荐)、企业产品信息的全方位监测(如跨国公司通过多语言标签聚类结果全面考察客户的需求和评论信息)领域及社会舆情监测等领域,有着重要的应用价值。因此,对社会化标签的聚类研究一直以来都是热门的研究课题。

本章将介绍与社会化标签聚类研究相关的四个子研究。其中,第一个和第二个研究是对标签聚类效果的两个基础研究。5.1节将介绍第一个研究,即中文博客标签的聚类及可视化研究。此研究是为指出利用用户标注的标签相较于利用机器自动抽取的标签进行聚类效果更好,但是研究发现,用户提供的标签中存在大量低质量的标签,从而影响了聚类效果。本节选取科学网博文的两类标签为研究对象,即用户生成标签和由 TextRank 算法生成的标签(简称机器生成标签)对标签进行统计处理后生成各自的标签词典,根据标签词典用两种相似度计算方法(余弦相似度法和欧几里得距离法)对标签进行相似度计算,用开源的 AP 聚类算法对两种不同来源的标签进行聚类,并使用可视化工具对聚类标签进行展示,最后对两种标签聚类结果进行相应的比较和描述。5.2节将介绍第二个研究,即标注内容与用户属性结合的标签聚类研究,本节研究的目的是了解利用哪些标签特征进行标签聚类的效果较好。本节以网络博客(科学网博客)为例,从资源和用户两个角度分别构建标签向量空间模型,计算标签之间的相似度,并用不同的加权方法将两者结合起来,比较其聚类结果的差异。研究发现,两种特征的结合在部分情况下提高聚类效果,标签聚类中应更加关注标签的内容特征。

在上述对质量和聚类研究的基础上,进行高质量社会化标签聚类研究。通过第3章的社会化标签质量评估研究,了解到现有的用户提供的标签存在很多质量问题,以及标签质量评估可以看作一个分类问题,通过综合使用标签的内容属性和社会化属性进行解决。通过上述两个社会化标签聚类研究,知道了利用用户提供的标签进行聚类和结合标签的各种特征进行聚类的效果更好。因此,通过综合上述研究结论,进一步探索不同质量的标签对最终的标签聚类结果会产生哪些影响,低质量标签的混入是否仅仅只是降低标签聚类效果。为此,本节旨在比较与分析不同质量标签的聚类结果,探索聚类对象的质量差异对聚类效果的影响。

上述聚类研究都是针对中文博文进行的,第四个研究是多语言微博 Hashtag

聚类研究。Hashtag 聚类技术主要应用在热点事件发现中，通过对不同的 Hashtag 进行聚类，从聚类的类簇中挖掘热点事件。目前对 Hashtag 进行聚类的方法主要有 *K*-means 等聚类方法，缺少针对其他聚类方法及文本表示方法的研究。因此，本节主要对比了两种不同的聚类策略，并研究了不同的文本表示方法和多种聚类算法的聚类效果。

5.1　中文博客标签的聚类及可视化研究①

5.1.1　系统框架设计与具体实现

1. 系统总体框架

从图 5-1 可以看出，系统主要分为三个模块，分别为标签生成模块、标签聚

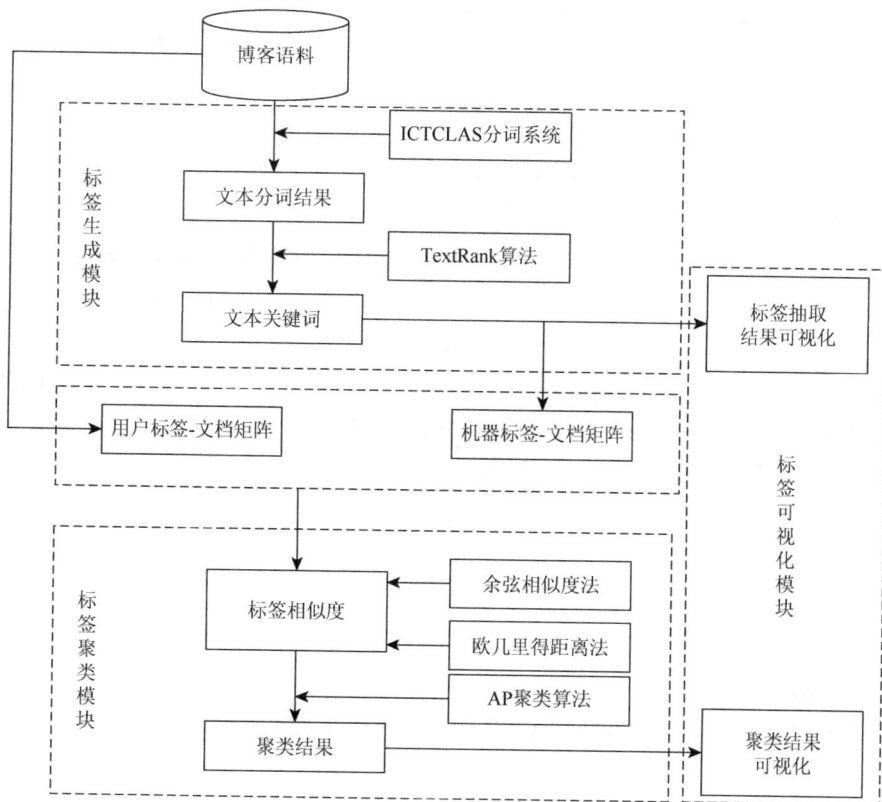

图 5-1　聚类标签云图系统框架

① 本节主要内容发表于：顾晓雪，章成志. 中文博客标签的聚类及可视化研究. 情报理论与实践，2014，37（7）：116-122.

类模块和标签可视化模块。标签生成模块主要对博文实现标签的自动抽取；标签聚类模块对所有的标签进行聚类；标签生成模块对聚类的标签进行云图的自动生成。主要流程为：博文标签自动抽取和用户标签的获取，生成用户标签词典，生成文档-标签矩阵后再转置生成标签-文档矩阵，用余弦相似度法和欧几里得距离法计算两个标签之间的相似度，AP 聚类算法生成标签聚类结果，映射、统计、排序后的标签聚类结果，最后用开源工具实现标签聚类可视化。

2. 标签生成模块

标签生成模块采用 TextRank 算法[73]进行已经分词的文本的关键词提取。关于 TextRank 算法的描述参见 4.1.1 小节单文档关键词提取技术部分，在此不再赘述。

3. 标签聚类模块

Frey 和 Dueck 在 *Science* 杂志上提出一种新的聚类算法：近邻传播（affinity propagation，AP）[143]。AP 聚类算法不需要事先指定聚类数目，相反，它将所有的数据点都作为潜在的聚类中心，称为范例（exemplar）[144]。AP 需要输入一个集合，集合中是数据点之间的相似度，用 $s(i, k)$ 表示索引点 k 和范例之间的相似度[35]。它根据 N 个数据点之间的相似度进行聚类，这些相似度可以是对称的，即两个数据点互相之间的相似度一样（如欧几里得距离）；也可以是不对称的，即两个数据点互相之间的相似度不等。这些相似度组成 $N×N$ 的相似度矩阵 S（其中 N 表示有 N 个数据点）[143]。以 S 矩阵的对角线上的数值 $s(k, k)$ 作为 k 点能否成为聚类中心的评判标准，该值越大，这个点成为聚类中心的可能性也就越大，这个值又称作参考度或偏好参数（preference）p[143]。AP 聚类算法中传递两种类型的消息：吸引度（responsibility）和归属度（availability）。$r(i, k)$ 表示从点 i 发送到候选聚类中心 k 的数值消息，反映 k 点是否适合作为 i 点的聚类中心。$a(i, k)$ 表示从候选聚类中心 k 发送到点 i 的数值消息，反映 i 点是否选择 k 作为其聚类中心[143]。$r(i, k)$ 与 $a(i, k)$ 越强，则 k 点作为聚类中心的可能性就越大，并且 i 点隶属于以 k 点为聚类中心的聚类的可能性也越大。AP 聚类算法通过迭代过程不断更新每一个点的吸引度和归属度值，直到产生 m 个高质量的范例，同时将其余的数据点分配到相应的聚类中[144]。

聚类的数量受到参考度 p 的影响，如果认为每个数据点都有可能作为聚类中心，那么 p 就应取相同的值。如果取输入的相似度的均值作为 p 值，得到的聚类数量是中等的。如果取最小值，得到类数较少的聚类[144]。

AP 聚类算法的具体工作过程如下：先计算 N 个点之间的相似度值，将值放在 S 矩阵中，再选取 P 值（一般取 S 的中值）。设置一个最大迭代次数，迭代过程开始后，计算每一次的 R 值和 A 值，根据 $R(k, k) + A(k, k)$ 值来判断其是否为聚

类中心，当迭代次数超过最大值（maxits 值）或者当聚类中心连续多少次迭代不
发生改变（convits 值）时终止计算[144]。

4. 标签云图模块

1）标签抽取结果的云图显示（无语义关联关系）

用 JSP + CSS + JFreeChart①等开源工具实现标签云图。JFreeChart 是 Java 平台
上的一个开放的图表绘制类库。它完全使用 Java 语言编写，是为 applications、
applets、servlets 及 JSP 等使用所设计。JFreeChart 可生成饼图（pie chart）、柱状
图（bar chart）、散点图（scatter plot）、时序（time series）图、甘特图（Gantt chart）
等多种图表。

2）标签聚类结果的云图显示（含语义关联关系）

Prefuse②是一组软件工具，用于创建丰富的交互式数据可视化。原始的 Prefuse
工具箱提供了一个可视化的 Java 编程语言的框架。Prefuse 的工具包 flare 提供
ActionScript 和 Adobe Flash Player 的可视化和动画工具。Prefuse 支持一组丰富的
功能进行数据建模、可视化和交互。它提供了优化的数据结构表、图表和树结构，
一整套的布局和视觉编码技术，支持动画、动态查询、综合搜索及与数据库的连
接。Prefuse 是用 Java 编写的，使用 Java2D 图形库，很容易集成到 Java 的 Swing
应用程序或网络小程序。

5.1.2　实验结果分析

1. 数据获取

以科学网博客为例，采集了 2007 年 3 月 6 日到 2012 年 1 月 22 日共 3505 个
博主的 68 127 篇带有用户标签的博文作为数据样本。从中随机抽取科学网带有用
户标签的 1000 篇博文作为样本。通过构建标签-文档矩阵，用余弦相似度法和欧
几里得距离法计算出标签与标签的相似度，得到一个标签相似度文本，导入 AP
聚类软件③进行标签聚类，得到以下实验结果。

2. 实验结果分析

1）用户标签聚类结果分析

对 2630 个用户标签以不同的标签相似度计算方法和不同的偏好值为两个维

---

① http://www.jfree.org/jfreechart/。

② http://prefuse.org/。

③ http://www.psi.toronto.edu/index.php?q=affinity%20propagation。

度，作出了 5 次聚类后的结果图。从表 5-1 中可以看出，以欧几里得距离法计算两个标签的相似度时，聚类结果中的所聚类的个数比以余弦相似度法少，且随着preference 的增大，两种方法所聚类的个数增大。选取 preference 最小的一组数据来比较两种相似度计算下用户标签的区别。

表 5-1　用户标签聚类结果比较

标签数	preference		识别出的类簇数		净相似度	
	余弦相似度法	欧几里得距离法	余弦相似度法	欧几里得距离法	余弦相似度法	欧几里得距离法
2 630	0.0	−6.557 438 524 302	744	532	1 639.915 603	−5 476.897 166
2 630	0.2	−5.245 950 819 442	798	596	1 795.486 190	−4 750.023 957
2 630	0.4	−3.934 463 114 581	858	699	1 971.466 115	−3 944.334 299
2 630	0.6	−2.622 975 409 721	1 011	911	2 161.804 603	−2 957.486 183
2 630	0.8	−1.311 487 704 860	1 221	1 112	2 383.296 696	−1 759.168 267

从表 5-1 与图 5-2 中可以看出用余弦相似度法计算相似度进行聚类的结果，2630 个标签聚成了 744 个类，最多的一个类有 50 多个标签，其余类中大多数聚类标签的个数都小于 10 个；而用欧几里得距离法计算相似度进行聚类的结果，2630 个聚成了 532 个类，其中最多的一个类有近 80 个标签，其余类中大多数聚类标签的个数小于 10 个。

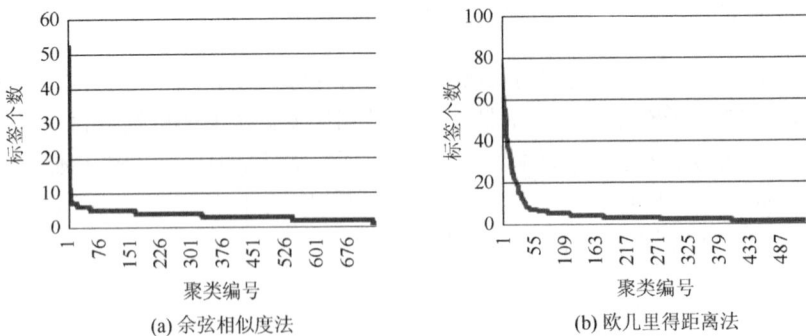

(a) 余弦相似度法　　　　　　　　　　(b) 欧几里得距离法

图 5-2　两种相似度计算的用户标签的 AP 聚类结果

再对各聚类标签的内容进行分析。选择两种相似度算法的前 20 个标签聚类结果进行分析，发现余弦相似度法的效果比较好，能够体现出一定的主题，如{感冒看病 流感 求医 人体 人性化 身体 试验 细菌 药 医 医生}主要反映了关于医学的主题。而用欧几里得距离法计算相似度进行聚类的结果，反映的主题不太相关，如{Firefox GPS Isla June La data 电视 调查表 发酵工程 防火墙 公家人 姜园 寻梦：滑叶山姜 经济学 就业率 口述历史 立法 全民最大党 人生！生物工程 生物学 事后诸葛 太平洋地壳跷跷板 物权法 细胞经济学说}，其中有 IT、经济、历史、生物几个类的相关标签。另外，还能通过标签聚类发现一些垃圾标签，如 {amp blramp classamp div gt h3 idamp lt quot}。

2）抽取标签聚类结果分析

对于机器抽取的标签，选取了 3921 个标签作为特征向量。从表 5-2 中可以看到，余弦相似度法计算的标签聚类个数远远超过欧几里得距离法。所以选择余弦相似度法 preference 为最小，而欧几里得距离法 preference 最大的两组聚类结果进行分析。

表 5-2　抽取标签聚类结果比较

标签数	preference		识别出的类簇数		净相似度	
	余弦相似度法	欧几里得距离法	余弦相似度法	欧几里得距离法	余弦相似度法	欧几里得距离法
3 921	0.0	−5.656 854 249 492 381	194	3	163.144 362	−918.143 1
3 921	0.133 333 333 333	−4.525 483 399 594	3 520	4	634.232 684	−914.274 542
3 921	0.266 666 666 667	−3.394 112 549 695	3 564	15	1 105.517 539	−906.122 839
3 921	0.399 999 999 999	−2.262 741 699 797	3 647	88	1 584.913 640	−857.520 222
3 921	0.533 333 333 333	−1.131 370 849 898	3 917	296	2 091.559 592	−647.128 412

对于机器生成的标签，两种相似度算法中聚类的结果中都出现了一个庞大的聚类体。产生的原因是，聚类中把相似度为 0，即没有关系的标签都聚类到一起。

3）用户生成标签和机器生成标签聚类结果分析

用户生成标签的聚类效果更好些，如生病这个主题，用户生成标签{感冒 看病 流感 求医 人体 人性化 身体 试验 细菌 药 医 医生}，机器生成标签 {感冒 流感 人体 身体 试验 细菌 药物 医生}。用户标签对这个主题的描述更详细。但是用户给出的标签长度、质量难以控制，导致用户标签中有一些无意义的标签和长度过长的标签。在对用户标签聚类的结果中发现大量的有意义的主题。而机器生成的标签短小精炼，聚类的结果不够分散，对主题描述比较粗略。

4）标签云图显示

本节分两部分：标签抽取结果的云图显示（图 5-3）、标签聚类结果的云图显示（图 5-4）。

第4届ACM网络搜索与数据挖掘国际会议（4th ACM Conference on Web Search and Data Mining, 简称WSDM 2011）于2011年2月9至12日在香港举行。微软亚洲研究院研究员李航博士，与德国汉诺威大学Wolfgang Nejdl 教授共同担任此次大会程序委员会主席。微软亚洲研究院前院长、现任微软全球资深副总裁沈向洋博士为大会做了主题报告。另外特别值得一提的是，大陆学者在本届WSDM会议中扮演的角色越来越积极和活跃，此次大会中有40多 名内地的学者和学生参会，发表论文11篇，占大会录用论文的一成以上。下面，让我们一起来看看李航博士带来的 大会回顾。 WSDM（英语发音wisdom）于2008年在美国斯坦福大学举行第一届会议。虽然只有几年时间，它已经发展成为了网络 搜索与数据挖掘领域的顶级国际学术会议。WSDM不同于互联网搜索会议WWW，它更专注于搜索与数据挖掘，也不同 于ACM信息搜索会议SIGIR与ACM数据挖掘会议SIGKDD，它更侧重于网络。事实上，WSDM是由ACM SIGIR、SIGKDD、 SIGMOD、SIGWEB共同赞助的国际会议。 WSDM强调工业界与学术界的共同参与和交流，既重视网络搜索与数据挖掘领域的基础研究，也重视该领域的应用。 众所周知，互联网搜索与数据挖掘已发展成为计算机科学与应用最热门的领域之一。互联网搜索与数据挖掘正在 不断地迅速地改变着人们的工作与生活，对整个人类社会产生着巨大而深远的影响。正因为如此，WSDM将成为越 来越具有影响，受到广泛关注的学术会议。WSDM的发起者与历届会议的组织者都是在网络搜索与数据挖掘领域的 知名学者。WSDM会议上发表的论文都是高 质量的，代表着该领域最前沿的研究成果。可以说WSDM的论文质量与 WWW、SIGIR、SIGKDD相比毫不逊色。这也是 WSDM能够迅速发展起来的一个原因，也使WSDM成为一个具有重要的学 术、产业与社会价值的会议。 社会网搜索成为网络搜索学界最炙手可热的话题 会议概况 本届大会主席是Irwin King（香港中文大学）、程序委员会主席是Wolfgang Nejdl（德国汉诺威大学）和李航（微 软亚洲研究院）。大会程序委员会委员131名、资深委员19名。 会议收到论文372篇（录用率22.3%）。由于会议涉 及的领域比较集中，参会人数不是那么多，WSDM只设 串行的专场（single track session），没有并行的专场。 录用论文中只有32篇论文（投稿论文的8.6%）在全体大 会上报告。所有录用论文都在展讲专场（poster session） 上报告。录用论文来自13个国家和地区，包括美国、中 国、英国、日本、意大利、以色列、中国香港等，其中 来自中国大陆的论文就高达11篇。论文来自42个单位， 包括 微软、雅虎、斯坦福大学、香港中文大学等。论文 内容属于网络搜索、网络挖掘、社会网与挖掘内容的约各

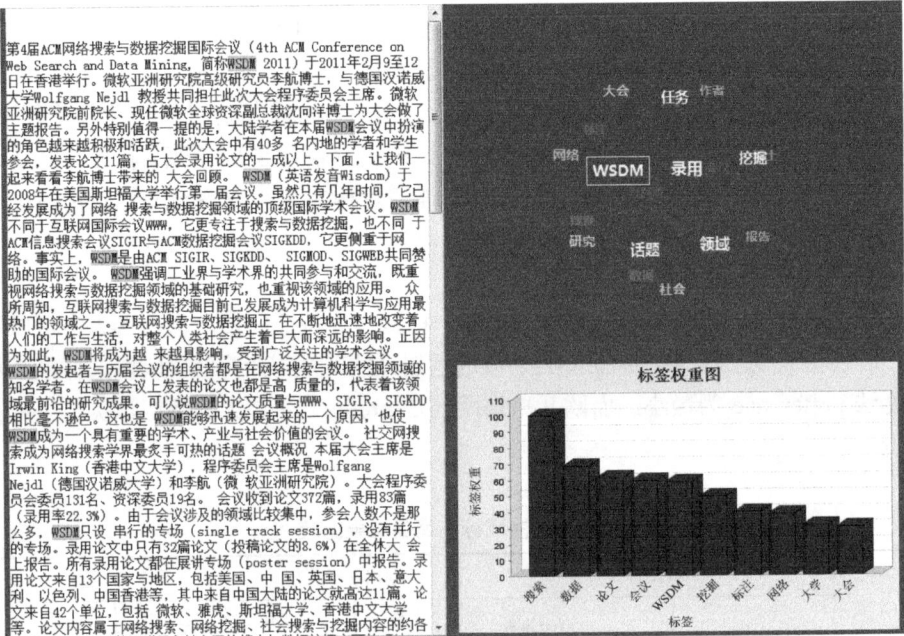

图 5-3　标签抽取结果的云图显示

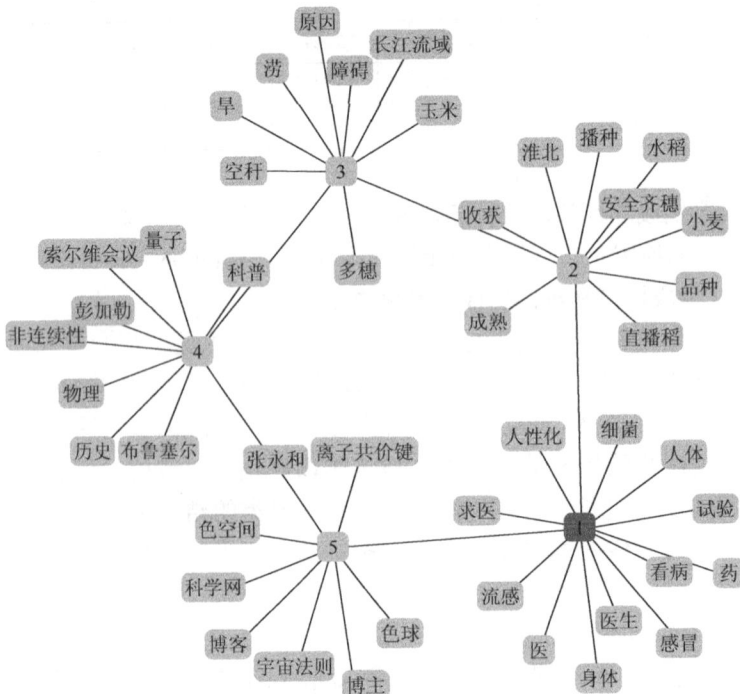

(a)用户标签聚类结果显示

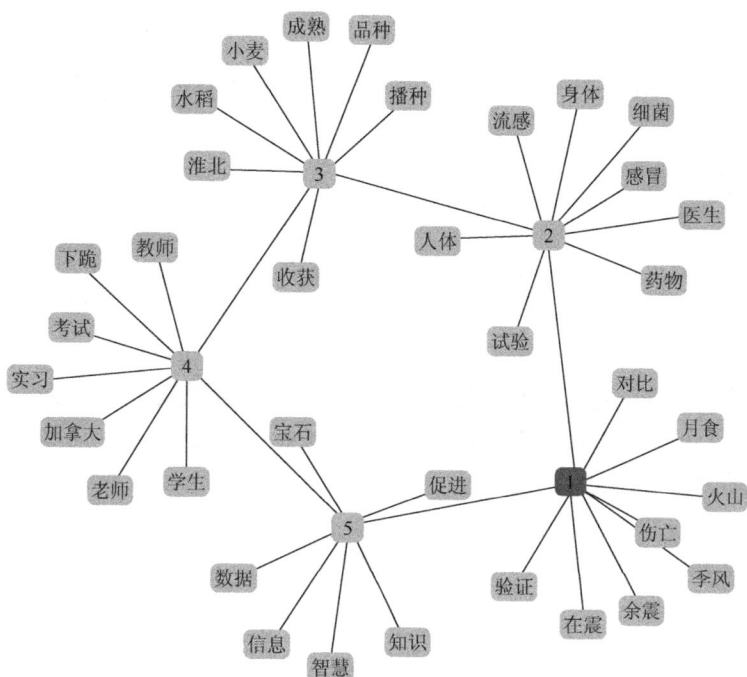

(b) 机器抽取的标签聚类结果显示

图 5-4 标签聚类结果的云图显示

选取用余弦相似度法计算用户标签的相似度、机器抽取的标签的相似度，然后分别聚类各得 5 个类簇，结果分别如图 5-4 所示。用 Prefuse 画出标签云图。

5.1.3 小结

本节对科学网的用户生成标签和机器生成标签进行 AP 聚类研究，并展示了用户标签和抽取标签的标签云图。对不同来源的标签聚类结果进行了对比和分析。实验结果表明，用户标签更利于标签聚类，无论对于用户标签还是机器抽取的标签，都能通过聚类发现一定的主题。但仍然存在以下问题：①AP 聚类算法只能针对较小的数据集进行聚类，当数据量比较庞大时，聚类的速度非常缓慢，不能使用于实际的网络环境。②标签聚类的数量过多，不能够全部很好地展示，不能根据用户的标签进行特定标签聚类结果的推荐，即个性化不强。③用户标签词典中存在大量的低质量标签，这些标签成为标签聚类中的噪声，影响标签聚类的效果。

5.2　标注内容与用户属性结合的标签聚类研究[①]

5.2.1　研究内容

　　本节的研究思路如图 5-5 所示。首先从互联网上抓取科学网用户的博客数据，然后筛选出博文的用户标签，对这些用户标签进行数据清洗后得到高质量的用户标签，对其分别进行基于内容和社会化特征抽取，构建向量空间模型后计算出基于内容和基于社会化特征的相似度。将这两者进行相似度加权，得到结合内容及社会化特征的标签相似度，最后用 AP 聚类算法对这三种相似度（基于内容特征的聚类结果、基于社会化特征的聚类结果、结合内容与社会化特征的聚类结果）进行聚类，最后对聚类结果进行结果评测，探讨结合内容与社会化特征能否使原来单一的聚类结果有所提升。

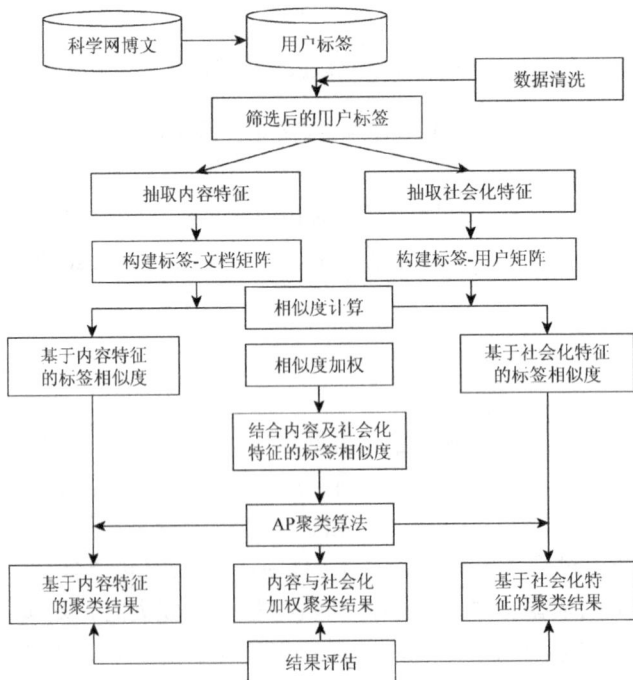

图 5-5　总体思路研究图

　　① 本节主要内容发表于：顾晓雪，章成志. 标注内容与用户属性结合的标签聚类研究. 现代图书情报技术，2015（10）：30-39。

1. 数据预处理

首先对网络博文的标签进行预处理，从博文的关键词中提取用户标签，去除 HTML 等无意义的网页标签，如"amp"、"hightlight"、"quot"、"for"、"&a"、"http"、"lt"、"gt"、"of"、"a"和"?"等。对用户标签进行频次统计。选取标签频次大于等于 5 的共 6615 个用户标签作为标签聚类的数据集。

2. 特征抽取

标签的共现可以分为两种，一种指两个标签用来描述相同的资源，另一种指两个标签被同一个用户所使用。图 5-6 显示了标签和用户、资源之间的关系。对于标签 1 和标签 2，虽然没有用来描述相同资源，却都被用户 2 所使用。对于标签 2 和标签 3，都被用来描述资源 2、资源 3 且被用户 3 所使用。对于标签 1 和标签 3，没有用来描述相同资源也没有被同一用户所使用。

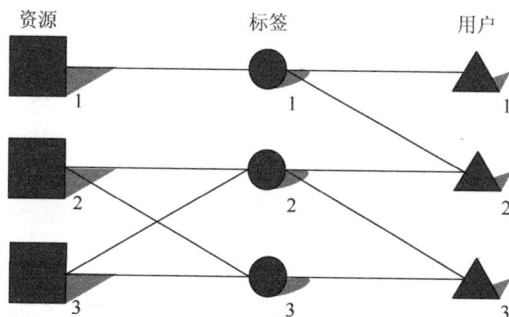

图 5-6 资源、标签、用户关系图

1）内容特征抽取——位置加权的 TF*IDF

位置加权的 TF*IDF 区别于传统的 TF*IDF，传统的 TF[145]指词语频率（term frequency），表示词条 i 在文档中出现的次数，称为词频；而在位置加权的 TF[146]由三部分组成，即词条 i 在文档 D_j 标题中出现的频次、关键词中出现的频次和在全文中出现的频次，且出现的不同位置被赋予不同的权重，本节取 W_T、W_K、W_F 值分别为 2、3、1，L_T、L_K、L_F 为文档 D_j 的标题、关键词和全文长度。

$$TF = \frac{TF_T \times W_T}{L_T} + \frac{TF_K \times W_K}{L_K} + \frac{TF_F \times W_F}{L_F} \tag{5-1}$$

IDF 指 inverse document frequency，即逆文档频率。Salton 和 Yu[145]将 IDF 定义为

$$IDF_i = \lg \frac{N}{n_i} \tag{5-2}$$

其中，N 表示文档集合中所有的文档数目；n_i 表示整个文档集合中出现过的词条 i 的文档的总数，称为特征的文档频率[147]。

加权的 TF*IDF 函数为

$$W_{ij} = \text{TF}_{ij} \times \text{IDF}_i \tag{5-3}$$

2）社会化特征抽取——UF×IUF

由内容特征的定义，可以推出社会化特征的抽取，一个标签可以被多个用户使用，一个用户可以使用多个标签。那么标签和标签之间的联系可以通过用户来连接。定义 UF 为用户频次（user frequency），表示标签 i 被用户 U_j 使用的次数，定义 UTF 为用户标签频次（user tags frequency），表示用户 U_j 使用所有标签的总次数，则归一化后可得

$$\text{UF}_{ij} = \frac{\text{UF}}{\text{UTF}} \tag{5-4}$$

IUF 定义为逆用户频次（inverse user frequency）：

$$\text{IUF}_i = \lg \frac{U}{u_i} \tag{5-5}$$

其中，U 表示用户集合中所有的用户数目；u_i 表示整个用户集合中出现过的标签 i 的用户的总数。

则 UF×IUF 函数为

$$W_{ij} = \text{UF}_{ij} \times \text{IUF}_i \tag{5-6}$$

3）相似度计算与加权

采用基于向量余弦值的方法进行相似度计算，用两种特征向量（基于内容和基于社会化）表示标签，对于任一特征表示标签集中的两个标签向量为 $\vec{d_i}(W_{1i}, W_{2i}, W_{3i}, \cdots, W_{ni})$，$\vec{d_j}(W_{1j}, W_{2j}, W_{3j}, \cdots, W_{nj})$，它们之间的向量余弦值为

$$\cos(\vec{d_i}, \vec{d_j}) = \frac{\sum_{k=1}^{m}(W_{ik} \times W_{jk})}{\sqrt{\sum_{k=1}^{m} W_{ik}^2 \times \sum_{k=1}^{m} W_{jk}^2}} \tag{5-7}$$

其中，m 表示第 i 个标签和第 j 个标签共同的不重复的特征数量；W_{ik} 表示第 i 个标签中第 k 个特征项的权重；W_{jk} 表示第 j 个标签中第 k 个特征项的权重。当两向量余弦值越大时，两标签的相似度越高，被归为同一类别的可能性越大[148]。

对于相似度的加权，选择两种加权方案：线性加权和 Sigmod 函数加权。线性加权，即对两个相似度线性加权，选取 9 组相似度权重系数，分别为（0.1, 0.9）、（0.2, 0.8）、（0.3, 0.7）、（0.4, 0.6）、（0.5, 0.5）、（0.6, 0.4）、（0.7, 0.3）、（0.8, 0.2）、（0.9, 0.1）。

$$\text{sim}(\text{sim}_c, \text{sim}_u) = w_1 \times \text{sim}_c + w_2 \times \text{sim}_u \tag{5-8}$$

其中，sim_c 表示基于标注内容的标签相似度；sim_u 表示基于用户属性的标签相似度。

根据文献[149]，多个相似度的结合可以用式（5-9）表示[150]：

$$\text{sim}_{\text{agg}}(s,t) = \frac{\sum\limits_{k=1,\cdots,n} w_k \times \text{adj}_k(\text{sim}_k(s,t))}{\sum\limits_{k=1,\cdots,n} w_k} \tag{5-9}$$

其中，w_k 表示各策略的权重 $\text{adj}(x)$ 是 Sigmod 函数，该函数是一个平滑函数，使得合并结果偏向于预测值高的策略[149]。函数 $\text{adj}(x)$ 的定义为

$$\text{adj}(x) = \frac{1}{1 + e^{-5(x-0.5)}} \tag{5-10}$$

其中，x 表示某一相似度的值；0.5 是 Sigmod 函数中心[151]。

4）标签聚类的实现

Frey 和 Dueck 在 *Science* 杂志上提出一种聚类算法 AP[143]。本节采用加拿大多伦多大学 Frey 实验室开发的 AP 聚类算法开源软件①对用户标注标签进行聚类。关于 AP 聚类算法的描述参见 5.1.1 小节，在此不再赘述。

5.2.2 实验结果与评测

1. 实验数据

科学网②由中国科学院、中国工程院、国家自然基金委员会、中国科学技术协会主管，由中国科学报社主办，为全球最大的中文科学社区。科学网致力于全方位服务华人科学与高等教育界，以网络社区为基础构建起面向全球华人科学家的网络新媒体，促进科技创新和学术交流。本节选取科学网博客③作为实验数据，采集了 2007 年 3 月 6 日到 2012 年 1 月 22 日共 1951 个博主的 43 545 篇博文（含用户标签）作为数据样本。对于每个标签，将其标注的博文的系统分类（表 5-3）作为它的系统分类项，其用户的学科分类（表 5-4）作为它的学科分类项。

$$\text{Class}_{\text{Tag}_i} = (C_1, C_2, \cdots, C_j, C_{j+1}, \cdots, C_K)(j \leqslant K) \tag{5-11}$$

其中，C_j 表示第 i 个标签所属于第 j 个系统分类的博文的个数；K 表示系统分类总个数。那么 Tag_i 所属第 j 个系统分类的概率为

---

① http://www.psi.toronto.edu/index.php?q=affinity%20propagation。

② http://www.sciencenet.cn/。

③ http://bbs.sciencenet.cn/blog.php。

$$P_{ij} = \frac{C_j}{\sum_{j=1}^{K} C_j} \tag{5-12}$$

$$\text{Subject}_{\text{Tag}_i} = (U_1, U_2, \cdots, U_j, U_{j+1}, \cdots, U_M)(j \leqslant M) \tag{5-13}$$

其中，U_j 表示第 i 个标签所属第 j 个学科分类的用户的个数；M 表示学科分类总个数。同上可以得到 Tag_i 所属第 j 个学科分类的概率为

$$P_{ij} = \frac{U_j}{\sum_{j=1}^{M} U_j} \tag{5-14}$$

表 5-3　博文系统分类表

类名	数目	类名	数目	类名	数目
观点评述	9143	科研笔记	6051	论文交流	3152
人文社科	3532	科普集锦	3330	图片百科	2214
人物纪事	2422	无	2251	教学心得	1662
博客新闻	1755	海外观察	1743		
诗词雅集	1002	生活其他	5288		

表 5-4　用户学科分类表

类名	数目	类名	数目	类名	数目
生命科学	330	管理综合	322	信息科学	278
工程材料	277	地球科学	258	化学科学	173
数理科学	153	医学科学	96	无	64

2. 评测方法

采用熵值和纯度来评价博文聚类结果。这是面向分类的度量，这些度量评估簇包含单个类的对象的程度。熵值表示每个簇由单个类的对象组成的程度。对于每个簇，首先计算数据的类分布，即对于簇 i，计算簇 i 的成员属于类 j 的概率，然后计算每个簇 i 的熵。簇集合的总熵为计算每个簇的熵的加权[94]。熵值越小，聚类效果越好。纯度是簇包含单个类的对象的另一种度量指标。纯度越大，聚类效果越好[94]。

3. 实验结果分析

实验结果如表 5-5 所示。对于单个特征的聚类结果，用户特征聚类结果净相

似度最高，聚类个数较少（表 5-5 中加粗数据），内容特征聚类结果净相似度最低，聚类个数最多（表 5-5 中加粗数据）。净相似度是度量范例是否适用于解释数据的分数，这是 AP 聚类算法试图最大化的目标函数。所以用户特征聚类中的范例更适用于解释数据。

表 5-5　标签聚类结果表

特征选取 ＼ 结果评价		个数	净相似度	学科分类		系统分类	
				熵	纯度	熵	纯度
用户特征		**1 397**	**3 845.518 39**	1.990 66	0.489 53	2.493 16	0.373 11
内容特征		**1 591**	**995.695 08**	2.016 78	0.482 73	2.297 86	0.421 52
线性加权 (w_1, w_2)	(0.1, 0.9)	1 397	3 489.970 85	1.990 09	0.489 72	2.491 61	0.373 82
	(0.2, 0.8)	1 393	3 135.647 97	1.988 90	0.489 91	2.490 45	0.374 28
	(0.3, 0.7)	1 386	2 784.102 67	1.989 76	0.489 80	2.486 22	0.375 85
	(0.4, 0.6)	1 388	2 440.276 59	1.985 63	0.490 79	2.479 22	0.377 70
	(0.5, 0.5)	1 397	2 098.633 84	1.983 38	0.492 33	2.468 68	0.380 80
	(0.6, 0.4)	1 414	1 773.524 29	1.982 08	0.493 04	2.450 36	0.384 11
	(0.7, 0.3)	1 400	1 469.637 71	1.987 62	0.492 82	2.430 25	0.390 66
	(0.8, 0.2)	1 396	1 208.122 25	1.992 89	0.493 37	2.393 65	0.402 14
	(0.9, 0.1)	**	**	**	**	**	**
Sigmod 加权		1 488	3 241.929 00	1.972 85	0.493 21	2.455 30	0.381 92

** 表示未收敛；(w_1, w_2) 表示内容和用户特征线性加权系数

在学科分类中，用户特征聚类结果的熵值比内容特征聚类结果要小，纯度要高；在系统分类中，用户特征聚类结果的熵值比内容特征聚类结果要高，纯度要小。所以在学科分类中，用户特征聚类的结果更好，而在系统分类中，内容特征聚类的结果更好。其原因在于学科分类是基于用户的分类，而系统分类是基于内容的分类。两种特征选择在各自的分类体系下都表现出较优的聚类结果。

对于两个特征的几组线性加权及 Sigmod 加权聚类结果进行评测，画出两种分类体系下聚类结果的柱状图并作分析（图 5-7、图 5-8）。

从图 5-7、图 5-8 可以看出，在线性加权中，随着加权系数 w_1 的增加，w_2 的减小，即随着用户特征权重的减小和内容特征权重的增加，聚类结果中熵值减小，纯度增大，但是到（0.6, 0.4）后，熵值又开始增大，纯度无明显变化。（0.6, 0.4）权重系数作为图中的转折点，是几组内容和用户特征线性加权系数中最优的加权系数。这说明内容特征与用户特征的线性加权可以提高标签聚类效果，且内容特征的比例比用户特征的比例稍大，即内容特征的重要性更高。Sigmod 加权函数作

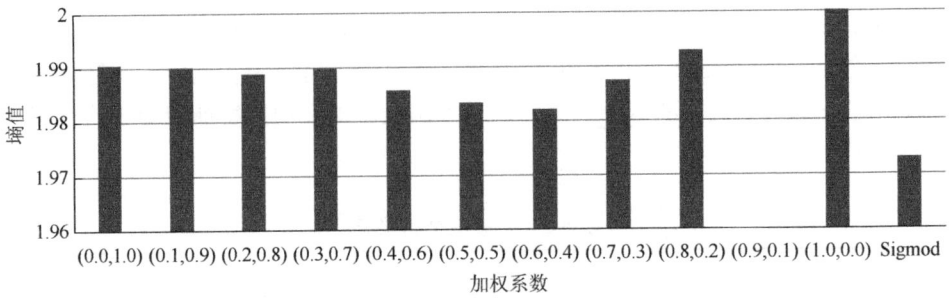

图 5-7　学科分类下的两特征加权熵值图

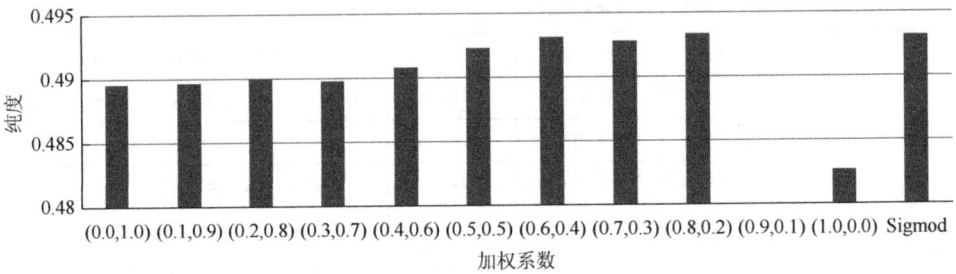

图 5-8　学科分类下的两特征加权纯度图

为神经元的非线性作用函数，具有连续、光滑、严格、单调关于（0, 0.5）中心对称的特征。内容特征和用户特征的 Sigmod 加权的聚类结果中，其熵值要远小于线性加权中最优的数据（0.4, 0.6），而纯度与其持平，说明更注重平滑的 Sigmod 加权函数使内容特征和用户特征在学科分类下达到了最优的加权效果。综上所述，两种加权方法都使得内容和用户特征的结合在学科分类体系下改善了标签聚类结果。

从图 5-9、图 5-10 可以看出，在线性加权中，随着加权系数 w_1 的增加，w_2 的

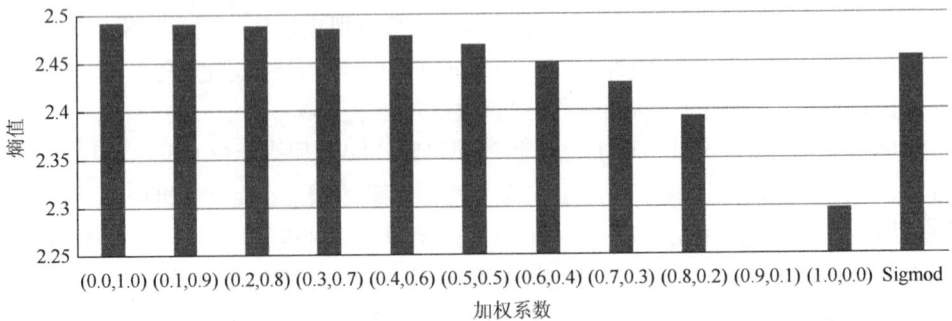

图 5-9　系统分类下的两特征加权熵值图

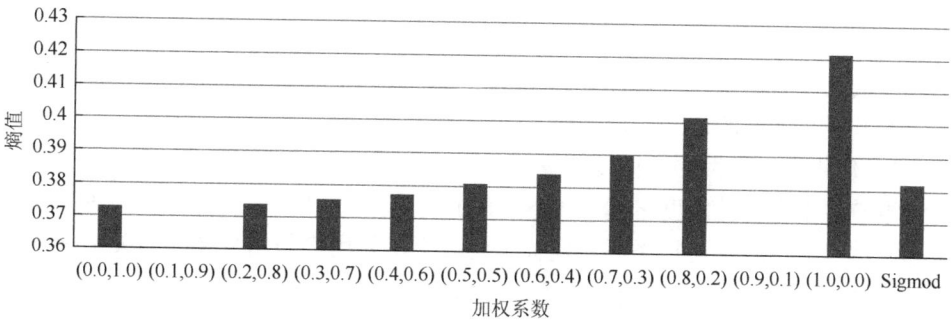

图 5-10　系统分类下的两特征加权纯度图

减小，即用户特征权重的减小和内容特征权重的增加，标签聚类结果中熵值不断减小，纯度不断增大，最终在单独的内容特征聚类结果中熵值达到了最小，纯度达到了最大。Sigmod 加权中聚类结果表现一般，和线性加权中的结果相当。作者推测，这种现象产生的原因在于系统分类是基于博文内容的分类，以内容为标准的分类体系使得以内容为特征的标签聚类效果达到了最优。用户特征的介入不但不能促进聚类结果的改善，反而成为聚类过程中的一种噪声和干扰。

　　综上所述，单独基于内容或基于用户特征的标签聚类可以满足一般用户的需要，单独的特征聚类在不同的分类依据下的分类结果存在差异，基于用户特征的标签聚类结果在学科分类评估中表现更好，基于内容的标签聚类结果在系统分类中表现更好。内容与用户特征的结合能够在某些情况下提高标签聚类结果。实验表明，内容与用户特征线性加权和 Sigmod 加权在学科分类体系下都能提高用户标签聚类效果，Sigmod 加权的表现结果更好。但在系统分类体系下，内容与用户特征的两种加权均不能改善用户标签聚类结果。在某些情况下，对内容特征与用户特征的结合能够提高标签聚类效果，更加满足对用户的个性化标签聚类结果的需要。

4. 结合标注内容与用户属性的标签聚类算法优化建议

1）优化权重分配策略

　　从实验结果分析中发现，在线性加权中，当标注内容权重稍大于用户属性权重时，标签聚类质量最好，而非线性 Sigmod 加权函数加权中，标签聚类质量更好。这说明非线性加权的方法优于线性加权的方法，在两种属性加权时，应优先选择具有连续、光滑、严格、单调关于（0, 0.5）对称特征的非线性加权方法，从而达到最优的标签聚类结果。

2）优化标签内容的相似度计算

　　本节采用两种特征向量（基于标注内容和用户属性）表示标签，构建各自的向量空间模型，计算它们之间的向量余弦值作为标签之间的相似度。在标签内容相似度的计算中还可以考虑标签的共现信息，如标签在文章中的共现、标签在用户中的共现、标签的语义相似度等。

3）优化用户属性的相似度计算

本节中用户属性的度量基于 TF*IDF 定义了 UF×IUF 的计算方法，在计算基于标签用户属性时还可以考虑其他社会化因素，如用户与用户之间的关系紧密程度（如好友关系）、用户对资源的评价行为（如点赞、评论等）。

4）增加不同类型的数据集

本节选择的标签为博文的标签，为更偏向内容属性的样本。在社会化标注系统中，还存在大量偏向用户属性的标签，如用户为自己打的标签。对不同偏好属性样本，具体的聚类策略选择还应根据样本的自身属性来确定，即在标注内容和用户属性的权重分配或加权策略上也要进行调整。

5.2.3　小结

本节从介绍大众分类法及其优缺点切入，以中文网络博客标签为数据源，从内容及社会化特征两个角度对标签特征进行抽取，用两种加权方法对基于内容和社会化特征的相似度进行加权，用 AP 聚类算法对样本进行聚类，讨论两种分类体系下两种特征抽取及其加权结合的聚类结果评测，并分析其产生的可能原因。通过实验证明，在学科分类体系下，内容特征及社会化特征的结合对标签聚类有明显的改善，但在系统分类体系下，内容特征和社会化特征的结合对标签聚类起到相反作用，最后给出了标签聚类算法优化建议。

5.3　高质量社会化标签聚类研究

5.3.1　区分标签质量的标签聚类方法

1. 区分标签质量的标签聚类方法概述

如图 5-11 所示，本节首先从网络上抓取科学网博客资源，对博客语料进行数据预处理，得到候选标签，根据质量评估特征对候选标签进行特征抽取，得到候选标签的质量。根据标签质量，将标签分为高质量标签集和低质量标签集。对两个集合的标签分别构建标签-文档矩阵，并计算其相似度。得到标签之间的相似度后，用开源的聚类算法对标签进行聚类，并对不用的标签聚类结果进行对比分析。

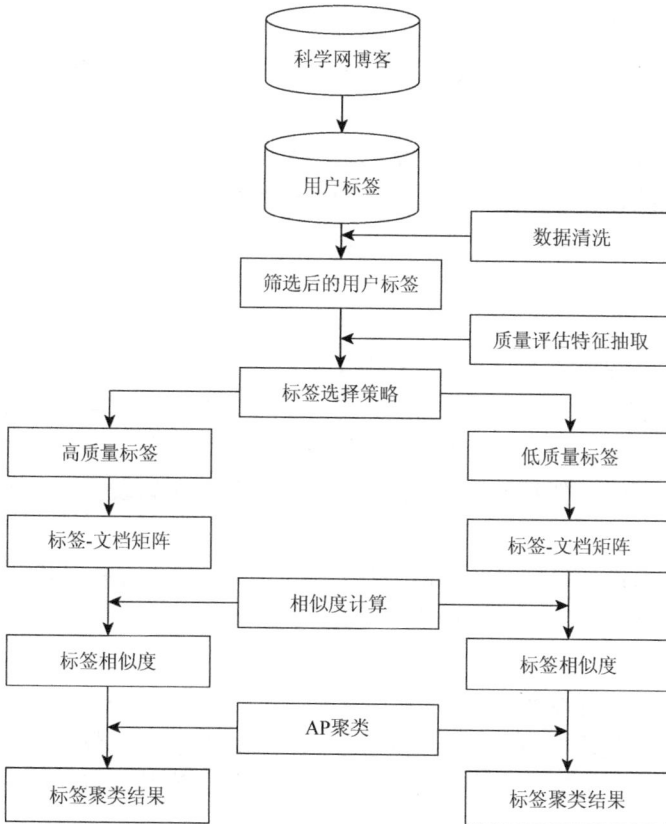

图 5-11　总体研究思路

2. 关键技术描述

1）标签质量评估特征选取

本书第 3 章对多元回归分析、朴素贝叶斯、支持向量机这三种标签质量评估模型进行比较，对比结果如表 5-6 所示。

表 5-6　三种标签质量评估模型自动评估结果对比分析

评估模型	使用的评估特征	MacroP	MacroR	MacroF$_1$
多元回归分析	总标注次数、题目是否包含该标签、词长、词频、阅读次数、总标注人数、术语度、首次出现位置、当前推荐数、评论数、是否为精选、是否为主题词、是否为命名实体	0.38	0.35	0.37
朴素贝叶斯	总标注次数、词性、熵值、逆文档频率、是否在题目中出现、词频、词长	0.25	0.254	0.25
支持向量机	题目中是否包含、词性、词长、是否为主题词、总标注次数、总标注人数	0.566	0.438	0.49

从表 5-6 可以看到，结合标签的内容属性特征和社会化属性特征，利用参数优化后的支持向量机分类算法进行标签质量评估的结果明显优于多元回归和朴素贝叶斯的结果。因此，本节选择支持向量机使用的评估特征来进行标签质量评估。

支持向量机使用的评估特征包括题目中是否包含、词性、词长、是否为主题词、总标注次数、总标注人数。本节使用的标签集中的标签无法对应具体的一篇博文，其中的两项："题目中是否包含"和"词性"不适合本节标签集的质量评估，因此只选取词长、是否为主题词、总标注次数、总标注人数等四个评估特征。

下面介绍四个评估特征：词长、是否为主题词、总标注次数、总标注人数。

词长：计算各个标签的词长，将中文标签的字符数作为其词长。例如，标签"科研"词长为 2，标签"新人文主义"词长为 5，并将每个词语的长度除以数据集中长度最长的标签的长度（实验数据集中的最大词长为 10），进行归一化处理。

是否为主题词：判断各个标签是否在中国分类主题词表中，存在为 1，不存在为 0。

总标注次数：通过博文的 URL 链接获取发表该博文的用户 ID，计算出某一标签在科学网博客博文数据中总标注次数，将其除以数据集中总标注次数最大值，得到归一化结果。

总标注人数：通过博文 URL 获取发表该博文的用户 ID，计算出标签的总标注人数。某一标签可能被同一个人标注多次，因此总标注人数计算的是标签总的标注次数，总标注人数计算的是标签被不同人使用的次数，将该值除以数据集中总标注人数的最大值，得到归一化结果。

在四个评估特征中，需要确定各个标签对标签质量的影响的正负面性。如一个评估特征对标签质量具有正面影响，则该评估特征值越高，标签质量越高；如一个评估特征对标签质量具有负面影响，则该评估特征值越高，标签质量越低。

第 3 章对标签质量与各维度属性的回归系数与显著性分析结果如表 5-7 所示。

表 5-7　标签质量与各维度属性的回归系数与显著性分析结果

模型	非标准化系数		标准系数 试用版	t	显著性
	B	标准误差			
词长	1.674	0.229	0.157	7.299	0.000
是否为主题词	−0.062	0.056	−0.024	−1.105	0.269
总标注次数	−1.900	0.816	−0.156	−2.328	0.020
总标注人数	0.880	0.503	0.109	1.752	0.080

根据表 5-7 中的标准系数值可以看出，词长和总标注人数对标签质量具有正面影响，是否为主题词和总标注次数对标签质量具有负面影响。

2）质量评估特征权重计算

对于已选取的计算标签质量的四个评估特征，采用何种方式将这些评估特征结合起来是一个重要的问题。本节选用熵权法，计算各个评估特征的熵权值，并根据熵权值对评估特征进行线性加权来评估标签质量。

1948 年，美国数学家香农（Shannon）为解决信息的度量问题提出信息熵的概念。

首先根据评价体系的特点选择计算权重的方法。在标签质量评估体系的研究中，在确定了评价指标以后，为体现评价体系的客观性和可操作性，确定评价的原则为"差异驱动"，也就是说，当评价对象在某个指标的差异越大时，认为这个评价指标的重要性越大[152]。因为对指标的赋权差异会导致评价结果出现差异，依靠主观赋权法会由于专家的属性差异而产生较大分歧。因此在这类评价中客观赋权法能更好地体现评价的客观公正性。首先建立评价体系的数学模型。假设已知的评价矩阵为 x，其中元素 x_{ij} 表示第 i 个评价对象的第 j 个指标。对于标签质量的评价问题，其评价指标数据包括若干类型，如标签长度、是否为主题词等评价指标的数据为绝对数值，而总标注人数、总标注次数等反映的是相对数值（比例）。因此必须消除不同数据间量纲上的差异性。

（1）对数据矩阵 x 做归一化处理，得到计算矩阵 y：

$$y_{ij} = \frac{x_{ij} - \overline{x_{.j}}}{\max x_{.j} - \min x_{.j}} \tag{5-15}$$

其中，$\max x_{.j}$、$\min x_{.j}$、$\overline{x_{.j}}$ 分别表示数据矩阵 x 第 j 列最大值、最小值和平均值。因为作为计算权重的熵值，其作用并不是评价某个评价指标的实际熵值（信息量）大小，而是体现对应评价指标在给定的评价体系中的作用，反映评价指标的相对重要性。从信息论的角度来看，它代表该问题中有用信息的多寡程度，因此对数据矩阵 x 处理的方式并不会减少数据本身携带信息量的多少。因此可以根据要评价的问题来定义归一化公式（5-15）。

（2）计算熵值。根据式（5-16）可以计算每个评价指标的熵值。其中第 j 个指标的熵值为

$$H_j = -\frac{1}{\ln n} \sum_{i=1}^{n} y_{ij} \ln y_{ij} \tag{5-16}$$

这里取负号是因为要保证熵值为正。

（3）计算评价指标权重。

$$w_j = \frac{1 - H_j}{n - \sum_{j=1}^{m} H_j} \tag{5-17}$$

在归一化同时改变单调性。

3）相似度计算

采用基于向量余弦值的方法进行相似度计算，用一个特征向量表示标签，对于任意给定的两个标签向量 $\vec{d_i}(W_{1i}, W_{2i}, W_{3i}, \cdots, W_{ni})$，$\vec{d_j}(W_{1j}, W_{2j}, W_{3j}, \cdots, W_{nj})$，它们之间的向量余弦值为

$$\cos(\vec{d_i}, \vec{d_j}) = \frac{\sum_{k=1}^{m}(W_{ik} \times W_{jk})}{\sqrt{\sum_{k=1}^{m} W_{ik}^2 \times \sum_{k=1}^{m} W_{jk}^2}} \tag{5-18}$$

其中，m 表示第 i 个标签和第 j 个标签共同的不重复的特征数量；W_{ik} 表示第 i 个标签中第 k 个特征项的权重；W_{jk} 表示第 j 个标签中第 k 个特征项的权重。当两向量余弦值越大时，两标签的相似度越高，被归为同一类别的可能性越大。

4）标签聚类算法

使用加拿大多伦多大学的概率与统计推理 Frey 实验室开发的 Windows（32-bit）AP 聚类算法开源软件①对标签进行聚类。

5.3.2　实验评测方法

对于每个标签，将其标注的博文的系统分类（表 5-3）作为它的系统分类项，其用户的学科分类（表 5-4）作为它的学科分类项。

$$\text{Class}_{\text{Tag}_i} = (C_1, C_2, \cdots, C_j, C_{j+1}, \cdots, C_K)(j \leqslant K) \tag{5-19}$$

其中，C_j 表示第 i 个标签所属于第 j 个系统分类的博文的个数；K 表示系统分类总个数。那么 Tag_i 所属第 j 个系统分类的概率为

$$P_{ij} = \frac{C_j}{\sum_{j=1}^{K} C_j} \tag{5-20}$$

$$\text{Subject}_{\text{Tag}_i} = (U_1, U_2, \cdots, U_j, U_{j+1}, \cdots, U_M)(j \leqslant M) \tag{5-21}$$

其中，U_j 表示第 i 个标签所属第 j 个学科分类的用户的个数；M 表示学科分类总个数。同上可以得到 Tag_i 所属第 j 个学科分类的概率为

$$P_{ij} = \frac{U_j}{\sum_{j=1}^{M} U_j} \tag{5-22}$$

---

① http://www.psi.toronto.edu/index.php?q=affinity%20propagation。

本节采用纯度和熵值来评价博文聚类结果。这是面向分类的度量，这些度量评估簇包含单个类的对象的程度。

1. 熵

熵表示每个簇由单个类的对象组成的程度。对于每个簇，首先计算数据的类分布，即对于簇 i，计算簇 i 的成员属于类 j 的概率[94]：

$$p_{ij} = \frac{m_{ij}}{m_i} \qquad (5-23)$$

其中，m_i 表示簇 i 中对象的个数；m_{ij} 表示簇 i 中标签 i 属于类 j 的对象的概率的总和。使用类分布，用标准公式：

$$e_i = -\sum_{j=1}^{L} p_{ij} \log_2 p_{ij} \qquad (5-24)$$

计算每个簇 i 的熵，其中 L 表示类的个数。簇集合的总熵用每个簇的熵的加权和计算，即

$$e = \sum_{i=1}^{k} \frac{m_i}{m} e_i \qquad (5-25)$$

其中，k 表示簇的个数；m 表示数据点的总数。熵值越小，聚类效果越好。

2. 纯度

纯度是簇包含单个类的对象的另一种度量程序。纯度越大，聚类效果越好。簇 i 的纯度和聚类的总纯度[94]分别是

$$p_i = \max_j p_{ij} \qquad (5-26)$$

$$\text{purity} = \sum_{i=1}^{k} \frac{m_i}{m} p_i \qquad (5-27)$$

5.3.3　实验结果分析

1. 指标权重计算结果

通过熵权法进行 4 项指标的权重计算，得到表 5-8 所示的评价指标权重计算结果，其中，总标注次数的权重最高，词长的权重最低。

表 5-8　评价指标权重计算结果

评价指标	权重
词长	0.027

评价指标	权重
是否为主题词	0.276
总标注次数	0.376
总标注人数	0.321

根据表 5-8 所示的评价指标的权重,对 4 项评价指标进行线性加权,如式(5-28)所示。

$$标签质量 = 0.027 \times 词长 - 0.276 \times 是否为主题词 - 0.376 \times 总标注次数 \quad (5\text{-}28)$$
$$+ 0.321 \times 总标注人数$$

其中,词长和总标注人数对标签质量具有正向影响,是否为主题词和总标注次数对标签质量具有负向影响。

2. 标签聚类结果

对标签聚类实验结果进行分析。根据标签质量计算结果,选取质量最高的前 7000 个标签,并将前 7000 个标签分为 7 个标签组,每组标签个数为 1000 个,第一组是质量排序为 0～1000 的标签,第二组是质量排序为 1001～2000 的标签,以此类推。标签聚类结果如表 5-9 所示。

表 5-9　标签聚类结果表

标签组	标签个数	类簇个数	净相似度	学科分类		系统分类	
				熵	纯度	熵	纯度
0～1 000	1 000	238	116.087 136	2.469	0.996	1.380	0.989
1 001～2 000	1 000	239	87.002 804	2.302	0.995	1.992	1.000
2 001～3 000	1 000	240	79.403 312	3.544	0.994	2.087	0.985
3 001～4 000	1 000	224	72.735 220	3.626	0.940	2.604	0.922
4 001～5 000	1 000	226	70.603 526	2.022	0.836	0.953	0.809
5 001～6 000	1 000	196	68.890 049	39.291	0.694	36.437	0.637
6 001～7 000	1 000	149	78.347 484	34.936	0.603	31.532	0.586

从表 5-9 中可以看出,质量较高的标签的类簇个数大于质量较差的标签的类簇个数,但是质量前 1000 个标签的集合的聚类结果中的净相似度大于其他集合。净相似度是 AP 聚类中度量聚类代表点(exemplar)是否适用于解释数据的分数,也是 AP 聚类算法试图最大化的目标函数,所以质量前 1000 个标签的集合的聚类代表点更适用于解释聚类结果。

根据表 5-9 中的熵值和纯度值，分别分析基于学科分类和系统分类的结果是否线性拟合，即随着标签质量的提高，熵值和纯度值的变化趋势。基于学科分类和系统分类的熵值与纯度值的线性拟合结果均具有显著性，即随着标签质量的提高，熵值和纯度值均线性增长或减少。

针对标签聚类评测，将表 5-10 中的熵值和纯度根据标签划分画出柱状图，如图 5-12～图 5-15 所示。其中，图 5-12 和图 5-13 反映根据学科分类评测的结果，图 5-15 和图 5-16 反映根据系统分类评测的结果。

表 5-10　学科分类和系统分类的熵值和纯度

分类	熵		纯度	
	显著性	R^2	显著性	R^2
学科分类	0.039	0.530	0.002	0.839
系统分类	0.041	0.518	0.001	0.850

从图 5-12 可以看出，随着标签质量的下降，基于学科分类评测的标签聚类结果熵值提高，从图 5-13 可以看出，随着标签质量的下降，基于学科分类的标签聚

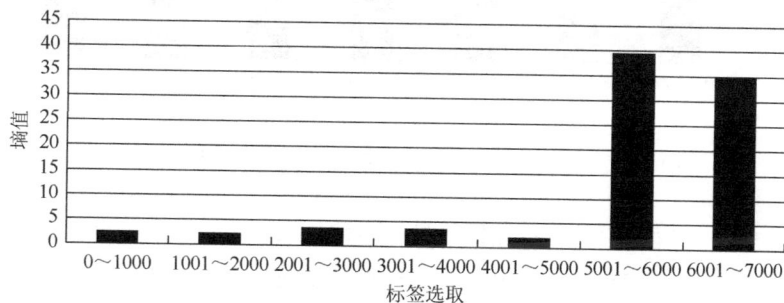

图 5-12　基于学科分类评测的标签聚类结果熵值分布图

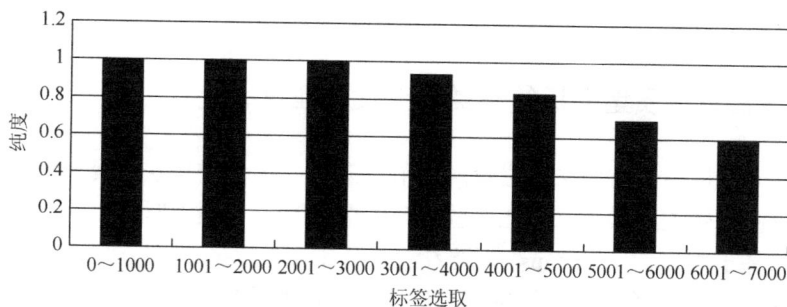

图 5-13　基于学科分类评测的标签聚类结果纯度分布图

类结果纯度值降低。由于熵值越高，纯度值越低，则标签聚类结果越差，从而可以推出，在基于学科分类评测的标签聚类结果中，标签质量越差，标签聚类结果越差。

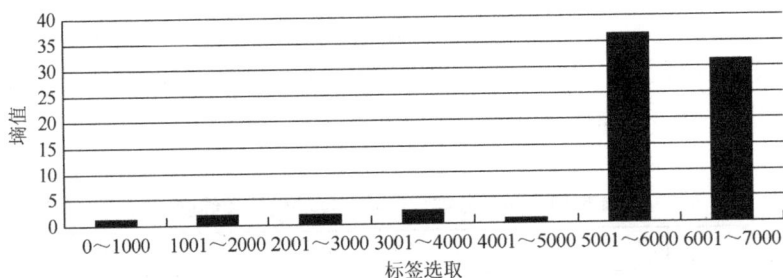

图 5-14　基于系统分类评测的标签聚类结果熵值分布图

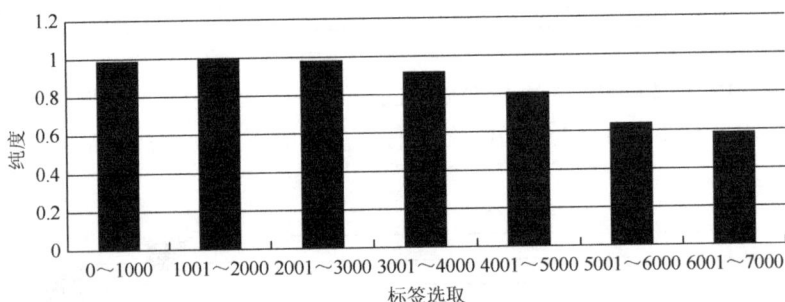

图 5-15　基于系统分类评测的标签聚类结果纯度分布图

从图 5-14 可以看出，随着标签质量的下降，基于系统分类评测的标签聚类结果熵值提高，从图 5-15 可以看出，随着标签质量的下降，基于系统分类的标签聚类结果纯度值降低。由于熵值越高，纯度值越低，则标签聚类结果越差，从而可以推出，在基于系统分类评测的标签聚类结果中，标签质量越差，标签聚类结果越差。

5.3.4　融合标签质量的标签聚类算法优化建议

（1）增加标签聚类算法的比较。本节只采用 AP 聚类算法，没有选择多种聚类算法对标签聚类结果进行对比实验。研究者在对标签聚类时可以选择多种聚类方法，如基于原型的 *K*-means 聚类方法、基于图的层次聚类方法、基于密度的 DBSCAN 聚类方法等，对标签进行对比实验，选取最优的聚类算法策略。

（2）研究标签质量的多种度量方法及其对聚类的影响。本节通过标签的内容特征、标签的社会化特征及标签出现的总次数这几个方面度量标签的质量。实验结果表明，标签的内容特征、社会化特征、标签出现的总次数可以度量标签的质量，但是出现包含标签的博文频次不能度量标签的质量。同时还可以考虑标签的语义关联、标签在博文中首次出现的位置、标签被用户标注的数量等其他因素。

（3）在标签聚类算法中引入高质量标签贡献机制。本节选择的标签为博文的标签，为更偏向内容属性的样本。在社会化标注系统中，还存在大量偏向用户属性的标签，如用户为自己打的标签。对不同偏好属性样本，具体的聚类策略选择还应根据样本的自身属性来确定，即在标注内容和用户属性的权重分配或加权策略上也要进行调整。

5.3.5　小结

本节利用第 3 章对标签质量自动评估研究中得出的评估标签质量的属性及分类方法，抽取出高质量的标签。再对不同质量等级下的标签进行聚类，发现标签质量越差，标签聚类结果越差。此研究结果可以说明识别高质量的标签后再进行聚类，可以有效地提高聚类效果。

5.4　多语言微博 Hashtag 聚类研究

Hashtag 聚类技术主要应用在热点事件发现中，通过对不同的 Hashtag 进行聚类，从聚类的类簇中挖掘热点事件。目前对 Hashtag 进行聚类的方法主要有 K-means 等聚类方法，缺少针对其他聚类方法及文本表示方法的研究。对 Hashtag 进行聚类，一般的做法是首先将包含同一个 Hashtag 的微博文本合并，将 Hashtag 看作这些文本的标签，然后使用文本向量空间模型对文本进行表示，最后使用聚类算法对这些向量进行聚类。

传统的聚类方法常常使用向量空间模型对文本进行表示，向量空间模型的缺点是无法表示出词汇之间的语义关系，因此，本节在聚类实验中分别使用潜在语义分析和隐含狄利克雷分布文本表示方法，以及 K-means 聚类算法、层次聚类算法和 AP 聚类算法三种聚类算法，研究两种不同的文本表示方法对不同的聚类算法结果的影响，以及中英文聚类实验结果的差异性。据此实验结果，选择出更适合进行 Hashtag 聚类的文本表示方法和聚类算法。

5.4.1　中英文聚类实验流程

K-means 是目前最常用的聚类算法之一，由于其简单快速的特性，被大量应用在实践中。与 *K*-means 相比，层次聚类和 AP 聚类的复杂度更高，聚类时所需的时间更长，因此层次聚类和 AP 聚类算法常被用来处理小数据集。层次聚类和 AP 聚类算法往往能取得更好的聚类效果，并且 AP 聚类不需要事先制定类别数。本节分别在中文语料和英文语料中使用 *K*-means 聚类算法、层次聚类算法和 AP 聚类算法，分别研究这三种聚类算法结合 LDA 和 LSA 这两种文本表示方法在中英文文本聚类上的差异。

聚类实验的语料使用的是中国科学院自动化研究所"自动化学科创新方法"课题组共享的新闻分类语料，其是从凤凰网、新浪网、网易、腾讯网等版面搜集而来[①]。语料包括中文语料和英文语料，分为测试集和训练集，这里只使用其中的训练集，中文语料分为 8 个类别，英文语料为 Reuters-21578 的 ModApte 版本，经过处理之后一共 40 个类别。

具体的流程如图 5-16 所示。

（1）对英文语料进行词干提取处理。

（2）对中文语料进行分词。

（3）去除中文语料和英文语料中的停用词及标点符号。

（4）分别使用 LDA 和 LSA 对中英文语料进行文本表示。

（5）将生成的文本向量分别使用 *K*-means 聚类算法、层次聚类算法和 AP 聚类算法进行聚类。

（6）对聚类的结果进行评价。

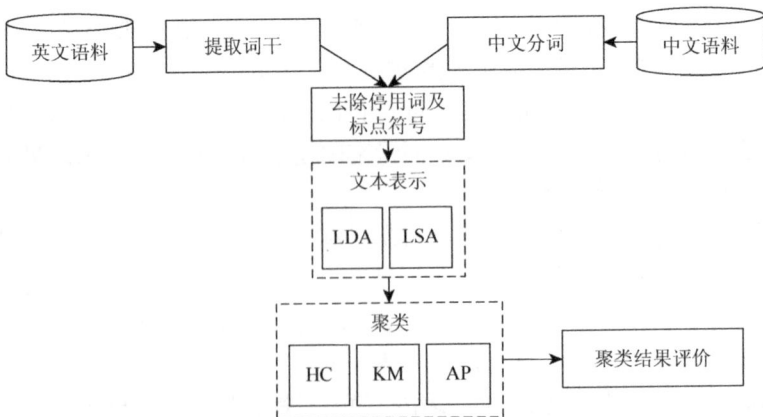

图 5-16　中英文聚类实验流程图

---

① http://www.datatang.com/Member/UserData.aspx?id=5878。

5.4.2　中英文聚类实验结果及分析

1. 聚类结果评价：*V*-measure

聚类结果的评价方法有很多，这里使用 Andrew 等提出的 *V*-measure 方法。*V*-measure 是一种基于熵的计算方法，能够准确度量聚类结果的准确性，且不受类别个数和样本量的影响。*V*-measure 的计算方法和文本分类中的 *F* 值类似，*V*-measure 是同质性和完整性的调和函数。

同质性用来计算聚类结果的一致性，理想的情况是当每个聚类结果的类簇中只包含同一个类别的样本点，这时同质性等于 1。同质性的计算公式如式（5-29）所示：

$$h = \begin{cases} 1 & H(C,K)=0 \\ 1-\dfrac{H(C|K)}{H(C)} & H(C,K) \neq 0 \end{cases} \tag{5-29}$$

其中，

$$H(C \mid K) = -\sum_{k=1}^{|K|}\sum_{c=1}^{|C|}\frac{a_{ck}}{N}\lg\frac{a_{ck}}{\sum\limits_{c=1}^{|C|}a_{ck}} \tag{5-30}$$

$$H(C) = -\sum_{c=1}^{|C|}\frac{\sum\limits_{k=1}^{|K|}a_{ck}}{n}\lg\frac{\sum\limits_{k=1}^{|K|}a_{ck}}{n} \tag{5-31}$$

完整性类似于召回率，用来度量同类别样本被归类到相同簇的程度，理想的情况是当一个类别的样本点都在聚类结果的同一个类簇中时，完整性等于 1。完整性计算公式如式（5-32）所示：

$$h = \begin{cases} 1 & H(K,C)=0 \\ 1-\dfrac{H(K|C)}{H(K)} & H(K,C) \neq 0 \end{cases} \tag{5-32}$$

其中，

$$H(K \mid C) = -\sum_{c=1}^{|C|}\sum_{k=1}^{|K|}\frac{a_{ck}}{N}\lg\frac{a_{ck}}{\sum\limits_{k=1}^{|K|}a_{ck}} \tag{5-33}$$

$$H(K) = -\sum_{k=1}^{|K|}\frac{\sum\limits_{c=1}^{|C|}a_{ck}}{n}\lg\frac{\sum\limits_{c=1}^{|C|}a_{ck}}{n} \tag{5-34}$$

V-measure 综合同质性和完整性的度量给出最终的评价结果。计算公式如式（5-35）所示：

$$V = \frac{(1+\beta) \times h \times c}{(\beta \times h) + c} \tag{5-35}$$

其中，β 表示权重参数，当 β 大于 1 时，则完整性更重要，当 β 小于 1 时，则同质性更重要。

2. 中文语料聚类实验结果

K-means 算法初始质心的选择使用了 Arthur 和 Vassilvitskii 提出的方法，这种方法能够使算法更快地收敛[153]。AP 聚类算法的参考度 p 值设置为样本点相似度的中位数，层次聚类算法类别之间聚类的计算方法为 Ward 方法。样本点的相似度计算方法都使用欧几里得距离计算。

图 5-17 为中文语料基于 LDA 文本表示的聚类结果，图中纵坐标为 V-measure，横坐标为文本表示的维度，维度的范围为 10～300。从图 5-17 可以看出，随着维度的改变，层次聚类和 K-means 聚类算法波动幅度很大，而 AP 聚类算法则更加稳定。

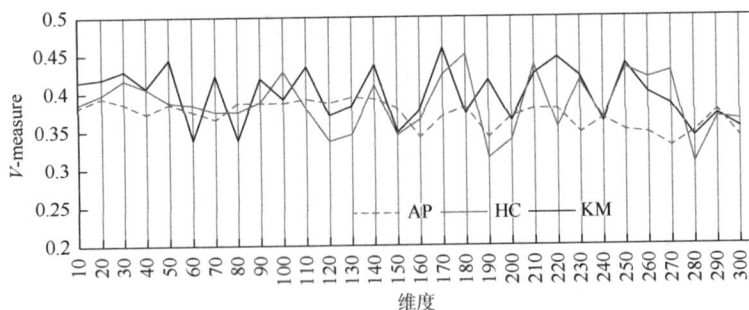

图 5-17　中文语料基于 LDA 文本表示的聚类结果

图 5-18 为中文语料基于 LSA 文本表示的聚类结果，与图 5-17 的结果类似，与 LSA 相比 LDA 在大规模语料上的效果会更好。AP 聚类算法的参考度 p 值决定了聚类结果的类簇数量，中文语料一共 8 个类别，使用 AP 聚类算法无法精确地将类别控制在 8 个。

3. 英文语料聚类实验结果

图 5-19 为英文语料基于 LDA 文本表示的聚类结果，英文语料分 40 个类别。图 5-19 显示，在英文语料中 K-means 取得了最好的聚类结果，然后是层次聚类，

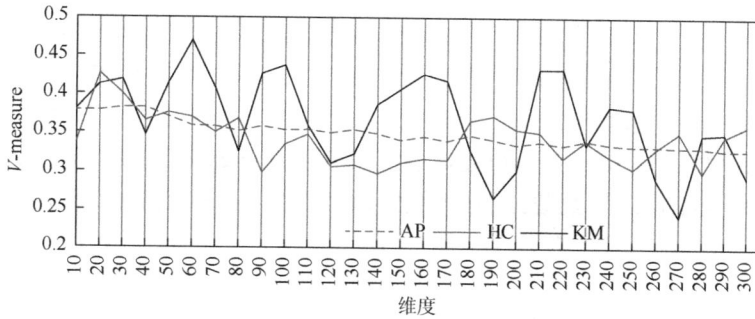

图 5-18　中文语料基于 LSA 文本表示的聚类结果

最后是 AP 聚类算法。随着向量维度的升高，V-measure 降低，一个原因是英文语料的规模较小，向量维度升高反而适得其反。

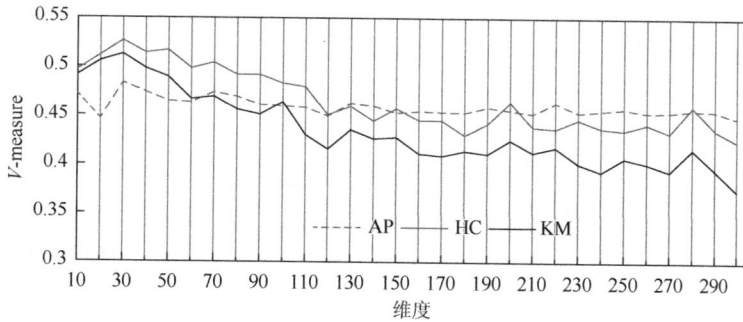

图 5-19　英文语料基于 LDA 文本表示的聚类结果

在聚类的过程中 K-means 所耗时间最短，层次聚类和 AP 聚类所耗时间相当。AP 聚类的 p 值仍然设置为样本点相似度的中位数，V-measure 稳定在 0.45 左右。图 5-20 为英文语料基于 LSA 文本表示的聚类结果。

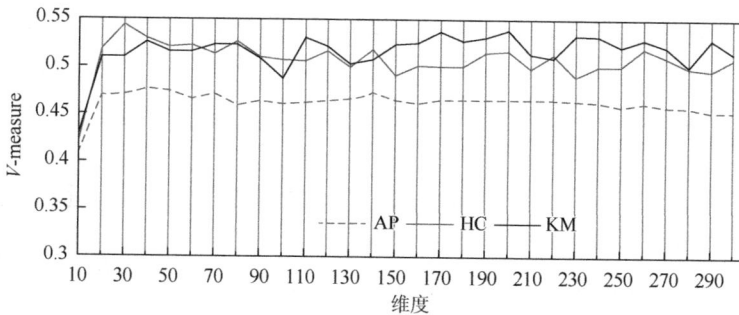

图 5-20　英文语料基于 LSA 文本表示的聚类结果

AP 聚类算法的结果最差，一个可能的原因是无法准确设置类别数，导致 V-measure 在计算聚类结果的时候取得了比较差的结果。实验结果显示，AP 聚类若将 p 值设为相似度的中位数，总是能够得到稳定的结果，层次聚类和 K-means 则可能得到更坏的结果。综上所述，层次聚类和 K-means 不够稳定，AP 聚类在本次实验中无法指定类别数，因此无法取得最优的结果。但在实际应用中，AP 聚类可能取得稳定和更优的聚类效果。

5.4.3　中英文 Hashtag 聚类实验结果及分析

Hashtag 聚类实验采用从 Twitter 中采集的关于 H7N9 的微博，以及新浪微博中关于 H7N9 的微博。Hashtag 聚类实验属于未知数据集的聚类实验，因此不能使用 V-measure 对聚类结果进行评价。本节采用轮廓（silhouette）系数对聚类结果进行评价，轮廓系数根据样本点之间的平均相似度及样本点与类别之间的平均相似度来度量聚类的结果。

1. 聚类结果评价：轮廓系数

轮廓系数是由 Peter 等提出的一种评价聚类结果的方法[154]，与 V-measure 的不同之处在于，轮廓系数不需要样本的类别信息，因而常常被用来评价未知数据集的聚类结果。轮廓系数的计算公式如式（5-36）、式（5-37）所示①：

$$S_i = \frac{b(i) - a(i)}{\max\{a(i), b(i)\}} \tag{5-36}$$

$$S(i) = \begin{cases} 1 - \dfrac{a(i)}{b(i)} & a(i) < b(i) \\ 0 & a(i) = b(i) \\ \dfrac{b(i)}{a(i)} - 1 & a(i) > b(i) \end{cases} \tag{5-37}$$

其中，i 表示数据集中第 i 个样本点；$a(i)$ 表示第 i 个样本点与其所在类簇内部其他样本点的平均距离；$b(i)$ 表示第 i 个样本点与距离其最近的一个类簇内部样本点的平均距离。轮廓系数能够反映每个样本点与其所在类簇的距离及其与外部类簇的距离。

当轮廓系数为 1 时，说明类簇内部样本点之间的距离非常接近，并且与其他类簇样本点的距离非常远。当轮廓系数为 0 时，说明样本点处在类簇之间的边缘位置，很难判别其归属。当轮廓系数为–1 时，则说明样本点被分在了完全错误的

---

① http://en.wikipedia.org/wiki/silhouette_(clustering)。

类簇。轮廓系数很好地反映了聚类的目标，类簇内部的样本点的距离要尽可能小，不同类别之间样本点的距离要尽可能大。

2. 基于文档合并方法的 Hashtag 聚类

Hashtag 聚类实验流程如图 5-21 所示，先将英文语料和中文语料中的 Hashtag 提取出来，然后去重。再分别对英文语料提取词干，对中文语料进行分词。预处理之后，将包含同一个 Hashtag 的微博文本合并为一个长文本，这个长文本包含了当前 Hashtag 的上下文信息。

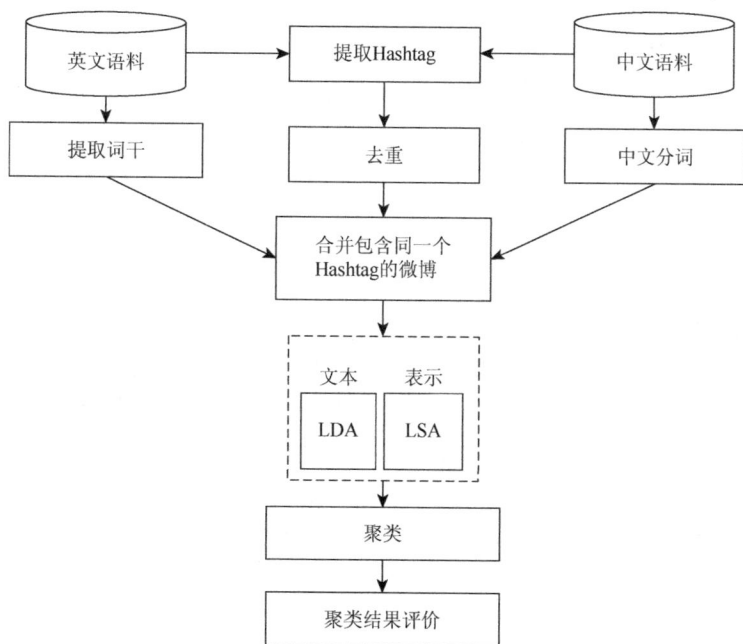

图 5-21　Hashtag 聚类实验流程图

5.4.2 节的实验结果显示，AP 聚类的聚类结果更加稳定，在英文语料中，当使用 LDA 为文本表示方法时，AP 聚类能够取得更好的效果，K-means 聚类取得了不错的聚类结果，并且运行速度快，耗时短。在 5.4.2 节的聚类实验中，类别数是已知的，在实际应用中，数据集的类别数往往是未知的，还需要验证不同的文本表示方法和聚类算法处理未知数据集的能力。因此，在 Hashtag 聚类实验中，分别设置了不同的类别个数，以此研究不同的文本表示方法和聚类算法在 Hashtag 聚类中的效果。

1）英文 Hashtag 聚类实验结果

图 5-22 为基于 LDA 文本表示方法的英文 Hashtag 聚类实验结果，图中横坐

标为类别数，纵坐标为轮廓系数。从散点图的拟合曲线可以看出，AP 聚类算法的效果最好，当类别数变化时，AP 聚类的效果一直领先于层次聚类算法和 K-means。

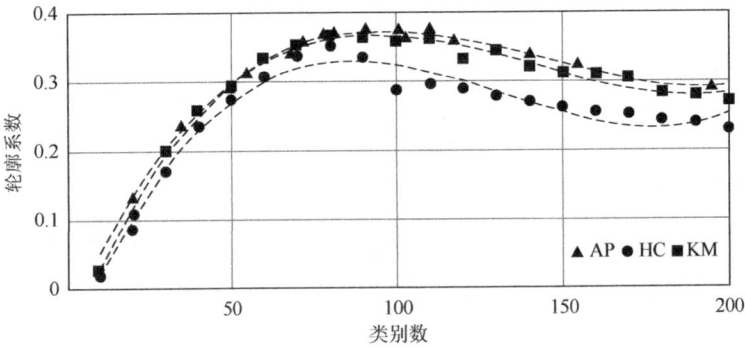

图 5-22　基于 LDA 文本表示方法的英文 Hashtag 聚类实验结果

从本次实验用语料的角度来看，在 10～100 个类别数区间时，轮廓系数随着类别数的增大而增大，在 100～200 个类别数区间时，轮廓系数随着类别数的增加而减小，取 100 个左右的类别数时，轮廓系数最大。

图 5-23 为基于 LSA 文本表示方法的聚类实验结果，图中 K-means 取得的效果最好，层次聚类的结果次之，AP 聚类算法的结果波动幅度较大，结果较差。图 5-22 和图 5-23 只对不同的聚类算法进行了对比，为了对比不同的文本表示方法，将基于 LDA 文本表示方法中取得了最优结果的聚类算法与基于 LSA 的文本表示方法中取得最优结果的聚类算法的轮廓系数进行对比，如图 5-24 所示。

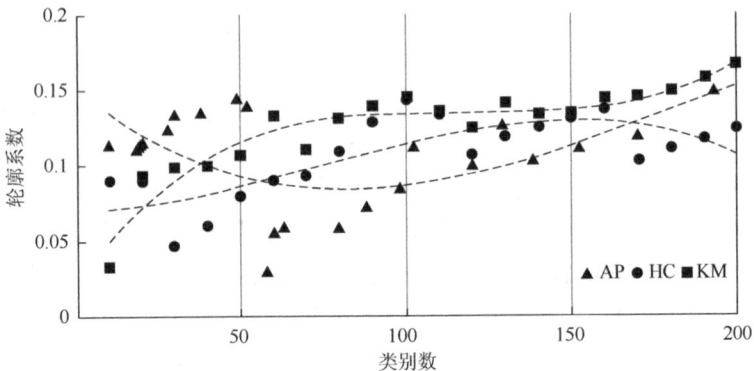

图 5-23　基于 LSA 文本表示方法的英文 Hashtag 聚类实验结果

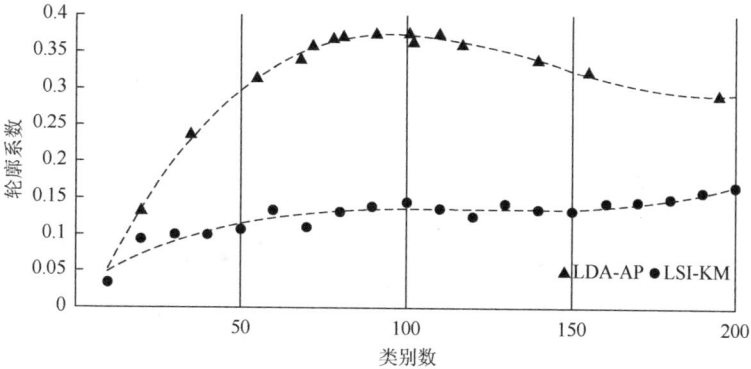

图 5-24 LDA 中的 AP 聚类算法和 LSA 中 *K*-means 聚类算法结果对比图

从图 5-24 可以看出，基于 LDA 的 AP 聚类算法所取得的轮廓系数明显优于基于 LSA 的 *K*-means 算法，由此可以看出，基于 LDA 的文本表示方法与 AP 聚类的组合能够取得最好的聚类效果。但 AP 聚类也有着固有的缺点，在本次实验中，AP 聚类的类别数调整难度较大，为了与其他的聚类算法相比较，需要将 AP 聚类算法取得的类别数调整到 0～200 区间内。调整的方法是通过遍历一定区间内的 p 值，记录下取得的类别数 0～200 个的 p 值，然后计算其轮廓系数。p 值若设置为样本点间相似度的中位数，通常能取得中等的类别数，p 值和样本点的分布共同影响类别数的大小。

2）中文 Hashtag 聚类实验结果

图 5-25 所示为基于 LDA 文本表示方法的中文 Hashtag 聚类实验结果，横坐标为类别数，纵坐标为轮廓系数。从图中可以看出，AP 聚类的结果最差，*K*-means 的结果最好，这与英文的 Hashtag 聚类结果相反。

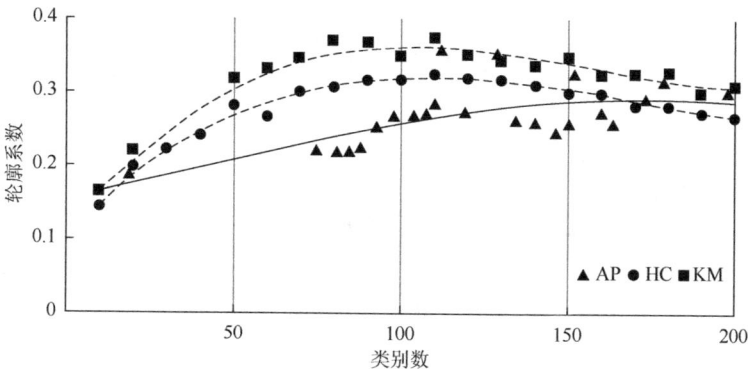

图 5-25 基于 LDA 文本表示方法的中文 Hashtag 聚类实验结果

图 5-26 为基于 LSA 文本表示方法的中文 Hashtag 聚类实验结果，图中的最优算法是 AP 聚类算法，K-means 和层次聚类算法得到的聚类结果不相上下。

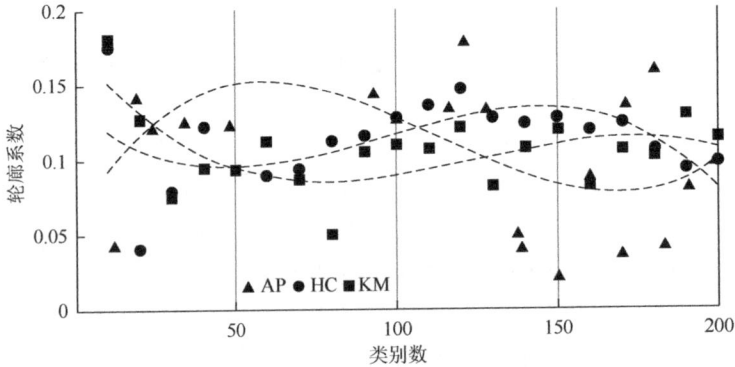

图 5-26　基于 LSA 文本表示方法的中文 Hashtag 聚类实验结果

为了对比 LDA 和 LSA 两种不同文本表示方法的效果，对 LDA 文本表示方法中的 K-means 聚类算法的聚类结果与基于 LSA 文本表示方法中的 AP 聚类算法的聚类结果进行比较，如图 5-27 所示。与英文 Hashtag 聚类实验的结果相同，基于 LDA 文本表示方法的聚类结果优于基于 LSA 文本表示方法的聚类结果。

微博文本中的用词具有很强的随意性，加之微博文本的长度限制，传统的标签聚类方法难以直接应用。将包含同一个 Hashtag 的微博文本合并，优点是能够将微博短文本扩展为长文本，丰富上下文信息，使得传统的处理长文本的方法能够发挥比较好的作用。缺点是一些原本不相关的 Hashtag，经过合并文本之后，这些 Hashtag 也具有了相似性。

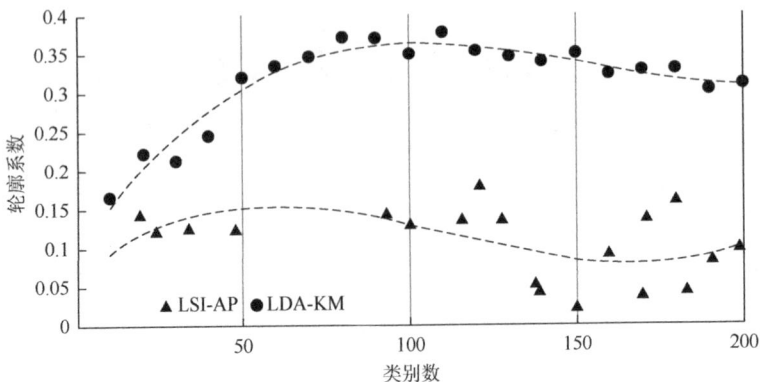

图 5-27　LDA 中的 K-means 聚类算法和 LSA 中 AP 聚类算法结果对比图

造成这个现象的一个原因是用户在标注 Hashtag 的时候，或者一些机器人账户和广告账户在标注 Hashtag 的时候，可能将一些没有关联的 Hashtag 标注在同一个微博中，而这条微博的实际主题可能只是关于其中某一个 Hashtag 的。

3）基于标签文档矩阵的 Hashtag 聚类

传统的标签聚类方法通常使用标签文档矩阵的方法，用文档对标签进行表示。为了将基于合并的方法与传统的方法进行对比，对中英文语料构建了标签文档矩阵，分别使用 AP 聚类算法、层次聚类算法和 K-means 聚类算法，并计算不同聚类算法的轮廓稀疏，以此评价聚类的效果。

基于标签文档矩阵的标签聚类算法的缺点是，当文档数量巨大时，所产生的矩阵将非常稀疏。在处理微博这类短文本时，将每条微博文本当作一个文档，一个 Hashtag 作为一个标签，产生的标签文档矩阵将更加稀疏，难以计算。

图 5-28 为基于标签文档矩阵的中文 Hashtag 聚类结果，当类别数较少时，从三种聚类算法的聚类结果中计算的轮廓系数非常接近 1，在类别数增大到一定程度时，K-means 聚类算法的轮廓系数下降得非常快，AP 聚类算法和层次聚类算法下降得不明显。但在类别数达到 100 之后，AP 聚类算法的轮廓系数基本都是负数，而层次聚类算法的轮廓系数则基本保持不变。图 5-28 显示，在使用标签文档矩阵对 Hashtag 进行表示时，层次聚类算法的效果最好。

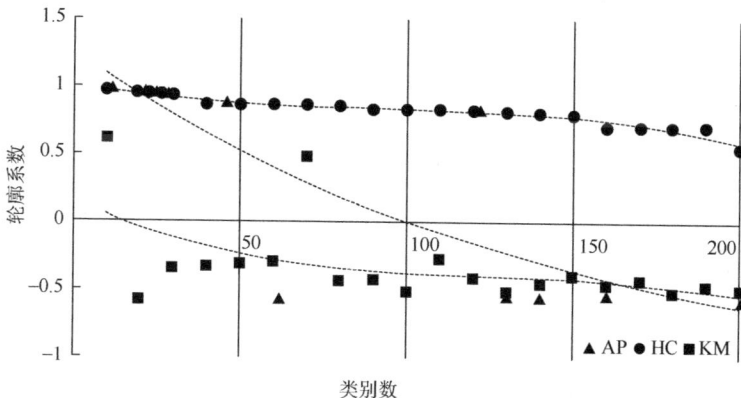

图 5-28　基于标签文档矩阵的中文 Hashtag 聚类结果

图 5-29 为基于标签文档矩阵的英文 Hashtag 聚类结果，与基于标签文档矩阵的中文 Hashtag 聚类结果相似，K-means 聚类算法的结果最差，层次聚类算法取得的结果最优。

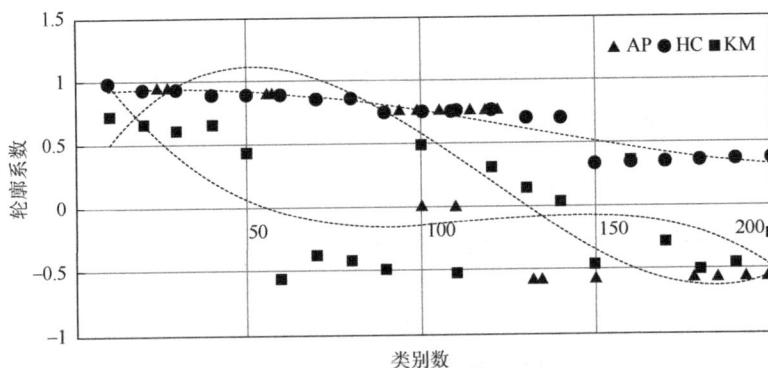

图 5-29　基于标签文档矩阵的英文 Hashtag 聚类结果

5.4.4　小结

　　Hashtag 推荐技术的目的是提高 Hashtag 在社交网络中被用户标注的数量。提高 Hashtag 的标注数量并不是最终目的，最终目的是利用 Hashtag 的特性对信息更好地组织，以解决具体的实际问题。Hashtag 挖掘技术可以实现这个目的，聚类技术是挖掘技术中关键技术之一，本节对 Hashtag 聚类方法进行了研究，在中文和英文语料上分别使用 AP 聚类算法、*K*-means 聚类算法和层次聚类算法，并使用 LDA 和 LSA 文本表示方法对中英文文本进行了表示，目的在于找出效果最好的聚类算法和文本表示方法，提高 Hashtag 挖掘在应用中的效果。

第6章 研究结论、不足与展望

本书首先综合使用用户自我报告的方式，即问卷调查方法和标签数据定量分析方法，对用户标注行为进行了探索。接着对社会化标签质量的相关内容进行了研究，在对现有的各类标注对象的标签质量情况进行调研的基础上，通过选取科学网博客的博文标签作为研究对象，构建了对标签质量进行自动评估的模型，利用机器学习分类算法实现了对标签质量的自动评估研究。另外，还对图片和图书的中英文标签质量进行了差异比较研究。接着是对社会化标签生成的研究，分别对博文标签、微博用户标签、多语言微博 Hashtag 的生成效果进行了探索。最后是对社会化标签聚类的研究。利用现有的聚类算法，对用户生成的标签和机器自动抽取的标签聚类效果进行了对比，并结合标签的内容和用户两个角度探索各类标签特征对标签聚类效果的影响。在标签质量评估和标签聚类的研究成果的基础上，探索了不同质量等级的标签对标签聚类效果的影响。另外，还对多语言微博 Hashtag 在不同聚类算法和文本表示方法上的聚类效果进行了对比。

6.1 研究结论

6.1.1 用户标注行为研究的结论

用户标注行为研究下包括两个子研究，研究一采用自行研制的用户标注行为量表，从用户标注动机、用户标注过程影响因素、用户标注结果三个方面分析社会化标注系统用户的标注行为，并从不同性别、不同年龄、不同学历、不同职业、不同社会化标注系统使用时间及使用次数、不同标注资源类型 7 个方面分析比较不同背景用户标注动机的差异。通过用户标注动机调研结果发现，总的来说，用户利用标签进行标注时，自我组织的需要最为强烈。其中不同年龄、不同学历、不同社会化标注系统使用时间及使用次数的用户标注动机存在显著性差异，另外对不同标注资源类型进行标注时的标注动机也存在显著性差异。对用户标注过程影响因素的研究发现，用户在提供标签的过程中，最容易受到自身知识背景的影响，同时各种因素的影响程度也会由于用户性别、年龄、学历、职业、使用社会化标注系统的时间和次数的不同而不同。最后，此研究也发现，对不同资源类型进行标注时使用的标签类型也存在不同。例如，对音乐进行标注时最常使用的标签为标注音乐的演唱者，对视频进行标注时会使用视频的导演或是演员等。

研究二以科学网博文为研究对象，直接通对其标签特征进行分析，从而获取对博文的标注行为。本书从标注系统使用方式、关键词结构及标注动机等三个角度选取了关键词标注比例、用户标注关键词比例、用户标注关键词平均个数、用户标注关键词平均长度及用户标注关键词重用率等五个标注行为指标，从而分析科学网中不同类型用户标注行为的差异。分析发现，不同职业、专业、注册时间、发博文频率及职称的用户在部分标注行为上存在显著性差异，但不同性别及学历的用户在主要标注行为上不存在显著性差异。

6.1.2　多语言社会化标签质量研究结论

通过邀请志愿者对视频、图片、图书、博文、音乐标签的标签类型分类和标签质量打分，得出以下结论：在不同的标注资源类型中，内容描述型标签均是所有标签类型中占比最大的标签类型，由此也可以看出用户打标签的目的很大一部分是出于对标注对象内容的描述；除了图片标签，占比第二位的是对标注资源属于的内容领域进行标注，因此可以看出，用户打标签的目的一部分是出于对标注对象的分类；不同的资源类型又有着自己的标签类型特点，如在图片标签中地点类型的标签占比处于第二位，因为用户在标注图片标签时图片拍摄地点信息是普遍需要标注的。进一步通过用户调查研究发现，对于不同的标注对象，用户偏向使用的标签类型有稍许不同，如对于音乐标签，用户最倾向于使用演唱者的名字进行标注。对其他类型的标注对象，用户倾向于使用描述内容的标签、描述类型的标签和用于自我组织的标签。

不同标签类型的标签质量不同，如对于博文标签，描述博文内容的标签类型质量高；对于图书标签，书名中的词语和描述图书内容的标签类型质量高；对于图片标签，描述图片中地点的标签类型质量高；对于视频标签，描述视频中的演员和导演的标签类型质量高。进而对与内容相关标签的质量得分进行分析，得出以下结论：在内容相关类型标签中仍然普遍存在用户判别的低质量标签，所以仅仅过滤掉垃圾标签并不能满足用户对高质量标签的需求，因此需要结合不同标注对象的标签类型需要和对内容相关类型标签的描述相符程度做进一步的质量评估，最终过滤出用户满意的能够充分描述资源内容的高质量标签，方便用户快速、准确地组织、检索资源。

利用多元回归分析、朴素贝叶斯、支持向量机三种分类模型对科学网博文标签质量自动评估，结果如下：多元回归分析需要使用较多的特征，包括标签内容属性特征与社会化属性特征，预测出的标签质量结果的 $MacroF_1$ 值为 0.37，处于三个模型效果的中间位置；利用朴素贝叶斯分类方法进行标签质量自动评估，是三个模型中效果最差的，$MacroF_1$ 值仅为 0.25。对 RBF 核函数进行参数优化后的支持向量机分类算法进行标签质量自动评估，$MacroF_1$ 值达到 0.49，是三个模型中分类效果最好的，其也综合利用了标签的内容属性特征与社会化属性特征，从各类别的 F_1 值也可以看出，其对各类的分类效果均高于另外两个模型。综合以上分析可以得出：利用参数优化后的 SVM，结合标签的内容属性特征与社会化属性特征进行标签质量评估的结果明显优于多元回归分析和朴素贝叶斯的结果。

此部分后两个研究集中在对中英文标签质量的对比上。第一个研究以"广义知网知识本体架构线上浏览系统"词库中"动物"和"植物"两个大类的中英文词语为基础，在 Flickr 网站上分别采集中文与英文的图片信息，开发了标签质量测评网站，邀请志愿者对图片网站 Flickr 的中英文标签进行标签质量打分和标签类型选择，对图片标签类型分布及质量得分进行了统计分析。调研结果显示，中文标签质量略高于英文标签质量，但是中文标签质量分布比较分散，英文标签质量分布相对比较集中。第二个研究以中英译本的图书为研究对象，从豆瓣读书、Amazon、LibraryThing 获取社会化标签，从中国国家图书馆和美国国会图书馆获取 MARC 主题词，探究每本书的标签和主题词在长度、个数和相似度三方面的差异。实验结果显示，不同语种的标签或主题词在长度、个数和相似度三方面存在差异；不同类目的图书的社会化标签在这三方面也存在差异；单本书的社会化标签与主题词之间也存在差异。该研究能够帮助图书馆了解社会化标签并借此提升用户服务质量。

6.1.3　多语言社会化标签生成研究结论

本部分是对标签生成的研究，集中在对三个对象类型的标签生成上，分别为博文标签、微博用户标签及微博 Hashtag。在对博文标签的生成研究中，针对科学网博客 6 万多篇博文数据，设计与开发了一个中文博客标签及标签云图自动生成系统，主要工作包括如下三个方面：首先是单篇博文标签生成及云图展示，即利用单文档关键词自动抽取技术，实现对单篇博文的标签自动推荐和标签云图展示，并生成标签权重图。其次是博主个性化标签生成，即对每个博主的文章进行标签统计，为每个博主自动推荐 10 个标签，并进行云图展示。最后是流行标签的时间走势分析图生成，即统计所有用户标注最频繁的前 50 个标签，画出标签的时间走势图，并分析其变化原因。结果表明，与科学网博客网站上自身提供的标签自动推荐功能相比，本系统的标签自动推荐功能效果更好。系统给出的博主标签能够反映出博主所在的研究领域与兴趣爱好。利用科学网用户标签时间走势图，可以发现和追踪热点事件并分析其变化原因。

对自动生成微博用户标签研究中提出的结合用户关系网和标签共现网进行微博用户标签的预测。该方法首先在用户关系网上使用带重启随机游走模型计算用户相似度，然后根据标签对用户的重要程度获得各个用户的候选标签集。在得到用户候选标签集后，结合标签共现网使用基于标签链的方法抽取候选标签推荐给用户。在新浪微博真实数据集上的测试表明，本书提出的标签预测方法在正确率上有一定提高。

微博 Hashtag 的推荐研究中利用基于 K 最近邻（KNN）的 Hashtag 推荐方法，将微博文本表示为向量，然后计算相似度，从语料中选出与目标微博最相似的微博文本，然后抽取候选 Hashtag。本书比较了向量空间模型、潜在语义分析模型、隐含狄利克雷分布模型、深度学习等四种文本表示方法对基于 KNN 的 Hashtag 推荐效果的影响。以 Twitter 上有关 H7N9 的微博为测试数据，实验结果表明，深度学习的文本表示方法在基于 KNN 的 Hashtag 推荐中取得最好的效果。

6.1.4　多语言社会化标签聚类研究结论

对科学网博文进行的基于内容的标签自动生成实验结果显示：利用 TextRank 算法对候选标签进行权重的重新计算后，可以有效地生成与博文发布者手工标注的标签相符的标签。同时，利用此方法自动生成的标签可以反映博文发布者的研究领域。对用上述 TextRank 算法自动生成的标签和博文发布者手工标注的标签，分别都使用余弦相似度法和欧几里得距离法计算出标签之间的相似度，利用 AP 聚类算法进行聚类。研究发现，余弦相似度法的效果比较好，能够体现出一定的主题，而欧几里得距离法结果中同类中的主题不太相关。用户生成标签的聚类结果比机器生成标签的聚类结果更分散，对这个主题的描述更详细，能够通过标签聚类发现一些主题。

对标注内容与用户属性结合的标签聚类研究的实验结果显示：在学科分类体系下，用户属性与标注内容的结合均对标签聚类的结果有所提升，Sigmod 加权表现最优；在系统分类体系下，两者结合均不如标注内容结果表现优秀。两种特征的结合在部分情况下能够提高聚类效果，标签聚类中应更加关注标签的内容特征。

基于上述标签质量评估和标签聚类的研究结论，进行高质量社会化标签聚类研究。首先利用上述标签质量自动评估研究中获取的可以有效评估标签质量的标签特征，包括词长、是否为主题词、总标注次数、总标注人数这四个特征选取不同质量等级下的标签，再利用 AP 聚类算法对得到的不同质量等级下的标签进行聚类，实验结果显示：标签质量的高低对标签聚类结果有重要的影响，高质量的标签聚类结果比低质量的标签聚类结果更好。

本部分最后一个研究实现了对多语言微博 Hashtag 的聚类，对比了两种不同的聚类策略，并研究了不同的文本表示方法和多种聚类算法的聚类效果，发现在基于 KNN 的 Hashtag 推荐任务中，Doc2vec 的文本表示方法取得了最好的效果。

6.2　研究不足与展望

虽然本书目前已经获得了一定的研究成果，但是还存在一些不足，我们将在未来的研究工作中不断完善。

（1）由于在质量自动评估研究中使用的标签数据是科学网博文的标签数据，社会化功能还不够完善，一些社会化属性并不能有效地提高社会化标签自动分类效果，导致即使是效果最佳的支持向量机模型的 F_1 值也仅为 0.49。因此，下一步拟采用更富有社会化属性的标签数据作为研究对象，如图书标注网站 LibraryThing、文献标注网站 CiteULike 的数据进行更为广义领域的标签质量评估，同时扩充测评数据集的规模和种类，采用更为丰富的数据对不同类型的标注对象，如图书、图片、视频、音乐等，分别进行社会化标签质量自动评估研究。在针对不同类型的标注对象进行标签质量评估中，引入更多的标签属性，并优化标签属性的计算过程。

（2）在进行高质量标签聚类研究中只采用了 AP 聚类算法，没有应用多种聚类算法对标签聚类结果进行进一步验证，同时只采用了标签质量自动评估研究中表现效果好的 4 种标签质量区分策略来探索标签质量的高低对标签聚类结果的影响，可能还需要探索是否存在其他对标签聚类效果有影响的标签属性。同时，此研究也只使用了博文标签数据，下一步研究应验证不同类型标注对象的高质量标签对聚类效果的影响，以对本书的研究结果进行进一步深化。

参 考 文 献

[1] Trivedi A, Rai P, Daumé H, et al. Leveraging social bookmarks from partially tagged corpus for improved web page clustering. ACM Transactions on Intelligent Systems and Technology, 2012, 3（4）: 1-18.

[2] Zubiaga A, Martínez R, Fresno V. Getting the most out of social annotations for web page classification//Proceedings of the 9th ACM Symposium on Document Engineering. New York: ACM, 2009: 74-83.

[3] Zhou D, Bian J, Zheng S, et al. Exploring social annotations for information retrieval// Proceedings of the 17th International Conference on World Wide Web. New York: ACM, 2008: 715-724.

[4] Zhao S, Du N, Nauerz A, et al. Improved recommendation based on collaborative tagging behaviors//Proceedings of the 13th International Conference on Intelligent User Interfaces. New York: ACM, 2008: 413-416.

[5] Sa N, Yuan X. What motivates people use social tagging//International Conference on Online Communities and Social Computing. Berlin, Heidelberg: Springer, 2013: 86-93.

[6] Veres C. Concept modeling by the masses: Folksonomy structure and interoperability//Concept Modeling by the Masses: Folksonomy Structure and Interoperability. Berlin, Heidelberg: Springer, 2006: 325-338.

[7] 李枫林, 张景. 基于用户标注行为的相关性分析及重排序. 情报理论与实践, 2010（10）: 57-61.

[8] Sen S, Lam S K, Rashid A M, et al. Tagging, communities, vocabulary, evolution//Proceedings of the 2006 20th Anniversary Conference on Computer Supported Cooperative Work. New York: ACM, 2006: 383-392.

[9] Ames M, Naaman M. Why we tag: motivations for annotation in mobile and online media//Proceedings of the SIGCHI Conference on Human Factors in Computing Systems. New York: ACM, 2007: 971-980.

[10] Nov O, Ye C. Why people tag? Motivations for content tagging//Proceedings of the Sixth Annual Workshop on HCI Research in MIS. New York: ACM, 2007: 62-66.

[11] Mirzaee V, Iverson L. Tagging: behaviour and motivations//Proceedings of the American Society for Information Science and Technology, 2009, 46（1）: 1-5.

[12] Bartley P. Book tagging on librarything: how, why, and what are in the tags? //Proceedings of the American Society for Information Science & Technology, 2010, 46（1）: 1-22.

[13] Körner C, Kern R, Grahsl H P, et al. Of categorizers and describers: An evaluation of quantitative measures for tagging motivation//Proceedings of the 21st ACM Conference on

Hypertext and Hypermedia. New York: ACM, 2010, 157-166.

[14] Strohmaier M, Körner C, Kern R. Why do users tag? Detecting users' motivation for tagging in social tagging systems//Proceedings of the 4th International AAAI Conference on Weblogs and Social Media. Palo Alto: AAAI Press, 2010: 23-26.

[15] Golder S A, Huberman B A. Usage patterns of collaborative tagging systems. Journal of Information Science, 2006, 32 (2): 198-208.

[16] Binkowski P J. The effect of social proof on tag selection in social bookmarking applications[D]. Chapel Hill: University of North Caroline at Chapel Hill, 2006.

[17] Cattuto C, Loreto V, Pietronero L. Semiotic dynamics and collaborative tagging//Proceedings of the National Academy of Sciences, 2007, 104 (5): 1461-1464.

[18] Rader E, Wash R. Influences on tag choices in del. icio. us//Proceedings of the ACM 2008 Conference on Computer Supported Cooperative Work. New York: ACM, 2008: 239-248.

[19] Lund B, Hammond T, Flack M, et al. Social bookmarking tools (Ⅱ). DLib Magazine, 2005, 11 (4): 1082-9873.

[20] Marlow C, Naaman M, Boyd D, et al. HT06, tagging paper, taxonomy, Flickr, academic article, to read//Proceedings of the Seventeenth Conference on Hypertext and Hypermedia. New York: ACM, 2006: 27-30.

[21] Millen D R, Feinberg J. Using social tagging to improve social navigation//Workshop on the Social Navigation and Community based Adaptation Technologies. Dublin: Citeseer, 2006: 1-10.

[22] Farooq U, Kannampallil T G, Song Y, et al. Evaluating tagging behavior in social bookmarking systems//Proceedings of the 2007 International ACM SIGGroup Conference on Supporting Group Work. New York: ACM, 2007: 351-360.

[23] Santos-Neto E, Condon D, Andrade N, et al. Reuse, temporal dynamics, interest sharing, and collaboration in social tagging system. First Monday, 2013, 19 (7).

[24] Goh D H L, Chua A, Lee C S, et al. Resource discovery through social tagging: a classification and content analytic approach. Online Information Review, 2009, 33 (3): 568-583.

[25] Krause B, Schmitz C, Hotho A, et al. The anti-social tagger-detecting spam in social bookmarking systems//Proceedings of the 4th International Workshop on Adversarial Information Retrieval on the Web. New York: ACM, 2008: 61-68.

[26] Gu X, Wang X, Li R, et al. Measuring social tag confidence: Is it a good or bad tag?// International Conference on Web-Age Information Management. Berlin, Heidelberg: Springer, 2011: 94-105.

[27] Lee S E, Han S S. Qtag: Introducing the qualitative tagging system//Proceedings of the Eighteenth ACM Conference on Hypertext and Hypermedia. New York: ACM, 2007: 35-36.

[28] Sen S, Harper F M, LaPitz A, et al. The quest for quality tags//Proceedings of the 2007 International ACM Conference on Conference on Supporting Group Work. New York: ACM, 2007: 511-543.

[29] Zhang S, Farooq U, Carroll. J. Enhancing information scent: identifying and recommending quality tags//Proceedings of the ACM 2009 International Conference on Supporting Group

Work. New York：ACM，2009：115-124.

[30] Belém F M, Martins E F, Almeida J M, et al. Exploiting co-occurrence and information quality metrics to recommend tags in web 2. 0 applications//Proceedings of the 19th ACM International Conference on Information and Knowledge Management. Toronto, Canada: ACM, 2010: 1793-1796.

[31] 孙珂. 大规模文档标签自动标注技术研究. 哈尔滨：哈尔滨工业大学，2011.

[32] Guy M, Tonkin E. Folksonomies: Tidying up tags. D-lib Magazine, 2006, 12（1）: 1082-9873.

[33] 徐静，卢章平. 基于 Folksonomy 的信息组织及其优化. 新世纪图书馆，2011（4）：34-36，46.

[34] 黄如花，任其翔. WorldCat 热门标签的调查与分析. 图书与情报，2012（5）：7-10.

[35] 吴方枝. Flickr 网站用户标签的质量控制对策. 图书馆学研究，2012（11）：26-28.

[36] Lawson K G. Mining social tagging data for enhanced subject access for readers and researchers. Journal of Academic Librarianship, 2009, 35（6）: 574-582.

[37] Thomas M, Caudle D M, Schmitz C M. To tag or not to tag?. Library Hi Tech, 2009, 27（3）: 411-434.

[38] Lu C, Park J R, Hu X. User tags versus expert-assigned subject terms: A comparison of librarything tags and library of congress subject headings. Journal of Information Science, 2010, 36（6）: 763-779.

[39] Yi K. A semantic similarity approach to predicting library of congress subject headings for social tags. Journal of the American Society for Information Science and Technology, 2010, 61（8）: 1658-1672.

[40] 吴丹，林若楠，冯倩然，等. 社会标签的规范性研究——图书标注. 图书馆论坛，2012，32（1）：1-7.

[41] Wu D, He D, Qiu J, et al. Comparing social tags with subject headings on annotating books: A study comparing the information science domain in English and Chinese. Journal of Information Science, 2013, 39（2）: 169-187.

[42] Lee D H, Schleyer T. Social tagging is no substitute for controlled indexing: A comparison of Medical Subject Headings and CiteULike tags assigned to 231, 388 papers. Journal of the American Society for Information Science and Technology, 2012, 63（9）: 1747-1757.

[43] Hall C, Zarro M. What do you call it? A comparison of library-created and user-created tags//Proceedings of the 11th ACM/IEEE-CS Joint Conference on Digital Libraries. New York: ACM, 2011: 53-56.

[44] Chen S J. User tagging for digital archives: The case of commercial keywords from the grand secretariat//International Conference on Asian Digital Libraries. Berlin, Heidelberg: Springer, 2011: 158-167.

[45] Al-Khalifa H S, Davis H C. Folksonomies versus automatic keyword extraction: An empirical study//Proceedings of IADIS Web Applications and Research, 2006, 1（2）: 132-143.

[46] Syn S Y, Spring M B. Tags as keywords-comparison of the relative quality of tags and keywords//Proceedings of the American Society for Information Science and Technology, 2015, 46（1）: 1-19.

[47] 丁婉莹，贺芳，冯利飞，等. 标签与关键词相似度对比分析. 情报理论与实践，2009，32（10）：111-114.

[48] Lai V, Rajashekar C, Rand W. Comparing social tags to microblogs//2011 IEEE Third International Conference on Privacy, Security, Risk and Trust and 2011 IEEE Third International Conference on Social Computing.Boston: IEEE, 2011: 1380-1383.

[49] Koutrika G, Effendi F A, Gyöngyi Z, et al. Combating spam in tagging systems. ACM Transactions on the Web, 2008, 2 (4): 1-34.

[50] van Damme C, Hepp M, Coenen T. Quality metrics for tags of broad folksonomies// Proceedings of International Conference on Semantic Systems. Berlin, Heidelberg: Springer, 2008: 118-125.

[51] Noh T G, Lee J K, Park S B, et al. Tag quality feedback: a framework for quantitative and qualitative feedback on tags of social web//Pacific Rim International Conference on Artificial Intelligence. Berlin, Heidelberg: Springer, 2010: 637-642.

[52] Yi K, Yoo C Y. An empirical examination of the associations between social tags and Web queries. Information Research, 2012, 17 (3).

[53] Xu Z, Fu Y, Mao J, et al. Towards the semantic web: collaborative tag suggestions// Collaborative Web Tagging Workshop at WWW2006. New York: ACM, 2006: 23-26.

[54] Krestel R, Chen L. The art of tagging: Measuring the quality of tags//Proceedings of the 3rd Asian Semantic Web conference on the Semantic Web. Berlin, Heidelberg: Springer, 2008: 257-271.

[55] 覃希, 夏宁霞, 苏一丹. 基于支持向量机的垃圾标签检测模型. 计算机应用研究, 2010, 27 (10): 3893-3895.

[56] 李劲, 张华, 吴浩雄, 等. 基于社会标注质量的文本分类模型框架. 计算机应用, 2012, 32 (5): 1335-1339.

[57] 刘知远. 基于文档主题结构的关键词抽取方法研究. 北京: 清华大学, 2011.

[58] Manning C D, Manning C D, Schütze H. Foundations of Statistical Natural Language Processing. Cambridge: MIT press, 1999.

[59] Smadja F. Retrieving collocations from text: xtract. Computational Linguistics, 1993, 19: 143-177.

[60] Church K W, Hanks P. Word association norms, mutual information, and lexicography. Computational Linguistics, 1990, 16 (1): 22-29.

[61] Zernik U. Lexical Acquisition: Exploiting On-Line Resources to Build a Lexicon. Hillsdale: Lawrence Erlbaum Associates, 1991: 211-231.

[62] Dunning T. Accurate methods for the statistics of surprise and coincidence. Computational Linguistics, 1993, 19: 61-74.

[63] Tomokiyo T, Hurst M. A language model approach to keyphrase extraction//Proceedings of the ACL 2003 Workshop on Multiword Expressions: Analysis, Acquisition and Treatment. New York: ACM, 2003: 33-40.

[64] Silva J, Lopes G. Towards automatic building of document keywords//Proceedings of the 23rd International Conference on Computational Linguistics: Posters. New York: ACM, 2010: 1149-1157.

[65] Hulth A. Improved automatic keyword extraction given more linguistic knowledge//Proceedings

of the 2003 Conference on Empirical Methods in Natural Language Processing. New York：ACM，2003：216-223.

[66] Pudota N，Dattolo A，Baruzzo A，et al. Automatic keyphrase extraction and ontology mining for content-based tag recommendation. International Journal of Intelligent Systems，2010，25（12）：1158-1186.

[67] Turney P D. Learning to Extract Keyphrases from Text. arXiv preprint cs/0212013，1999.

[68] Witten I H，Paynter G W，Frank E，et al. KEA：practical automatic keyphrase extraction//Proceedings of the Fourth ACM Conference on Digital Libraries. New York：ACM，1999：254-256.

[69] Chen M，Sun J T，Zeng H J，et al. A practical system of keyphrase extraction for web pages//Proceedings of the 14th ACM International Conference on Information and Knowledge Management. New York：ACM，2005：277-278.

[70] D'Avanzo E，Magnini B，Vallin A. Keyphrase extraction for summarization purposes：The LAKE system at DUC-2004//Proceedings of the 2004 Document Understanding Conference，Boston，USA：1-5.

[71] Salton G，Buckley C. Term-weighting approaches in automatic text retrieval. Information Processing and Management，1988，24（5）：513-523.

[72] Liu Z，Chen X，Zheng Y，et al. Automatic keyphrase extraction by bridging vocabulary gap//Proceedings of the Fifteenth Conference on Computational Natural Language Learning. New York：ACM，2011：135-144.

[73] Mihalcea R，Tarau P. TextRank：bringing order into texts//Proceedings of the 2004 Conference on Empirical Methods in Natural Language Processing，Barcelona. Stroudsburg，Pennsylvania：Association for Computational Linguistics，2004：72-79.

[74] Sen S，Vig J，Riedl J. Learning to recognize valuable tags//Proceedings of the 14th International Conference on Intelligent User Interfaces. New York：ACM，2008：259-266.

[75] Chen X，Shin H. Extracting representative tags for flickr users//Proceedings of the 2010 IEEE International Conference on Data Mining Workshops. New York：ACM，2010：312-317.

[76] 李丕绩，马军，张冬梅等. 用户评论中的标签抽取以及排序. 中文信息学报，2012，26（5）：14-19.

[77] Suchanek F M，Vojnovic M，Gunawardena D. Social tags：meaning and suggestions//Conference on Information and Knowledge Management. New York：ACM，2008：223-232.

[78] 钟青燕，苏一丹，梁胜勇. 基于层次聚类和语义的标签推荐研究. 微计算机信息，2010，26（36）：199-203.

[79] Begelman G，Keller P，Smadja F. Automated tag clustering：Improving search and exploration in the tag space. Collaborative Web Tagging Workshop at WWW2006 Edinburgh Scotland，2006，22（2）：15-33.

[80] Rae A，Sigurbjörnsson B，van Zwol R. Improving tag recommendation using social networks//Proceedings of the Conference on Adaptivity，Personalization and Fusion of Heterogeneous Information. New York：ACM，2010：92-99.

[81] Lee S O K，Chun A H W. Automatic tag recommendation for the web 2. 0 blogosphere using

collaborative tagging and hybrid ANN semantic structures//Proceedings of the 6th WSEAS International Conference on Applied Computer Science，Wisconsin：WSEAS，2007：88-93.

[82]　Cui J，Liu H，He J，et al. TagClus: A random walk-based method for tag clustering. Knowledge and Information Systems，2010，27（2）：193-225.

[83]　Ester M，Kriegel H P，Sander J，et al. A density-based algorithm for discovering clusters a density-based algorithm for discovering clusters in large spatial databases with noise//Proceedings of the Second International Conference on Knowledge Discovery and Data Mining. New York：ACM，1996：226-231.

[84]　曹高辉，焦玉英，成全. 基于凝聚式层次聚类算法的标签聚类研究. 现代图书情报技术，2008，24（4）：23-28.

[85]　Shepitsen A，Gemmell J，Mobasher B，et al. Personalized recommendation in social tagging systems using hierarchical clustering//Proceedings of the 2008 ACM Conference on Recommender Systems. New York：ACM，2008：259-266.

[86]　Sbodio M，Simpson E. Tag clustering with self organizing maps. Hewlett-Packard Development Company，2009.

[87]　Agirre E，de Lacalle O L. Clustering WordNet word senses//Proceedings of the Conference on Recent Advances in Natural Language Processing. Amsterdam：John Benjamins，2003：121-130.

[88]　Fokker J，Pouwelse J，Buntine W. Tag-based navigation for peer-to-peer Wikipedia//Collaborative Web Tagging Workshop at WWW2006. New York：ACM，2006：1-5.

[89]　Simpson E. Clustering Tags in Enterprise and Web Folksonomies. Technical Report HPL-2008-18.

[90]　Brooks C H，Montanez N. Improved annotation of the blogosphere via autotagging and hierarchical clustering//Proceedings of the 15th International Conference on World Wide Web. New York：ACM，2006：625-630.

[91]　周津，陈超，俞能海. 采用对象特征向量表示法的标签聚类算法. 小型微型计算机系统，2012，33（3）：525-530.

[92]　Jeh G，Widom J. SimRank: A measure of structural-context similarity//Proceedings of the Eighth ACM SIGKDD International Conference on Knowledge Discovery and Data Mining. New York：ACM，2002：538-543.

[93]　王萍，张际平. 一种社会性标签聚类算法. 计算机应用与软件，2010，27（2）：126-129.

[94]　Tan P N，Steinbach M，Kumar V. 数据挖掘导论.范明，范宏建等译. 北京：人民邮电出版社，2010：328-330.

[95]　Macqueen J. Some methods for the classification and analysis of multivariate observations//Proceedings of the Fifth Berkeley Symposium on Mathematical Statistics and Probability，1967，1（233）：281-297.

[96]　Kaufman L，Rousseeuw P J. Finding Groups in Data. An Introduction to Cluster Analysis. Hoboken：John Wiley & Sons，2009.

[97]　殷瑞飞. 数据挖掘中的聚类方法及其应用——基于统计学视角的研究. 厦门：厦门大学，2008.

[98]　Weick K E，Sutcliffe K M，Obstfeld D. Organizing and the process of sensemaking. Organization Science，2005，16（4）：409-421.

[99] 吴丹,许小梅. 图书馆与图书分享网站的用户标注行为比较研究. 图书情报知识,2013(1): 85-93.

[100] Wang X,Kumar S,Liu H. A study of tagging behavior across social media//SIGIR Workshop on Social Web Search and Mining（SWSM）. APPENDICES. New York：ACM,2011.

[101] Lin C S,Chen Y F. Examining social tagging behaviour and the construction of an online folksonomy from the perspectives of cultural capital and social capital. Journal of Information Science,2012,38（6）：540-557.

[102] Guyot A. Understanding Booksonomies：How and Why are Book Taggers Tagging. Aberystwyth：University of Wales,2013.

[103] 常唯. 网络环境中用户标注对数字资源利用的影响研究. 北京：中国科学院文献情报中心, 2009.

[104] Spärck J K. A Statistical interpretation of term specificity and its retrieval. Journal of Documentation, 1972,28（1）：11-21.

[105] Kageura K,Umino B. Methods of automatic term recognition：A review. Terminology,1996, 3（2）：259-289.

[106] 章成志. 多语言领域本体学习研究. 南京：南京大学出版社,2012.

[107] Wu X,Kumar V,Quinlan J R,et al. Top 10 algorithms in data mining. Knowledge and information systems.Springer,2008,14（1）：1-37.

[108] Vapnik V. Statistical Learning Theory. New York：Wiley,1998.

[109] 魏宗舒. 概率论与数理统计教程. 北京：高等教育出版社,2008.

[110] Klavans J L,LaPlante R,Golbeck J. Subject matter categorization of tags applied to digital images from art Museums. Journal of the American Society for Information Science and Technology,2014,65（1）：3-12.

[111] Chung E K,Yoon J W. Categorical and specificity differences between user-supplied tags and search query terms for images. An analysis of Flickr tags and Web image search queries. Information Research,2009,14（3）：1-22.

[112] 胡军光,刘力,车奇. 基于词性的文本挖掘算法在 IDS 日志中的应用. 计算机与数字工程, 2010,38（2）：90-93.

[113] 杨洁. 多文档关键词抽取技术的研究. 沈阳：沈阳航空工业学院,2009.

[114] 汪祥,贾焰,周斌,等. 基于交互关系的微博用户标签预测. 计算机工程与科学,2013, 35（10）：44-50.

[115] Carnine D,Kameenui E J,Coyle G. Utilization of contextual information in determining the meaning of unfamiliar words. Reading Research Quarterly,1984,19（2）：188-204.

[116] McDonald S,Ramscar M. Testing the distributional hypothesis：the influence of context on judgements of semantic similarity//Proceedings of the 23rd Annual Conference of the Cognitive Science Society,2001：611-616.

[117] Pan J Y,Yang H J,Faloutsos C,et al. Automatic multimedia cross-modal correlation discovery//Proceedings of the Tenth ACM SIGKDD International Conference on Knowledge Discovery and Data Mining. New York：ACM,2004：653-658.

[118] 陆子龙. 社交网络中的用户标签推荐. 哈尔滨：哈尔滨工业大学,2013.

[119] 涂存超, 刘知远, 孙茂松. 社会媒体用户标签的分析与推荐. 图书情报工作, 2013, 57 (23): 24-30.

[120] Halliday M A K, Hasan R. Cohesion in English. London: Longman, 1976.

[121] 索红光, 刘玉树, 曹淑英. 一种基于词汇链的关键词抽取方法. 中文信息学报, 2006, 20 (6): 25-30.

[122] 刘铭, 王晓龙, 刘远超. 基于词汇链的关键短语抽取方法的研究. 计算机学报, 2010, 33 (7): 1246-1255.

[123] 叶春蕾, 冷伏海. 基于词汇链的路线图关键词抽取方法研究. 现代图书情报技术, 2013, 29 (1): 50-56.

[124] 李纲, 戴强斌. 基于词汇链的关键词自动标引方法. 图书情报知识, 2011 (3): 67-71.

[125] Cover T, Hart P. Nearest neighbor pattern classification. IEEE Transactions on Information Theory, 1967, 13 (1): 21-27.

[126] Yan X, Zhao H. Chinese microblog topic detection based on the latent semantic analysis and structural property. Journal of Networks, 2013, 8 (4): 917-923.

[127] 邸亮, 杜永萍. LDA 模型在微博用户推荐中的应用. 计算机工程, 2014, 40 (5): 1-6, 11.

[128] Tomar A, Godin F, Vandersmissen B, et al. Towards Twitter hashtag recommendation using distributed word representations and a deep feed forward neural network//Proceelings of International Conference on Advances in Computing, Communications and Informatics.New Delhi: IEEE, 2014: 362-368.

[129] Vergeest L. Using N-grams and Word Embeddings for Twitter Hashtag Suggestion. Tilburg: Tilburg University, 2014.

[130] Salton G, Wong A, Yang C S. A vector space model for automatic indexing. Communications of the ACM, 1975, 18 (11): 613-620.

[131] Dumais S, Platt J, Heckerman D, et al. Inductive learning algorithms and representations for text categorization//Proceedings of the seventh international conference on Information and Knowledge Management. New York: ACM, 1998: 148-155.

[132] Blei D M, Edu B B, Ng A Y, et al. Latent Dirichlet allocation. Journal of Machine Learning Research, 2003, 3: 993-1022.

[133] Hofmann T. Probabilistic latent semantic indexing//Proceedings of the 22nd Annual International ACM SIGIR Conference on Research and Development in Information Retrieval. New York: ACM, 1999: 50-57.

[134] Turian J, Ratinov L, Bengio Y, et al. Word representations: A simple and general method for semi-supervised learning//Proceedings of the 48th Annual Meeting of the Association for Computational Linguistics.Uppsala: DBLP, 2010: 384-394.

[135] Hinton G E, McClelland J L, Rumelhart D E. Distributed representations. Parallel Distributed Processing: Explorations in the Microstacture of Congition.Cambridge: MIT Press, 1986.

[136] Bengio Y, Ducharme R, Vincent P, et al. A neural probabilistic language model. Journal of Machine Learning Research, 2003, 3 (6): 1137-1155.

[137] Mikolov T, Karafiát M, Burget L, et al. Recurrent neural network based language model//Proceedings of the Conference of the International Speech Communication Association.

Chiba：DBLP，Makuhari Japan，2010：1045-1048.

[138] Mikolov T，Corrado G，Chen K，et al. Efficient estimation of word representations in vector space//Proceedings of the International Conference on Learning Representations，Scottsdale，arXiv Preprint arXiv：1301，3781：1-12.

[139] Le Q V，Mikolov T. Distributed representations of sentences and documents//Proceedings of 31st International Conference on Machine Learning，PMLR，2014，32（2）：1188-1196.

[140] Kywe S M，Hoang T A，Lim E P，et al. On Recommending Hashtags in Twitter networks// International Conference on Social Informatics. Berlin，Heidelberg：Springer，2012：337-350.

[141] Rehurek R，Sojka P. Software framework for topic modelling with large corpora//Proceedings of the LREC 2010 Workshop on New Challenges for NLP Frameworks.Malta：ELRA.，2010：45-50.

[142] Hoffman M D，Blei D M，Bach F. Online learning for latent Dirichlet allocation. Advances in Neural Information Processing Systems，2010，23：1-9.

[143] Frey B J，Dueck D. Clustering by passing messages between data points. Science，2007，315：972-976.

[144] 柯武峰. 基于 Web 的中英文术语自动抽取技术. 北京：清华大学，2009.

[145] Salton G，Yu C T. On the construction of effective vocabularies for information retrieval. Acm Sigplan Notices，1973，10（1）：48-60.

[146] 金春霞，周海岩. 位置加权文本聚类算法. 计算机工程与科学，2011，33（6）：154-158.

[147] 姚清耘. 基于向量空间模型的中文文本聚类方法的研究. 上海：上海交通大学，2008.

[148] 何文静，何琳. 基于社会标签的文本聚类研究. 现代图书情报技术，2013，29（7-8）：49-54.

[149] Ehrig M，Staab S. QOM-quick ontology mapping. Lecture Notes in Computer Science，2004，3298：356-361.

[150] Peukert E，Massmann S. Comparing similarity combination methods for schema matching. Journal of GI Jahrestagung，2010，10（1）：692-701.

[151] 何琳. 基于多策略的领域本体术语抽取研究. 情报学报，2012，31（8）：798-804.

[152] 赵亚丽. 一类复杂系统的熵方法研究. 北京：中国科学院自动化研究所，2005.

[153] Arthur D，Vassilvitskii S. *K*-means++：The advantages of careful seeding//Proceedings of the eighteenth annual ACM-SIAM symposium on Discrete algorithms. Philadelphia：Society for Industrial and Applied Mathematics，2007：1027-1035.

[154] Rousseeuw P J. Silhouettes：A graphical aid to the interpretation and validation of cluster analysis. Journal of computational and applied mathematics，1987，20：53-65.

附　　录

附录1　排名前200位的用户标签与机器标签推荐对比表

排名	用户标签		机器自动推荐标签 Frequency		机器自动推荐标签 TextRank	
	名称	频次	名称	频次	名称	权值
1	反面教材	1888	中国	17 220	中国	619 734
2	潮汐组合	1363	问题	15 108	研究	449 185
3	地震	1363	研究	14 178	科学	425 599
4	科学	1169	科学	12 149	问题	406 299
5	原创	1057	大学	9 274	大学	331 330
6	评论	986	发展	8 580	美国	243 877
7	科研	896	工作	8 296	学生	220 564
8	中国	854	国家	8 283	工作	217 301
9	科学网	824	进行	8 023	社会	202 866
10	教育	717	美国	7 958	国家	202 408
11	博客	712	时间	7 720	发展	198 041
12	研究生	652	世界	7 344	论文	195 119
13	美国	627	社会	7 336	文章	175 632
14	方舟子	567	发现	6 927	世界	175 285
15	厄尔尼诺	539	第一	6 338	时间	175 034
16	中医	533	生活	6 003	老师	171 544
17	论文	525	重要	5 947	地震	165 606
18	大学	510	影响	5 857	教授	165 083
19	科技导报	488	学生	5 827	学术	162 836
20	信息分析	463	文章	5 799	生活	158 705
21	生活	448	发表	5 354	发现	152 145
22	照片	425	论文	5 350	进行	150 546
23	科普	401	学术	5 237	技术	134 674
24	期刊	390	教授	4 997	科研	134 040
25	博士	386	出现	4 941	发表	125 575

续表

排名	用户标签		机器自动推荐标签 Frequency		机器自动推荐标签 TextRank	
	名称	频次	名称	频次	名称	权值
26	创新	381	老师	4 941	第一	125 564
27	健康	369	技术	4 820	科技	125 340
28	拉尼娜	346	看到	4 684	教育	122 892
29	哲学	339	过程	4 594	影响	122 282
30	SCI	332	方法	4 549	地区	115 989
31	文化	331	理论	4 469	理论	115 445
32	SCI 投稿	328	情况	4 427	人类	107 160
33	肖传国	323	比较	4 380	出现	106 065
34	历史	302	人们	4 367	重要	104 355
35	菜根谭	300	目前	4 366	方法	102 086
36	摄影	295	科技	4 266	看到	101 373
37	人生	295	方面	4 256	信息	100 763
38	数学	285	科研	4 238	学习	98 916
39	永恒传说	284	存在	4 155	文化	97 603
40	导师	282	今天	4 125	博士	97 475
41	物理	280	使用	4 092	经济	97 037
42	科学主义	275	地区	4 089	博客	96 728
43	教学	274	人类	4 011	系统	95 545
44	伪科学	274	希望	3 875	使用	94 997
45	学术	272	信息	3 847	期刊	94 566
46	转基因	268	教育	3 782	今天	93 717
47	诺贝尔奖	267	历史	3 782	研究生	93 412
48	毛泽东	257	学习	3 779	知识	92 704
49	社会	256	活动	3 722	实验	92 060
50	日本	254	经济	3 718	比较	91 121
51	诗词	251	觉得	3 690	过程	90 246
52	学生	246	关系	3 690	北京	90 151
53	科学家	242	环境	3 672	事情	89 605
54	诗歌	240	分析	3 660	作者	89 059
55	预测	240	系统	3 624	人们	88 992
56	拉马德雷	238	东西	3 623	项目	88 184

排名	用户标签		机器自动推荐标签 Frequency		机器自动推荐标签 TextRank	
	名称	频次	名称	频次	名称	权值
57	旅游	235	事情	3 617	活动	87 961
58	院士	234	我国	3 609	孩子	87 717
59	全球变暖	233	自然	3 591	先生	86 037
60	教授	219	作用	3 590	地球	85 782
61	学习	217	国际	3 583	科学家	85 515
62	环境	216	知识	3 553	学校	84 942
63	北京	214	北京	3 481	东西	84 566
64	人才	213	科学家	3 473	历史	83 848
65	影响因子	207	所有	3 429	觉得	83 698
66	研究	198	具有	3 422	自然	83 584
67	暴雨	197	许多	3 389	希望	81 955
68	2010	196	相关	3 374	数据	81 180
69	干旱	195	文化	3 343	环境	80 986
70	管理	191	地方	3 327	同学	79 897
71	永恒的传说	190	得到	3 313	我国	79 210
72	经济	190	部分	3 303	国际	78 935
73	火山	187	最后	3 281	政府	77 719
74	EvidenceUpdates	187	要求	3 275	潮汐	76 808
75	地质	187	领域	3 274	情况	76 485
76	民主	186	提出	3 261	存在	76 212
77	研究生教育	180	学校	3 210	目前	75 011
78	钱学森	177	实验	3 187	方面	74 892
79	植物	177	专家	3 159	物理	74 816
80	潮汐预警	176	产生	3 109	分析	74 284
81	灾害	174	能力	3 103	地方	74 144
82	低温	172	原因	3 101	朋友	73 465
83	地球	171	政府	3 095	报告	73 360
84	佛教	167	内容	3 070	关系	72 250
85	图片	160	变化	3 063	日本	72 221
86	毛宁波	158	之间	3 058	生物	71 954
87	嘻哈搞怪	157	博士	3 040	专业	71 826
88	爱情	155	形成	3 022	数学	71 735

续表

排名	用户标签		机器自动推荐标签 Frequency		机器自动推荐标签 TextRank	
	名称	频次	名称	频次	名称	权值
89	打假	154	当时	3 015	网络	70 642
90	知识	153	选择	3 011	专家	70 451
91	食品安全	152	数据	2 966	感觉	70 061
92	工作	151	作者	2 957	公司	69 895
93	传统文化	150	提供	2 952	变化	69 666
94	信息	148	应用	2 952	选择	68 407
95	博主	144	方式	2 929	生命	68 036
96	科技期刊	144	现象	2 916	文献	67 802
97	抄袭	143	地震	2 916	喜欢	67 795
98	环保	143	一直	2 897	作用	67 768
99	发展	142	项目	2 874	思想	66 576
100	技术	142	专业	2 864	导师	66 421
101	医学	142	感觉	2 836	会议	66 325
102	反科学文化人	141	第二	2 812	领域	65 241
103	低温冻害	141	思想	2 786	部分	65 187
104	逆旅寻欢	141	一点	2 786	能力	65 097
105	台湾	139	理解	2 771	现象	64 469
106	气候变化	139	地球	2 755	当时	64 050
107	改革	138	朋友	2 752	内容	63 674
108	饶毅	138	喜欢	2 747	精神	63 615
109	生命	138	研究生	2 710	事件	63 534
110	暴雪	138	精神	2 709	最后	63 345
111	高考	137	国内	2 674	工程	63 272
112	科学研究	136	博客	2 668	应用	62 829
113	安全	135	生物	2 660	所有	62 243
114	复杂网络	132	报告	2 626	许多	62 168
115	高校	132	真正	2 619	要求	61 234
116	基因	131	组织	2 616	相关	61 058
117	留学	131	特别	2 613	得到	60 201
118	翻译	131	水平	2 591	气候	59 569
119	科研创新	130	先生	2 573	国内	59 254

排名	用户标签		机器自动推荐标签 Frequency		机器自动推荐标签 TextRank	
	名称	频次	名称	频次	名称	权值
120	读书	130	获得	2 563	全球	58 425
121	博文	130	表示	2 541	创新	57 870
122	北大	129	孩子	2 521	具有	57 641
123	灾害链	129	学者	2 517	形成	57 513
124	自由	128	同学	2 512	管理	57 311
125	潮汐	126	成功	2 511	成功	56 111
126	毕业	126	基础	2 505	产生	56 073
127	科技	126	管理	2 491	一直	56 050
128	教师	125	解决	2 488	人才	55 745
129	艺术	125	意义	2 469	原因	55 661
130	腐败	125	物理	2 460	植物	55 377
131	就业	125	生命	2 423	方式	55 146
132	世界杯	124	公司	2 416	一点	55 141
133	漫画	123	讨论	2 412	企业	54 824
134	大学生	122	成果	2 411	提出	54 646
135	进化	121	期刊	2 394	学者	54 383
136	房价	121	造成	2 392	城市	54 354
137	熵	120	事件	2 382	之间	54 291
138	宗教	120	导致	2 376	领导	53 695
139	化学	118	达到	2 363	理解	53 653
140	网络	118	中心	2 362	出版	53 244
141	科学传播	117	资源	2 347	毕业	52 855
142	成功	117	容易	2 335	运动	52 686
143	道德	116	全球	2 293	中心	52 619
144	编辑	116	文献	2 288	组织	51 158
145	文献计量	116	提高	2 287	资源	51 145
146	系统	116	网络	2 280	第二	50 918
147	感悟	114	以后	2 259	安全	50 830
148	自然	114	结构	2 248	动物	50 697
149	方法	113	人员	2 240	提供	50 666
150	博士生	113	报道	2 236	照片	50 446
151	上海	113	工程	2 219	单位	50 212

排名	用户标签		机器自动推荐标签 Frequency		机器自动推荐标签 TextRank	
	名称	频次	名称	频次	名称	权值
152	思考	111	认识	2 205	评论	50 190
153	2010 年	111	创新	2 188	结构	49 928
154	新疆	110	了解	2 187	水平	49 766
155	昆虫	110	单位	2 176	成果	49 531
156	信仰	109	说明	2 173	院士	49 503
157	Nature	108	行为	2 173	真正	49 450
158	生态	108	直接	2 169	讨论	49 203
159	传统	108	日本	2 168	行为	48 972
160	幸福	107	利用	2 166	表示	48 924
161	千人计划	107	毕业	2 149	报道	48 669
162	智慧	105	进入	2 147	设计	48 450
163	爱因斯坦	105	介绍	2 128	学科	48 079
164	农村	104	数学	2 123	物质	47 937
165	造假	103	条件	2 118	解决	47 831
166	海归	103	学科	2 110	教师	47 635
167	高等教育	103	会议	2 106	记者	46 993
168	奥运	103	简单	2 086	获得	46 933
169	生态学	102	支持	2 085	天气	46 598
170	回忆	102	严重	2 084	健康	46 546
171	老师	102	实现	2 078	市场	46 401
172	基金	102	一起	2 072	特别	46 107
173	国际会议	101	领导	2 067	推荐	45 982
174	出版	101	增加	2 061	人员	45 657
175	Dr.You	101	以上	2 057	实验室	45 517
176	大师	101	建设	2 033	月亮	45 200
177	学术不端	100	观点	2 019	意义	45 102
178	知识发现	100	全国	2 001	达到	44 651
179	会议	100	培养	1 998	培养	44 473
180	热力学	99	安全	1 997	人生	44 367
181	计算机	99	过去	1 989	上海	44 170
182	儒家	99	参加	1 988	容易	43 854
183	知识分子	99	企业	1 972	交流	43 786

排名	用户标签		机器自动推荐标签 Frequency		机器自动推荐标签 TextRank	
	名称	频次	名称	频次	名称	权值
184	诚信	98	世纪	1 969	认识	43 777
185	标准	98	来说	1 965	今年	43 648
186	色球	98	无法	1 962	一起	43 543
187	英语	98	所谓	1 961	建设	43 476
188	学术造假	97	运动	1 956	造成	43 389
189	癌症	96	今年	1 954	细胞	43 344
190	剽窃	96	记者	1 947	医学	43 036
191	动物	96	建立	1 946	基础	42 977
192	养生	96	方向	1 936	参加	42 652
193	物理学	96	评论	1 919	介绍	42 540
194	地球自转	96	关注	1 910	政治	42 196
195	孩子	96	交流	1 907	杂志	41 706
196	房地产	95	人才	1 896	导致	41 665
197	色空间	95	时代	1 895	计划	41 598
198	评价	94	最近	1 867	观点	41 071
199	中科院	94	设计	1 863	以后	41 034
200	时间	93	市场	1 860	功能	40 869

附录 2　Top-10 用户标签走势图（2008 年 2 月～2011 年 9 月）

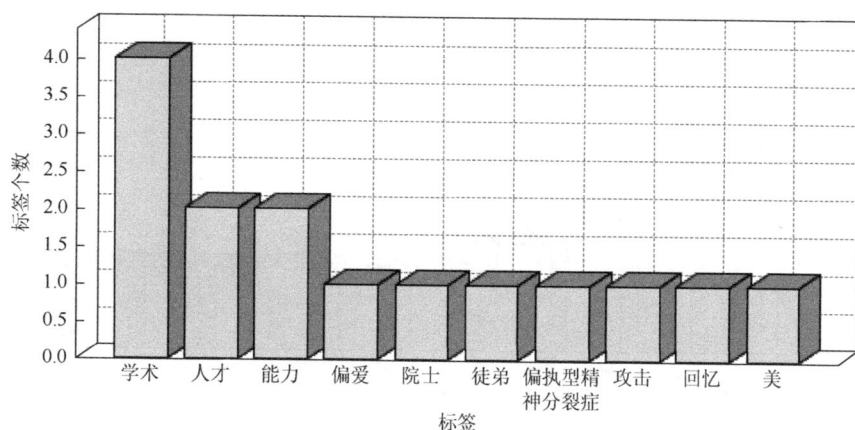

(a) 2008年2月标签走势图

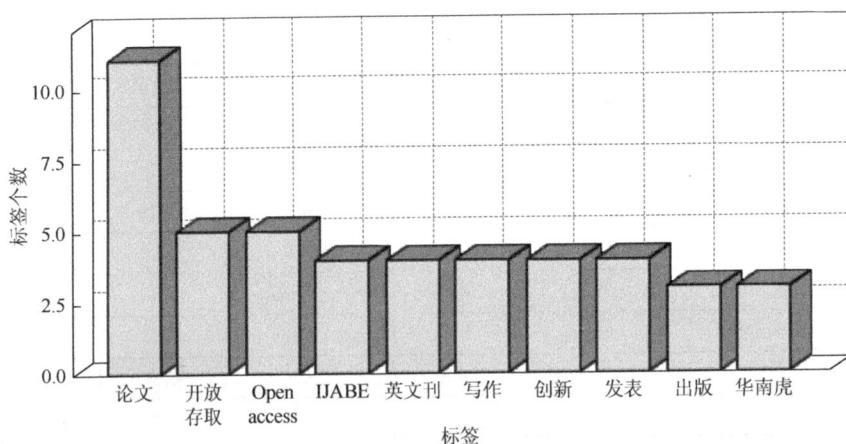

(b) 2008年3月标签走势图

IJABE：期刊*International Journal of Agricultural and Biological Engineering*的简称

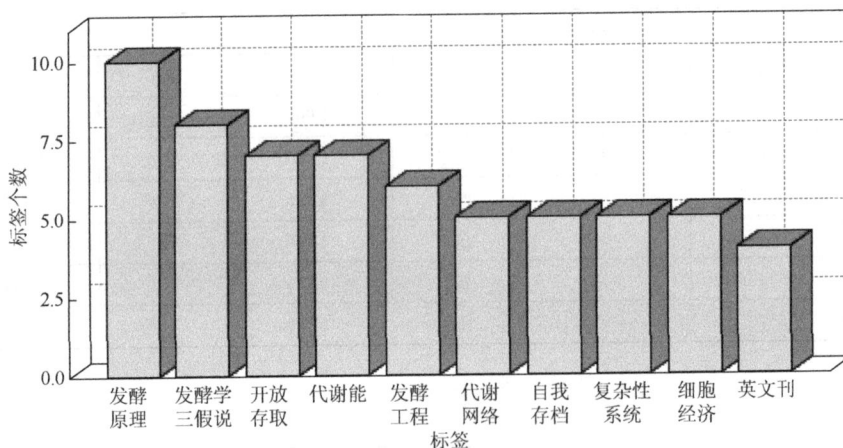

(c) 2008年4月标签走势图

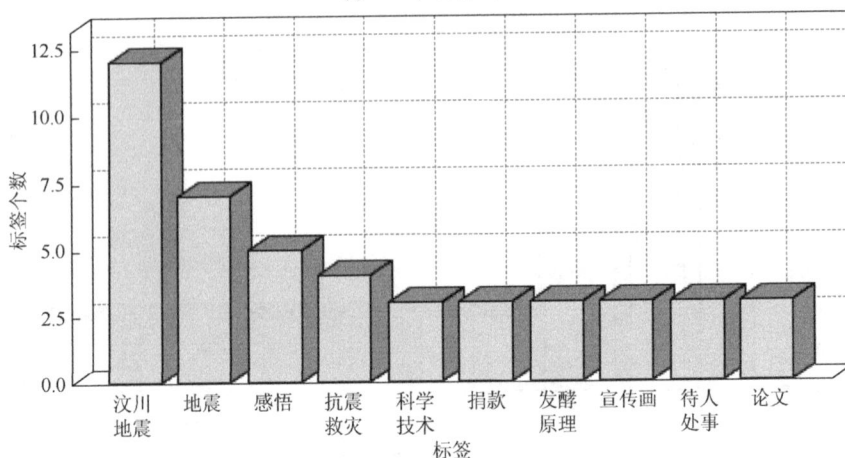

(d) 2008年5月标签走势图

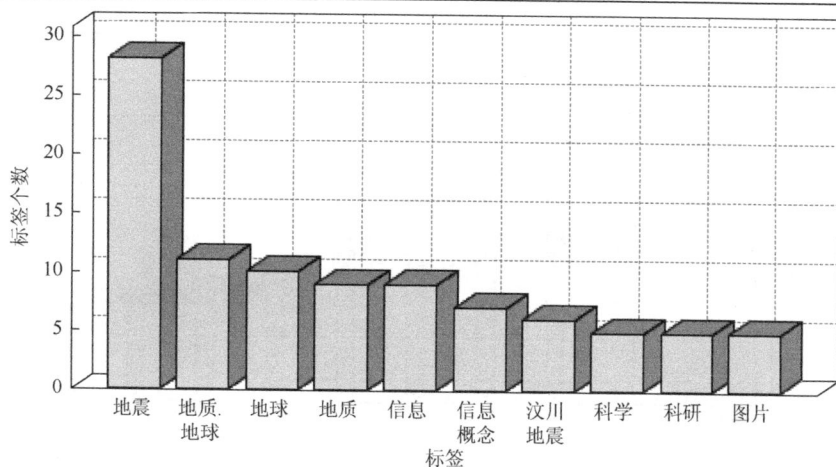

(e) 2008年6月标签走势图

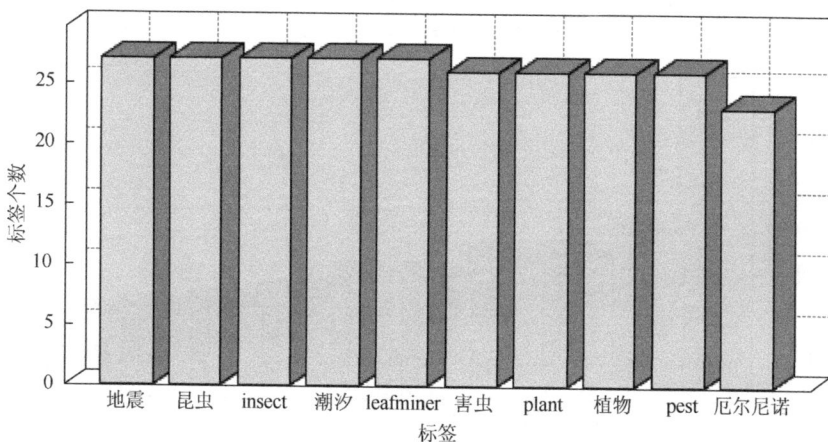

(f) 2008年7月标签走势图

leafminer: 潜叶虫

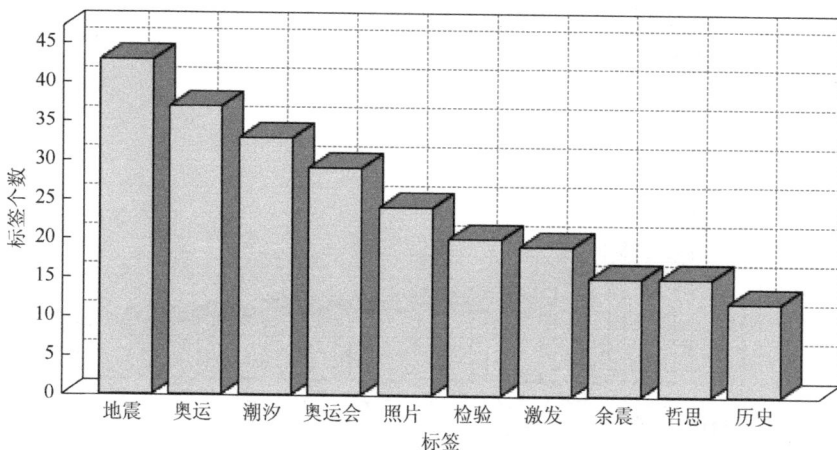

(g) 2008年8月标签走势图

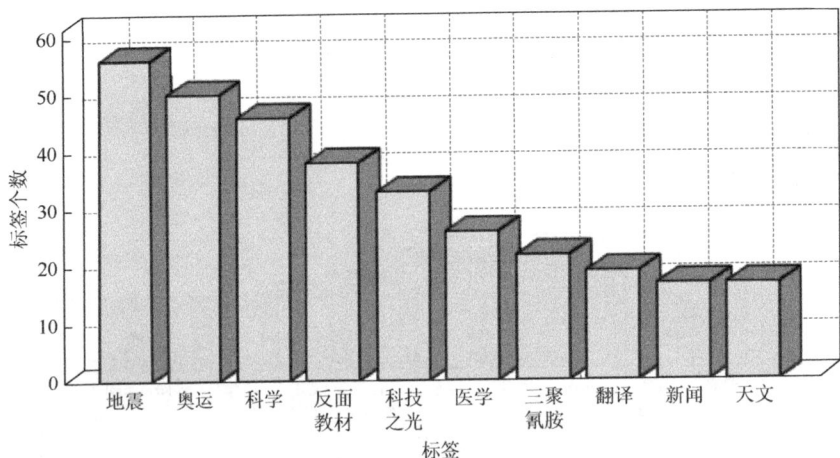

(h) 2008年9月标签走势图

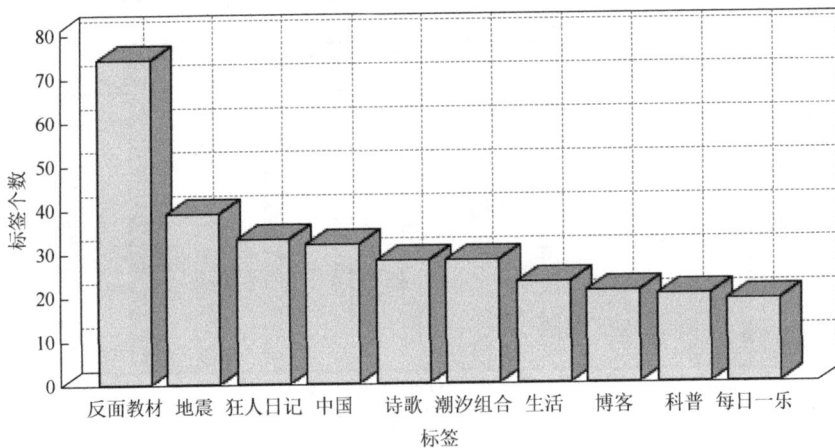

(i) 2008年10月标签走势图

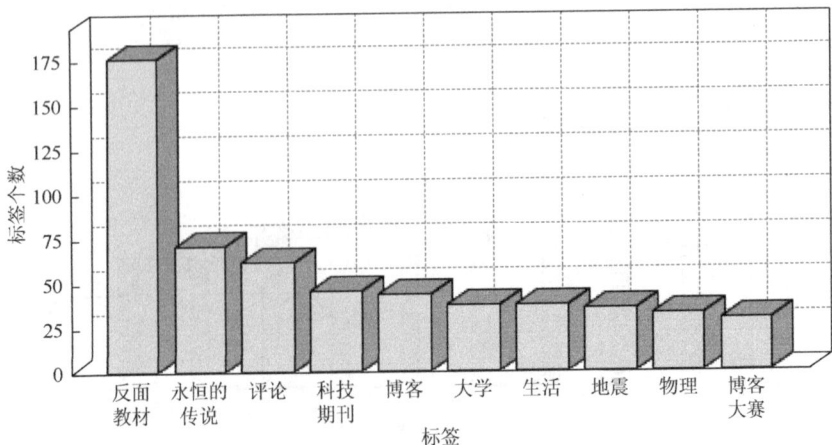

(j) 2008年11月标签走势图

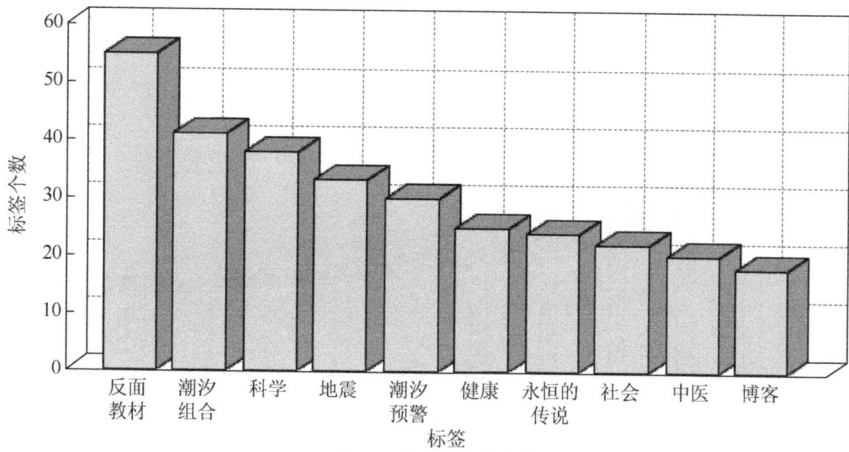

(k) 2008年12月标签走势图

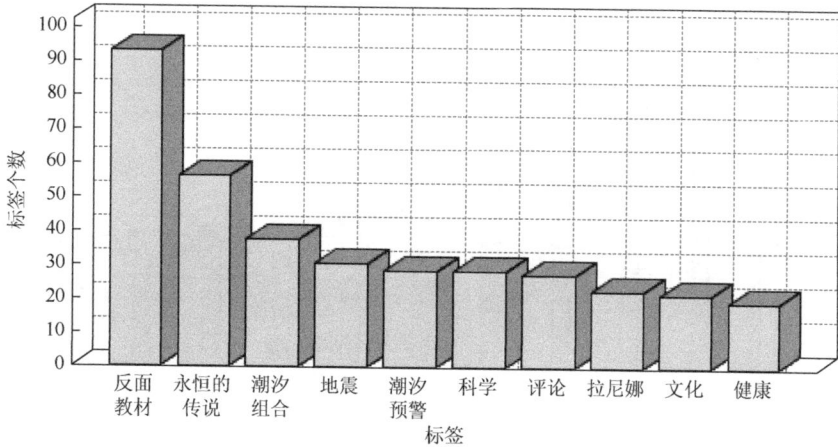

(l) 2009年1月标签走势图

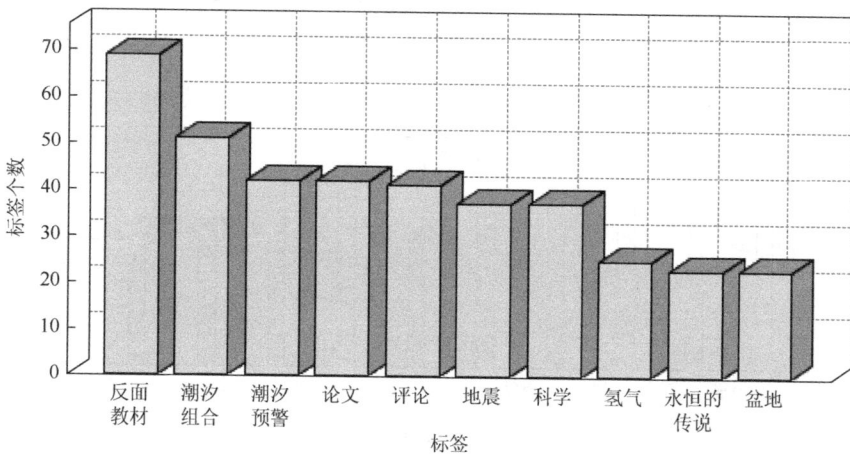

(m) 2009年2月标签走势图

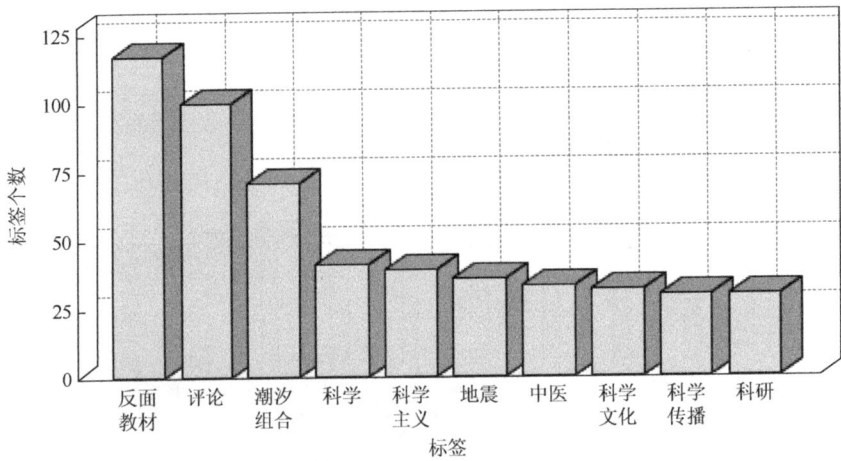

(n) 2009年3月标签走势图

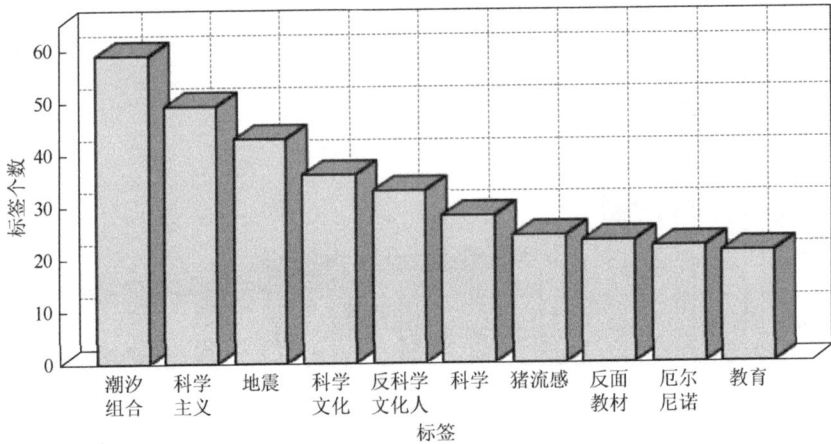

(o) 2009年4月标签走势图

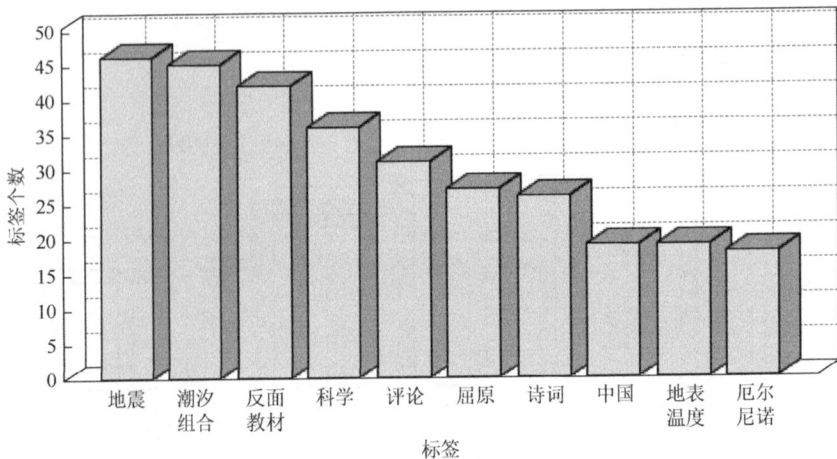

(p) 2009年5月标签走势图

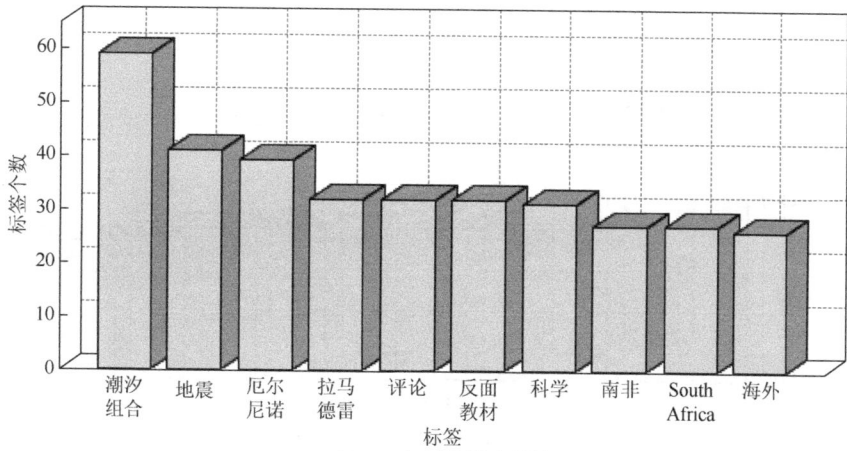

(q) 2009年6月标签走势图

South Africa：南非

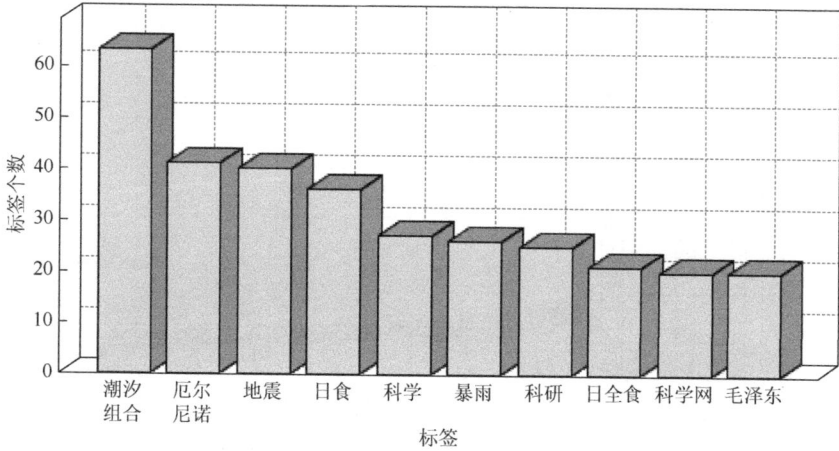

(r) 2009年7月标签走势图

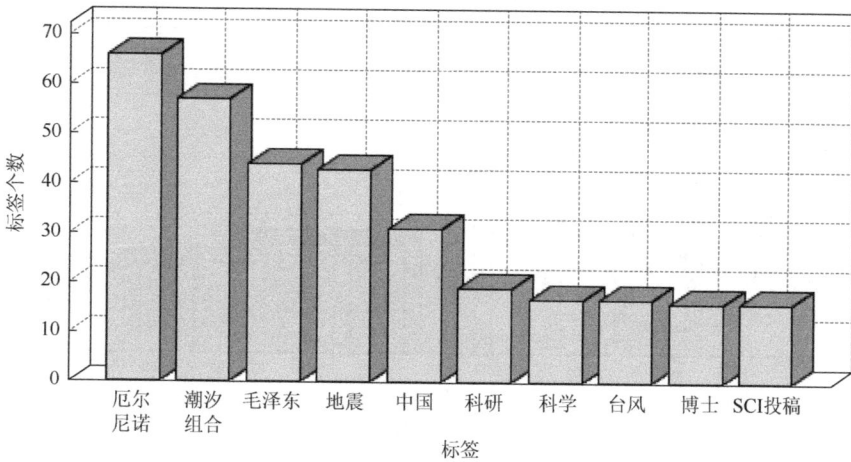

(s) 2009年8月标签走势图

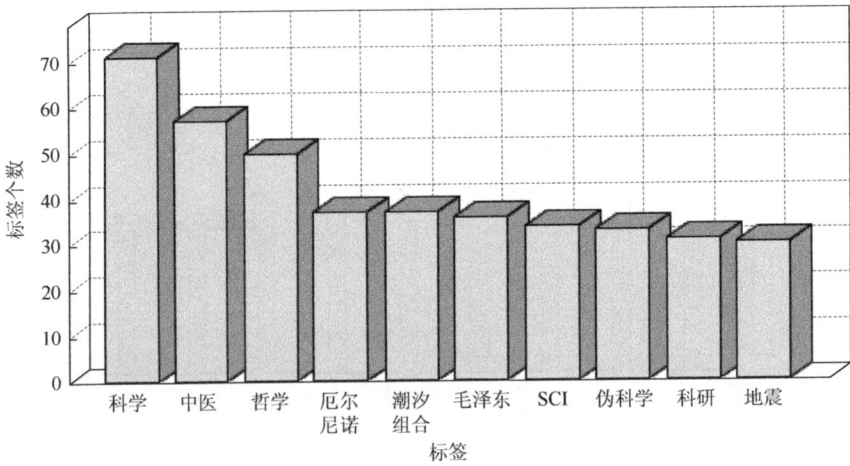

(t) 2009年9月标签走势图

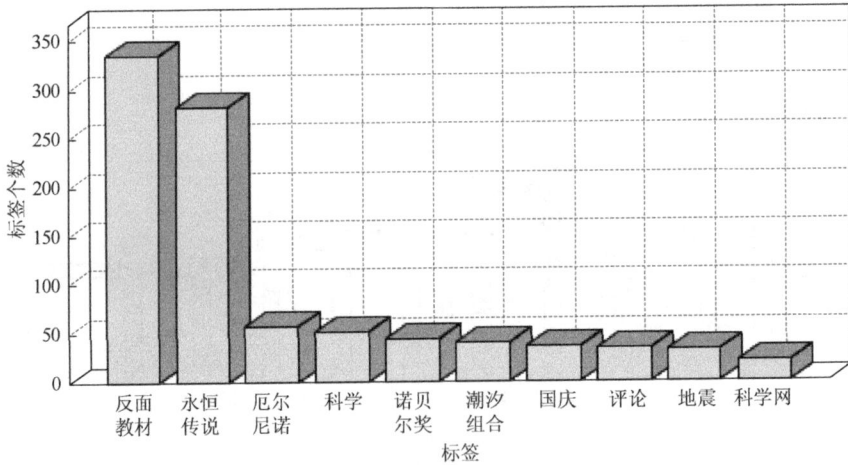

(u) 2009年10月标签走势图

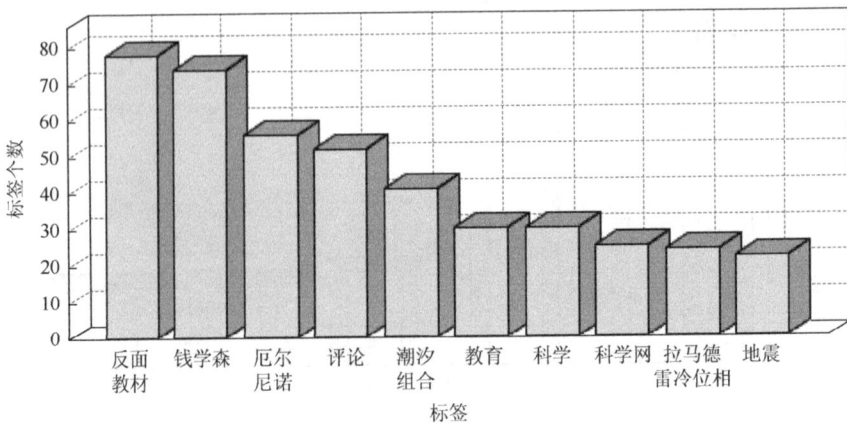

(v) 2009年11月标签走势图

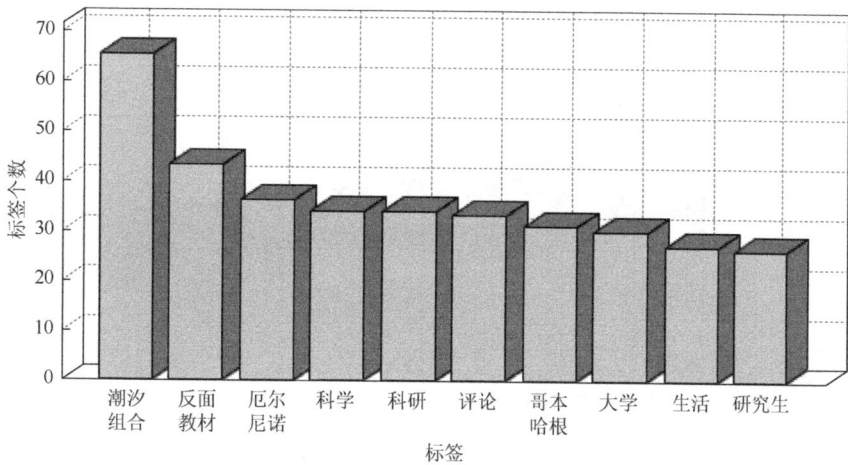

(w) 2009年12月标签走势图

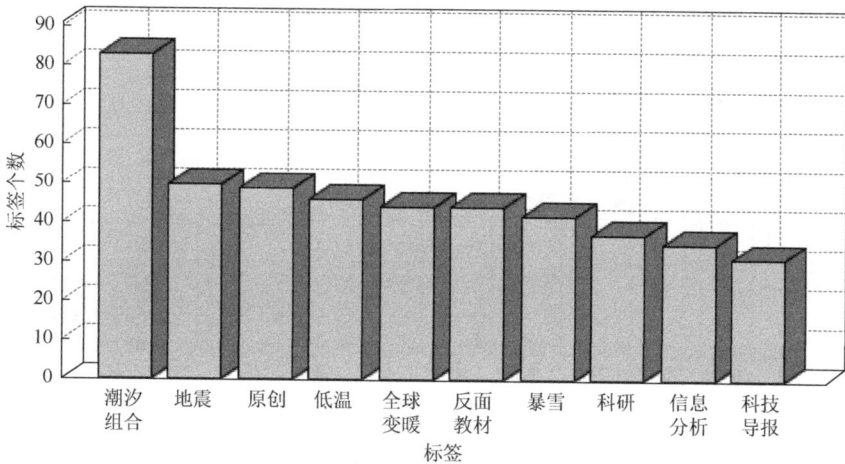

(x) 2010年1月标签走势图

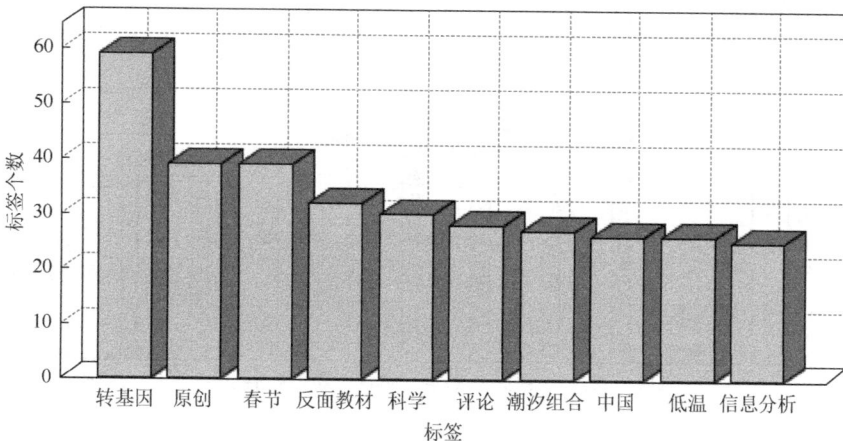

(y) 2010年2月标签走势图

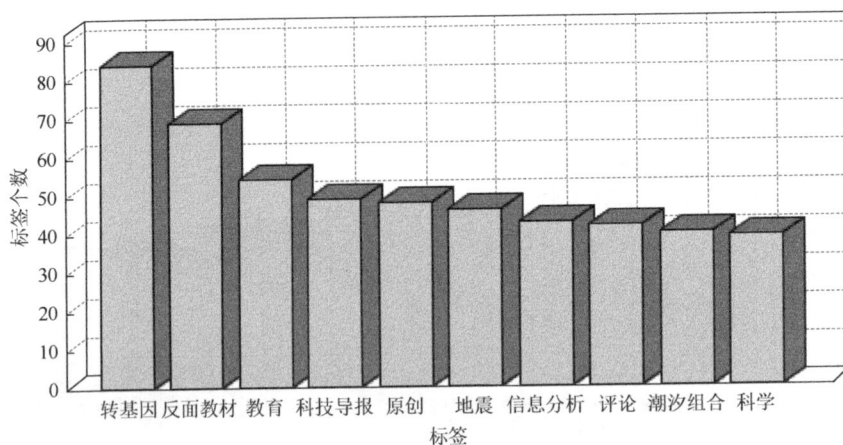

(z) 2010年3月标签走势图

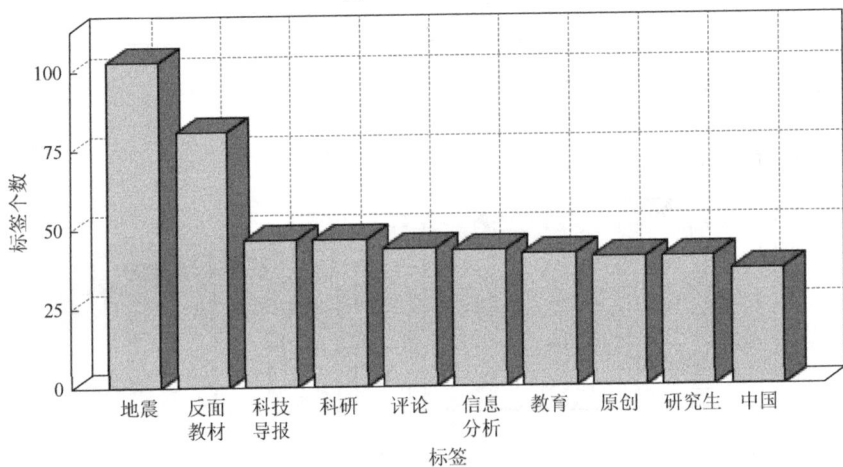

(aa) 2010年4月标签走势图

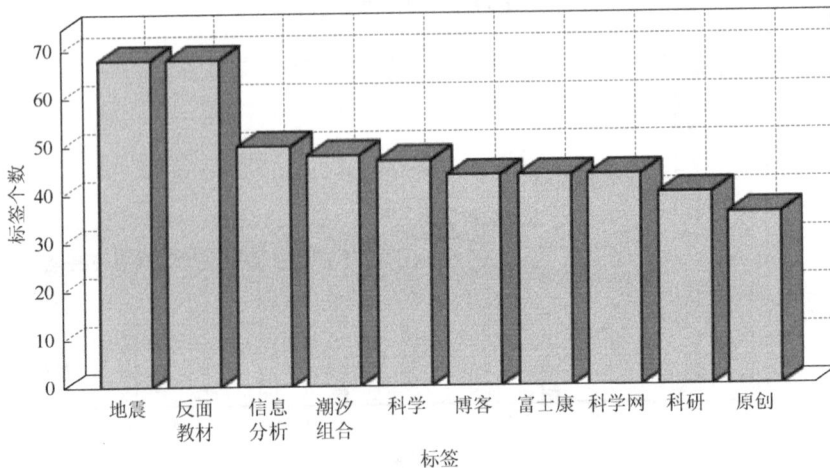

(bb) 2010年5月标签走势图

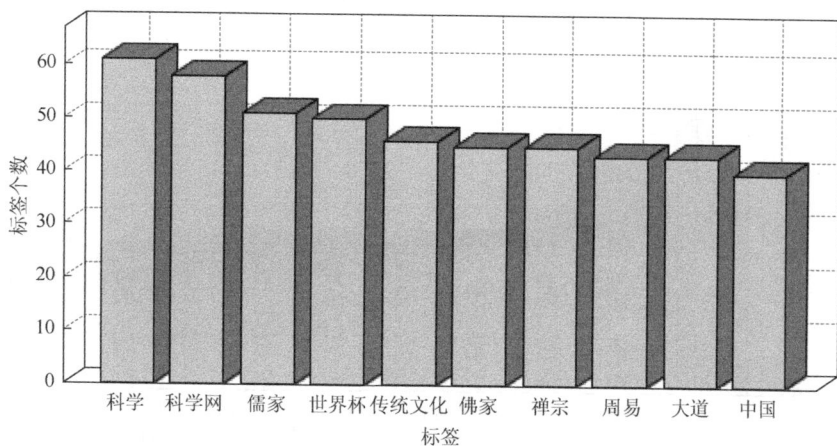

(cc) 2010年6月标签走势图

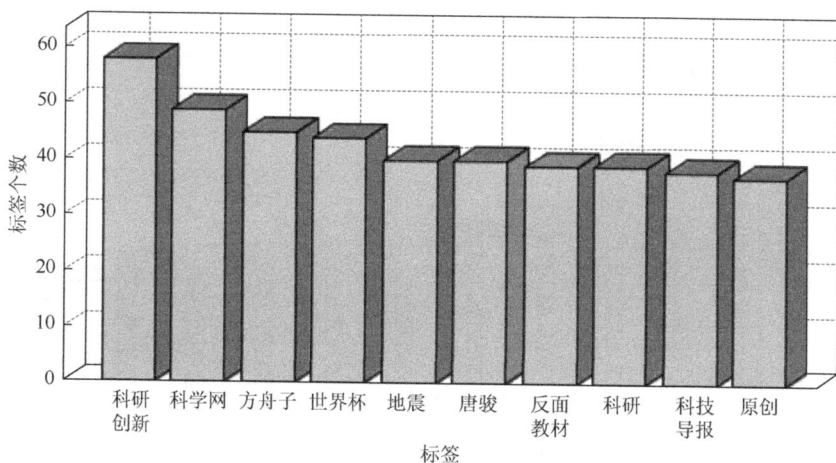

(dd) 2010年7月标签走势图

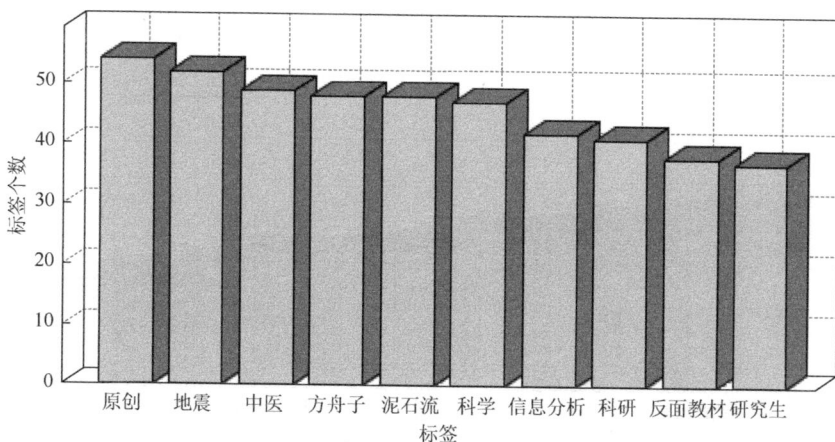

(ee) 2010年8月标签走势图

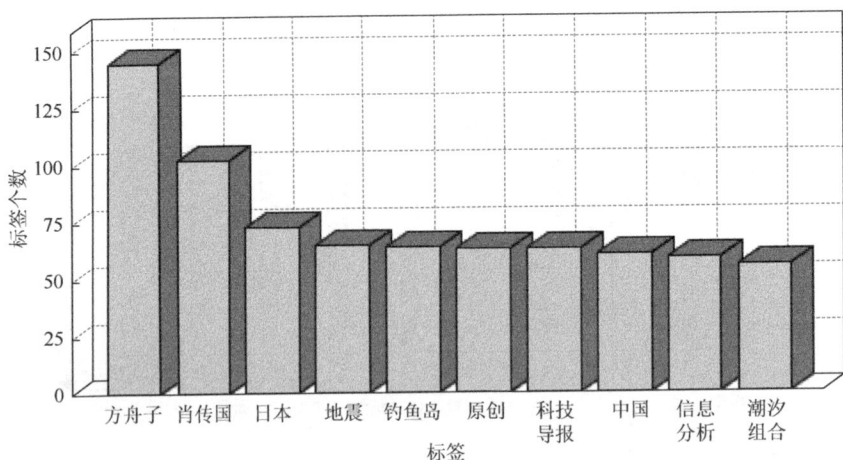

(ff) 2010年9月标签走势图

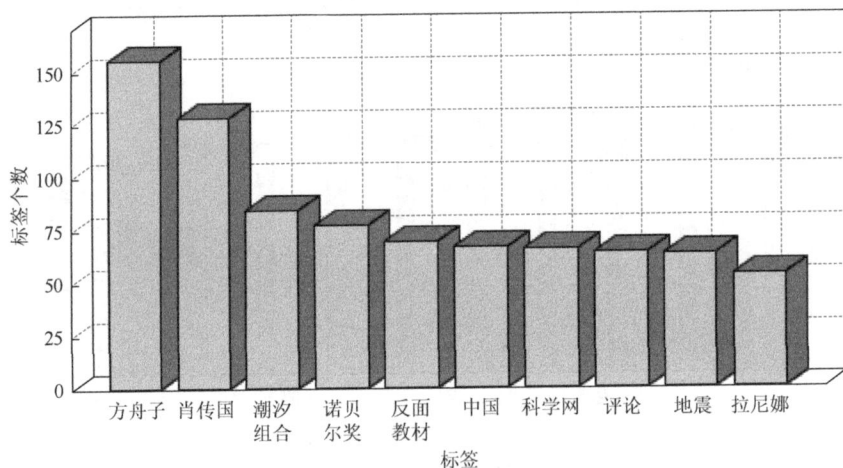

(gg) 2010年10月标签走势图

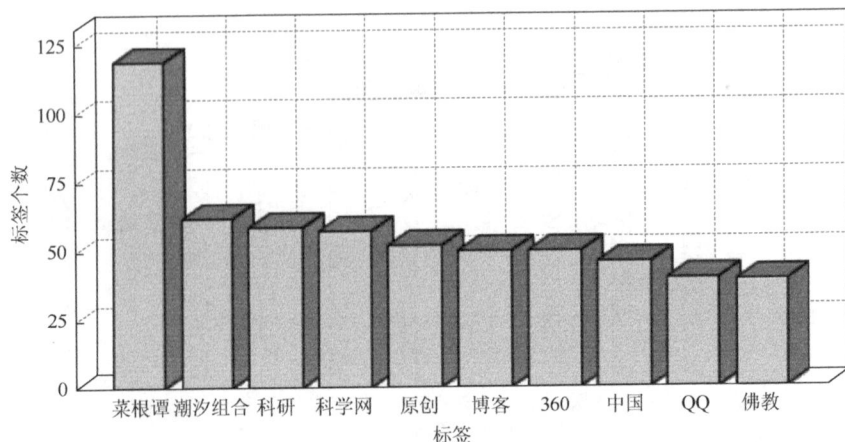

(hh) 2010年11月标签走势图

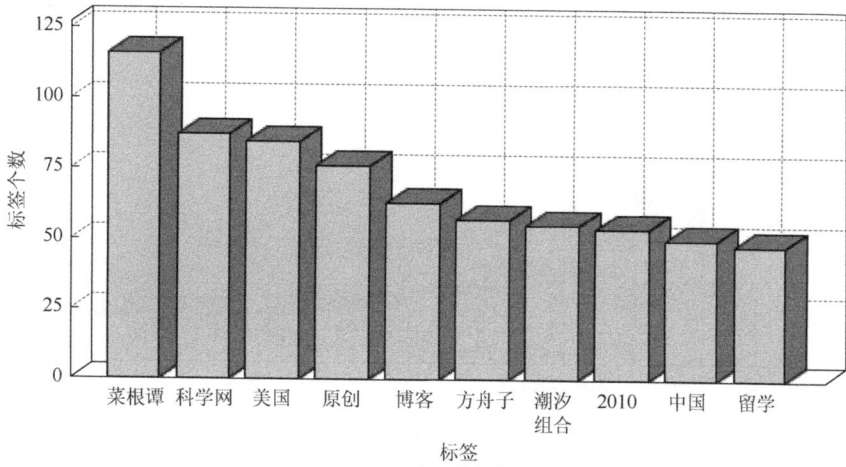

(ii) 2010年12月标签走势图

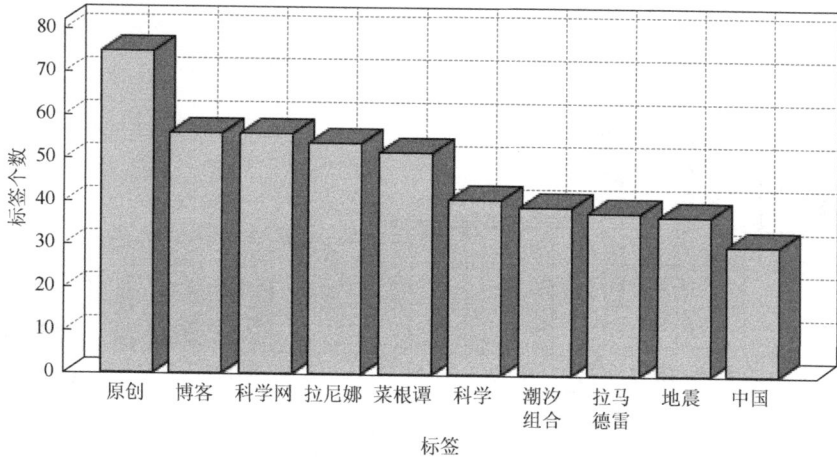

(jj) 2011年1月标签走势图

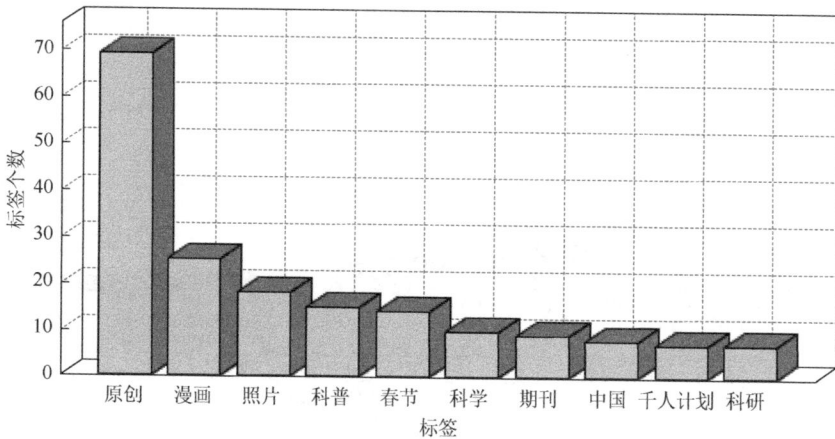

(kk) 2011年2月标签走势图

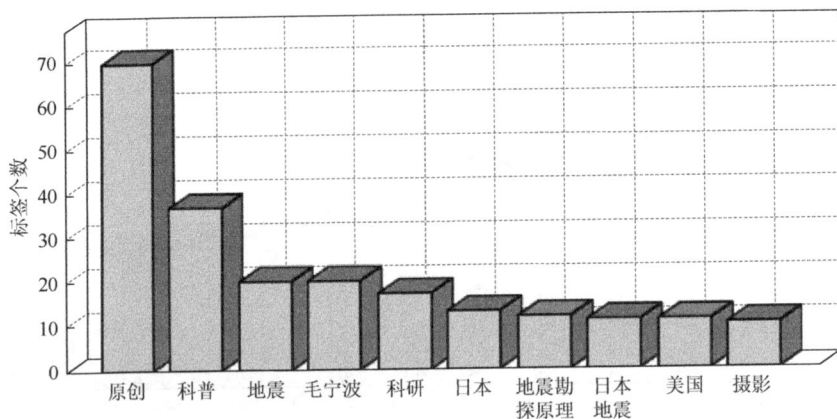

(ll) 2011年3月标签走势图

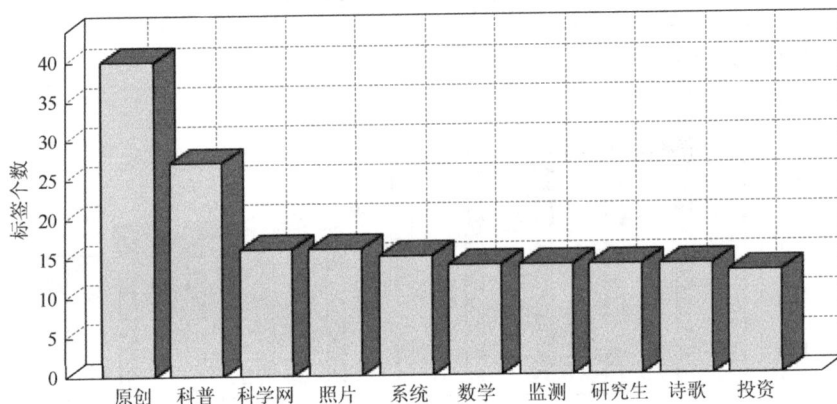

(mm) 2011年4月标签走势图

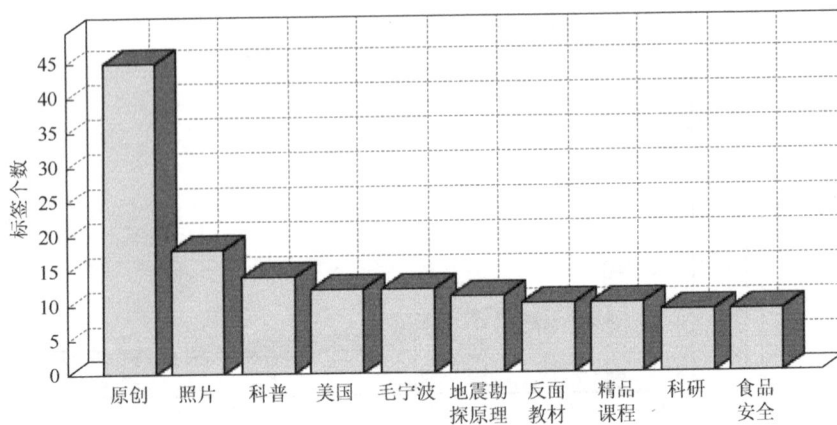

(nn) 2011年5月标签走势图

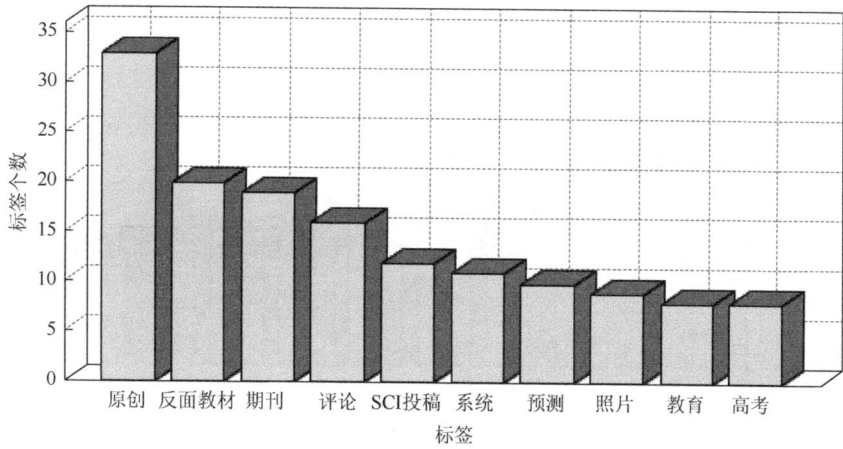

(oo) 2011年6月标签走势图

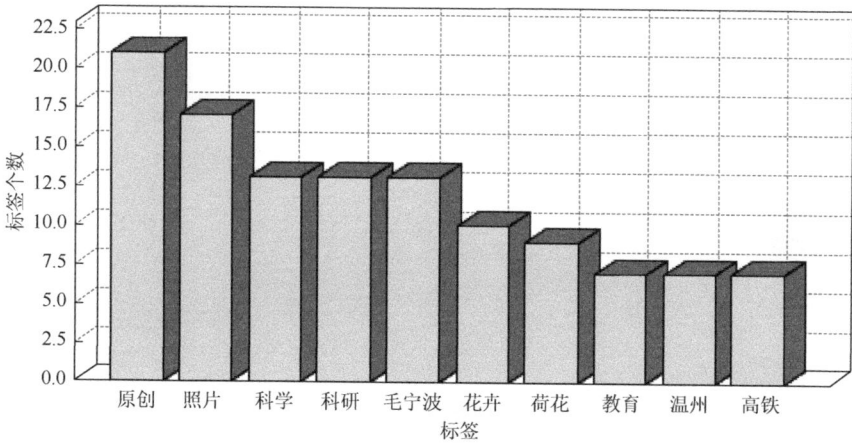

(pp) 2011年7月标签走势图

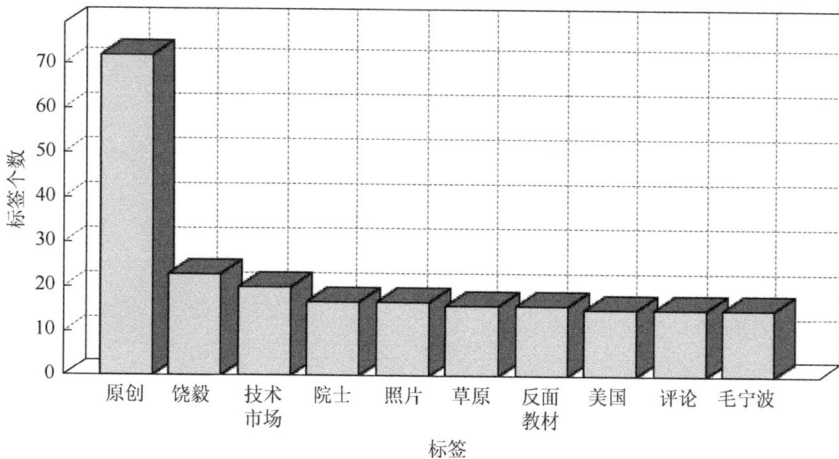

(qq) 2011年8月标签走势图

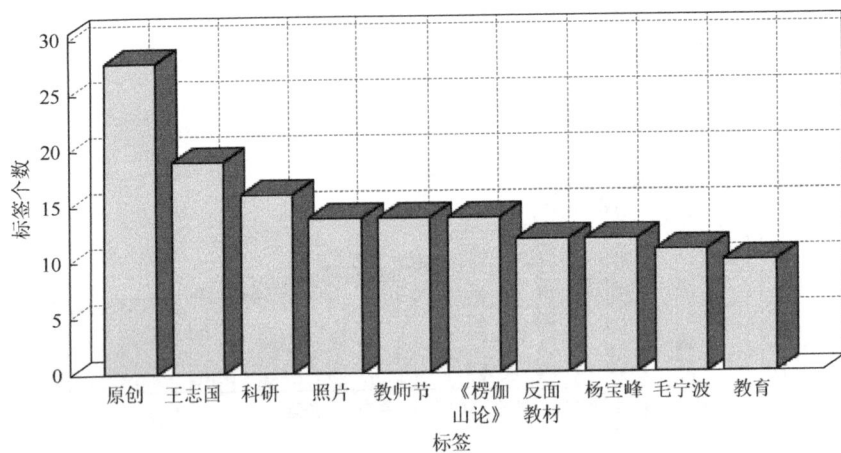

(rr) 2011年9月标签走势图

索　引